文学はいかに思考力と表現力を深化させるか

福島からの国語科教育モデルと震災時間論

髙橋正人
Takahashi Masato

コールサック社

髙橋正人評論集『文学はいかに思考力と表現力を深化させるか

——福島からの国語科教育モデルと震災時間論』

目次

Ⅰ

思考図から思考儀へ
～参照体系を通した思考力の育成の試み～ 8

「山月記」論考
～自己認識の方法をめぐって～ 29

存在の基盤としての大地
～『それから』における地震と崩壊とをめぐって～ 38

国語教材『夢十夜』についての一考察
～夢の叙述と夢世界の創出をめぐって～ 51

波動の行方『こゝろ』論考
～「声」、発信と受信とをめぐって～ 68

Ⅱ

『ごんぎつね』における認知構造に関する考察
〜時間・空間・論理に関する認知の在り方をめぐって〜 80
『少年の日の思い出』（**Jugendgedenken**）の多層構造分析に関する研究
〜「眼（Auge）」「指（Finger）」「箱（Kasten）」をめぐって〜 117
「文学国語」における深い学びを実現するための読みの可能性に関する研究
〜川上弘美『神様2011』における「あのこと」の持つ意味をめぐって〜 151
小津安二郎監督『東京物語』の教材化に関する研究
〜高等学校「文学国語」における映像作品の可能性をめぐって〜 185
『海のいのち』における時間構造と海の意味に関する考察
〜重層的な時間と母の子宮をめぐって〜 223

Ⅲ

東日本大震災後の福島における国語科教育モデルの構築に向けて
〜震災体験の想起、表現及び教材化をめぐって〜　258

東日本大震災後の福島における国語科教育モデルの構築に向けて
〜土地・記憶・人　言葉との出会いを通して〜　275

震災時間論　〜時をめぐる断章〜　301

解説　鈴木比佐雄　377

あとがき　382

著者略歴　384

高橋正人評論集

文学はいかに思考力と表現力を深化させるか

――福島からの国語科教育モデルと震災時間論

I

思考図から思考儀へ
～参照体系を通した思考力の育成の試み～

二十一世紀の知識基盤社会化の進展や今後さらに加速するであろうグローバル化への対応を含め、OECDのPISA調査などの調査からも現行学習指導要領においても謳われている思考力・判断力・表現力の育成が急務である。国語教育の場において、思考力の育成を図ることは、高校教育のみならず大学等における学びを含め、生涯にわたる学びとも連動する重要な課題であることから、本稿では豊かな発想を育む土壌としての思考力の深化を目指すための一つとして、「参照体系」を通した思考力の育成について考察したい。

キーワード　思考力　参照体系　協働作業　思考の枠組み　定義軸　問いかけ

一　はじめに

新しい学習指導要領の改訂に向けた準備がなされている。その根幹に置かれているのが「アクティブ・ラーニング」[1]であることはつとに知られている。受動的な（パッシブ）学習から、能動的な（アクティブ）学習への転換を図るべく、小・中学校はもとより、高等学校においても各学校においてこれまで以上に主体的・協働的な学習や言語活動を取り入れた授業を始めとする多くの取組みがなされようとしている。

生徒が教師の指示に従って受身がちな学習を改善するための取組みがなされつつあるものと考えられるが、高等学校現場の現状では大学入試センター試験に代表される選択式の入試問題に対応することなどから、やや受動的な姿勢で授業に臨み、教室での積極的な発言や相互の意見交換に欠ける嫌いのある学習がこれまで国語科においてもなされがちであったことは否めない。

二十一世紀の知識基盤社会化の進展や今後さらに加速するであろうグローバル化への対応を含め、OECDのPISA調査などの調査からも現行学習指導要領においても謳われている思考力・判断力・表現力の育成が急務であることは論を俟たない。[2]

そうした中、国語教育の場において、思考力の育成を図ることは、高校教育のみならず大学等における学びを含め、生涯にわたる学びとも連動する重要な課題である。

本稿では豊かな発想を育む土壌としての思考力の深化を目指すための一つとして、「参照体系」を通した思考力の育成について考察したい。

二　高等学校国語における思考力について

思考力は一朝一夕に育成されるのではなく、小・中学校・高等学校の各段階を経て育てられるべきものである。

小学校学習指導要領第二章第一節「国語」の第一款「目標」は次のとおりである。

「国語を適切に表現し正確に理解する能力を育成し、伝え合う力を高めるとともに、思考力や想像力及び言語感覚を養い、国語に対する関心を深め国語を尊重する態度を育てる」

また、中学校学習指導要領第二章第一節「国語」の第一款「目標」には、

「国語を適切に表現し正確に理解する能力を育成し、伝え合う力を高めるとともに、思考力や

想像力を養い言語感覚を豊かにし、国語に対する認識を深め国語を尊重する態度を育てる」との記述がある。

高等学校国語は、これらの目標を受け、小学校、中学校及び高等学校の一貫性を図るとともに、高等学校の段階において、より高い目標を掲げている。具体的には、高等学校学習指導要領第二章第一節「国語」の第一款「目標」は次のとおりである。

「国語を適切に表現し的確に理解する能力を育成し、伝え合う力を高めるとともに、思考力や想像力を伸ばし、心情を豊かにし、言語感覚を磨き、言語文化に対する関心を深め、国語を尊重してその向上を図る態度を育てる」

このように小・中学校・高等学校を通して基礎的・基本的な知識及び技能の習得とともに、それらを活用して課題を解決する観点から思考力の育成は大きな柱となっている。

高等学校学習指導要領解説において、思考力については、次のように述べられている。

「『思考力』とは、言語を手掛かりとしながら物事を筋道立てて考える能力であり、『想像力』とは、物事を心に思い浮かべたり、推し量ったり、予測したりする能力である」

また、「国語表現」においては、次の記述がある。

「『思考力』とは、判断し、類推し、構成するなどの思考過程に関する能力であり、実際の言語活動によって育成され、創造につながっていくものである」

さらに、

「思考力を伸ばすとは、物事の筋道が分かるという段階から更に進んで、問題を解決しようとする創造的かつ論理的な思考力を身に付けることである」との解説がなされている。

ここに示されているように、思考力は「言語」を手掛かりにしつつ、「物事」を筋道を明らかにするものであり、さらに単なる筋道の理解だけでなく、「問題」を発見し、「解決」していくという極めて「創造的かつ論理的」な営みであるととらえられている。ここで重要なことは、表現活動がその基底にある認識力、思考力、感受性などのかかわりの上に営まれるという考え方であり、実際の言語活動によって育成され、創造につながっていくということである。(3)

思考力を伸長させるための具体的な方法については、高等学校国語の目標を全面的に受けた基礎的な科目である「国語総合」の「2 内容」において、次のような具体的な指導について記述がなされている。

A 話すこと・聞くこと

(1) 次の事項について指導する。

ア 話題について様々な角度から検討して自分の考えをもち、根拠を明確にするなど論理の構成や展開を工夫して意見を述べること。

イ 目的や場に応じて、効果的に話したり的確に聞き取ったりすること。

ウ 課題を解決したり考えを深めたりするために、相手の立場や考えを尊重し、表現の仕方や進行の仕方などを工夫して話し合うこと。

エ 話したり聞いたり話し合ったりしたことの内容や表現の仕方について自己評価や相互評価を行い、自分の話し方や言葉遣いに役立てるとともに、ものの見方、感じ方、考え方を豊かにすること。

B 書くこと(一部略)

イ 論理の構成や展開を工夫し、論拠に基づいて自分の考えを文章にまとめること。

C 読むこと(一部略)

オ 幅広く本や文章を読み、情報を得て用いたり、ものの見方、感じ方、考え方を豊かにしたりすること。

（２）（１）に示す事項については、例えば、次のような言語活動を通して指導するものとする。

ア　文章を読んで脚本にしたり、古典を現代の物語に書き換えたりすること。

イ　文字、音声、画像などのメディアによって表現された情報を、課題に応じて読み取り、取捨選択してまとめること。

ウ　現代の社会生活で必要とされている実用的な文章を読んで内容を理解し、自分の考えをもって話し合うこと。

エ　様々な文章を読み比べ、内容や表現の仕方について、感想を述べたり批評する文章を書いたりすること。

そして、「思考力」を育成するために言語活動を通してそれらの内容に迫ることが求められている。

（３）言語活動について、学習指導要領においては、次のような例示がなされている。

国語総合：Ａ　話すこと・聞くこと

・スピーチ、説明、報告、発表、質問、話合い、討論

国語総合：Ｂ　書くこと

・詩歌、随筆の作成、説明や意見、手紙や通知

国語総合：Ｃ　読むこと

・脚本、物語への書換え、まとめ、話合い、感想や批評

現代文Ａ：内容

・音読や朗読、説明

現代文Ｂ：内容

・話合い、意見、創作的活動、発表、報告書、論文集
古典A：内容
・音読、朗読、暗唱
・表現収集、調べたことの報告
・読み比べ、文章にまとめたり話し合ったりする
古典B：内容
・古典の言葉と現代の言葉との比較、報告
・読み比べ、共通点や相違点の説明
・文章中の表現を根拠にした話合い
・課題設定、資料活用、成果発表、文章まとめ

学習指導要領に言語活動例が示された背景には、国語科における過度な読み取りに偏りがちな授業に対する警鐘を鳴らす意味合いがあったが、思考力を育成するための具体的な言語活動例を実践する上で根幹となる実践的かつ体系的な方略については、現場を預かる各教師の力量に負うところが極めて大きいのが現状である。

三　思考力育成の取組み

このように学校教育、とりわけ小・中学校及び高等学校においては、思考することの重要性が強調され、言語活動例としてスピーチ、説明、報告など他者を意識したものが多用されており、討論やまとめ、意見発表やディベートなど意見交換の場としての方法についても現場において各種の実践的な取組みがなされているが、思考することの意味づけや意義、方法やその展開などについては、教育現

場に委ねられているのが現状である。

思考力の育成に当たっては、各種研修の機会を通じて教師自身が力量を高めるための実践的な取組みやその共有化が重要性を増すとともに、思考するということの意味を深め、思考を特別なものとして限定せず、日常的な学習活動において普段に有効なものとして生徒自身が様々な課題に対して自ら進んで考えを深めることによって学びを深めることはもとより、生涯にわたって思考することを継続することが極めて重要になる。

小・中学校時代から生徒は「…について考えてみよう」という形で、考えを深めるよう誘われているが、思考するとはどういうことであり、思考のプロセスがどのようなものであり、どのようにすれば思考の深まりが得られるのかについて実感を伴って理解することができるまでには至っていない。また、高等学校においても、考えることを価値あるものとして位置づけ、思考を具体的にどのように深化すべきかについて段階的・系統的に学ぶ機会は少ない。

小・中学校からの学習活動を通して、思考することについては、主張と根拠、体験と意見、小見出しの活用などの基本的な枠組みを学ぶとともに、時間の経過に沿ってものを考えることや空間的な違いを比べるなどの一定の思考パターンが用いられることが多い。これらの思考方法が初学者にとって有効であり意義を有することは言を俟たない。とりわけ、対象意識を持つことは重要であり、考える対象を明確にすることが思考を進める上での第一歩とも言える。対象とするものをいかに措定し、対象との距離感を大切にしながら対象に迫ることが思考を深める上で重要な役割を果たすこととなる。

高等学校段階になると、これらを踏まえるとともに、対象への迫り方という点について方法的アプローチが求められる。例えば「KJ法」[4]を始め、思考の手順や豊かな発想を生み出すための様々な技法をもとに実践的な思考への試み重要になる。こうした方法意識を持って、対象に迫ることは、高等学校段階から大学等での学びに直結するものとして今後より重要視されるべきことだと言える。小・中学校における学びを踏まえ、それらを深めるための方法知を基にして思考することにより、課題の再発見につながり、生涯にわたる実践的な課題への探究の礎を創り上げることになる。

高等学校国語における具体的な学習活動をみると、次のような問いかけをもとに学習活動が展開されている。

論点の整理と集約	「…について考えよう」 「…について整理してみよう」 「…についてまとめてみよう」
理由や根拠の提示	「…の理由について考えてみよう」 「…について具体的な根拠を示してみよう」
他との協働による学び	「…について話し合ってみよう」 「…について肯定側と否定側に立って議論してみよう」

このような問いかけは一義的には思考の場に生徒を誘っているが、問いかけに答えるために必要な方途を具体的に獲得させ、生徒自身がこれらの問いかけにどのように答えるかの道筋を学びの場において得させることが大切になる。

生徒にとって国語の授業における「考えてみよう」という問いかけに正面から立ち向かうことはか

なりの困難を伴うものとなっている。思考することが、本来、喜びに満ちた営みとして多様性や深まりの中で知の可能性を拓く探究の過程そのものであり、他者との対話や意見交換などによって深化させることができる無限の可能性を秘めた豊かな土壌であることを実感させることが大切である。そして、思考に対する忌避感を払拭し、生徒一人一人が自ら進んで課題と対峙し、課題探求の方法を駆使しながら解決に至るいわば思考のダイナミズムを実感させることであり、それを達成するための羅針盤を得させることが求められる。

こうした取組みによって、生徒の学びはさらに活性化するものと考えられる。

四　思考図　～参照体系の試み～

一人一人が具体的に思考を進める上で重要なことは、対象意識と方法意識を持つことである。何が思考の課題として措定されるのかという根本的な問いかけから始まり、どのような方法を辿れば対象に迫ることが可能になるのかという二つは不即不離の関係にあり、思考する上で欠かすことはできない。

対象の分析を行い、価値を発見し、その価値を自らの問題意識と照らし合わせ、さらに深化させるという過程を段階的・重層的に行うことが重要である。

文章を読解するための方法の一つとして、「参照体系」による思考力深化について、「現代文Ｂ」をもとに以下に提示したい。

高等学校国語では六つの科目が設定されているが、共通履修科目である「国語総合」を受けた思考の深化を核とする科目と位置付けられるのが「現代文Ｂ」である。この科目は、目標にもあるように、読むことを中心としつつも総合的な言語能力を育成することをねらいとした科目であり、高等学校における「思考の集大成」としての位置づけを有するとともに、大学での学びへの架橋としての極めて重要な役割を果たしていると言える。

「現代文B」の教材として扱われるのは、論理的文章と文学的文章とに大別される。高等学校段階の生徒にとって思考の鍛錬の場として位置づけられるのは評論であり、そこで扱われるテーマは現代社会をめぐる万般にわたっており、掲載される本文の長さも、場合によって数千字を超えるなど、およそ現代人の基礎教養として考えられるべき素材として、現代社会の課題や認識あるいは知見が網羅されていると言っても過言ではない。

現行の「現代文B」に掲載されている教材は、大きく文化・芸術、科学・技術、国際などに分類することができる。

文化・芸術	・日本文化や日本社会のあり方に関するもの ・言語や芸術に関するもの
科学・技術・環境	・科学・技術の進展や生命に関するもの ・環境問題や都市に関するもの
国際・政治	・国際化・グローバル化に関するもの ・政治・経済に関するもの
情報	・情報メディア、コミュニケーションに関するもの ・身体や意識に関するもの
身体	・認識の在り方に関するもの

これら現代的な課題を扱った教材の、高度に知的な営みによって生まれたいわば価値の泉から湧き出す多くの問題意識をいかに的確に把握し、分析し、探究する中で課題を自らのものとして共感的にとらえ、深めていくことができるかどうかが学習活動の成否に関わるとともに、大学への知の誘いともなっている。

従来も、教材を分析するための様々な分析が行われてきた。それらを網羅的に示したものが以下に示す「参照体系」である。「対比」「変化」「構造」「関係」などの視座を設定することによって筆者の考えに迫ることが可能となる。

文章の底流に流れている思考の枠組みを整理し、対象と方法とに分けて考えることにより、筆者がテーマをどのように探究しているかをとらえることにより読み取りは深まる。

さらに、文章を支える骨格を見取り、文章全体を支える構造を把握するという作業を通すことそのものが、深く考えるための羅針盤を獲得することに繋がっていく。こうしていくつもの教材を読み解く中で、段階的に思考を深めることが可能となる。

大切なことは、「参照体系」を固定的なものとして捉えるのではなく、「参照体系」を自ら編むという作業を主体的に行うことにより、教材の理解が進み、新たな見方・考え方の可能性が広がり、創造的な思考の素地ができるということである。

【思考図　～参照体系例～】

視座＼対象	具体的な視座の例			
	対　比	変　化	構　造	関　係
言語	signifié/signifiant 通時／共時 text／context	物語化　一般化 距離感　普遍化 敬語法の変遷	生得　学習 習得　獲得 認識　発話	分析と総合 生得と習得 虹色の識別
文化・歴史	創造／破壊 未開／開拓 近代／現代	普遍　復権 不易　流行 統一	往還　反復 延長　拡大	影響　環流 敵対　互恵 共存
芸術	original／copy 創造／模倣 顔／鏡像	遠近法 中心化 抽象化 具象化 共有化	時間 空間 螺旋 円環	直接性 間接性 生産　消費 同一　近似
身体	身体／意識 支配／従属 痛み／快楽	身体統御 メカニズム 浮遊感	舞踊　祝祭 スポーツ 逸脱　統御	性の相違 ジェンダー 幼児　大人
社会	中央／周辺 公的／私的 ハレ／ケ	近代化　中心化 商品化　制度化 脱中心化	距離感　境界 コミュニケーション	都市と周縁 消費と生産
生命	生物／無生物 進化／退化 部分／全体	内在化 個別化 循環　平衡 生成	循環　生死 樹形図 分類　螺旋	平常　異常 先天性 後天性
科学・技術	量／質 求心性／遠心性 科学／人間	可視化 道具化 無力化 予測可能性	人工知能（ＡＩ） ロボット 延伸　機能	偶然　必然 矛盾 発見　創造
環境・自然	有限／無限 動的／静的 表層／深層	顕在化 限定化 グローバル化	生態系 楽観と悲観 拘束	世代間不均衡 世代間倫理 未来世代
情報・メディア	演繹／帰納 発信／受信 analog/digital	自由化 接近 アクセス	包含　架橋 権力　権限 ネットワーク	相互依存 独立性 劇場 観客の誕生

また、個の段階で深めた思考をさらに他との意見交換などの相互の協働作業を経ることにより、課題解決の過程で得られた知見を基に、価値創造という知の新たな地平に立つ道が切り開かれる。

参照体系として示してあるように、「生／死」「オリジナル／コピー」などの「対比」の視座は基本的な思考の枠組みを形成し、対象理解のための有効な手段となる。

さらに、「可視化」「顕在化」などの「変化」という視座を取り入れることにより、対象への迫り方が静的なものから動的なものへと高められる。「構造」については、対象同士を関連づけ構造化している要素を抽出することにより全体性を見る上で有効な視座となる。また、「関係」の視座を取り入れることにより対象自体からスタートして相互の持つ影響等を明確にすることが可能となる。こうした視座を設定することにより、教材において筆者が思い描いた思考に光を当て、教材内部に存在する中心的な骨格を確認するとともに、それらを抽出する作業を通して自らの思考の枠組みを深化・発展させることが可能となる。

とりわけ、環境などの課題については、「生／死」「創造／破壊」「有限／無限」「顕在化」「世代間不均衡」などの複数の視座を設定して教材内部の相互関連を探るとともに、筆者の考える論理展開を大局的かつ総合的に把握し、思考の跡を辿ることにより、思考力を鍛える契機となる。

参照体系を編むことは、教材を支える論理の流れや全体構造を分析することにつながり、筆者の思考の根源や思考素材の配置を含め、文章が生み出された根源そのものに迫ることである。そして、教材の価値を読み解き、自らの思考を辿り、課題を探究する方法を学ぶことにも寄与するものと言える。

さらに、参照体系を個別の教材の分析から発展させ、教材間に見られる共通性や差異性に着目しながら編むことにより、課題の広がりに着目しながら課題の全体像を俯瞰することができる力の育成にも資することが期待される。

五　思考図から思考儀へ

対象に対して、方法的な視座を立てて参照体系を編むことにより、いわば対象への接近がなされることとなる。こうして得られた参照体系をより深化させるための手法として、「定義軸」を組み合わせることにより、対象に対して新たな光を照射し、対象がより明確に形づくられることとなる。課題探究に当たって、「定義軸」を意識することは、語義レベルにおいて歴史的な背景や歴史的変遷を踏まえることとなり、一般化・陳腐化・常識化したものの見方を一度原点に回帰させることにより、課題そのものの持つ本来的な価値に光を当てることになる。こうして一面的な視座に陥りがちな思考を脱して、対象に対して複合的な視座からの接近や相互関連が図られ、対象への理解において新たなステージに立つことが可能となる。

今日的な様々な課題を読み解く上で重要なことは、「対比」「変化」「構造」「関係」などの複数の視座に立ちつつ、根源的な問いかけとなる「定義軸」を設定することにより、課題そのものを立体的に浮き彫りにし、全体像を明らかにすることに繋げていくことである。

比喩的に言うと、対象に対して面的な広がりを持つ参照体系、いわば「思考図」を深化し、そこに「定義」という新たな軸を設定することにより、対象を取り巻く全体の課題を俯瞰する思考、すなわち「思考儀」を手に入れることである。

思考図	「何を what」に対して、「どのように how」迫るかを中心として設定する参照体系
思考儀	根元的な問いかけとしての「定義軸」という「＋ α」を加味した思考展開

思考儀の設定により、課題へのアプローチが複眼的になり、課題探究に深みが増すことが期待される。

例えば、「現代文B」に採録されている教材「ミロのヴィーナス」（清岡卓行・『手の変幻』所収）においては、ミロのヴィーナスの美しさを考察する上で、喪失した腕の持つ意味とともに、芸術作品が辿る運命をも視野に入れ、具体／抽象、実体／象徴、喪失／復元などの二項の「対立」を基に論を展開し、美の在り方に迫っている。

そして、これと呼応する形で、「部分的な具象の放棄による、ある全体性への偶然の肉薄」という表現や「表現における量の変化ではなくて、質の変化である」という表現に着目してその意味を分かりやすく具体的に説明することが読解の課題として提示されている。[5]

読解においては、こうした対立構造を考慮することが論を読み解く上で有効であるが、本文では、「なぜ、失われたものが両腕でなければならないのか？」という自問形式を通して、「手」の持つ原義に迫ることにより思考を深めている過程を読み取ることができる。

そして、本来的に「手」が有している身体的な機能や意味だけではなく、「手」の本来的な意味や歴史的・哲学的・社会的な意味合いが思考の深化の手掛かりとして提示されている。

このような論の展開において、顕在的に言語化された「問い」だけでなく、教材内部に存在する潜在的な「問い」、とりわけ根元に遡る「定義」に関わる軸を設定して新たな目で見るときに、筆者の思考の足跡を辿り、教材の持つ価値が掘り起こされ、再評価される可能性が広がる。こうした作業プロセスは、いわば、自身の思考を深めるための「メタ思考」として機能する問いかけそのものである。

近代、文化・芸術、社会、言語、政治・経済、科学・技術、環境、生命・身体、情報など多岐にわたるテーマにまたがる教材において、参照体系をもとにしながらも、「定義」に遡及することなどの新たな軸をもとに論の主題や論の展開過程を追うことが、自己の知見をまとめ発表するという表現活動にも有効に反映されるものと考える。

また、論理的文章のみならず、文学的文章においても、「上昇／落下」「発信／受信」[6]などの比較的汎用性の高い視座を基に作品世界に迫るとともに、人間関係を歴史的背景や原義に立ち返って分析することにより、人類に共通する普遍的な関係構造が明らかにされるなど、古今を通して小説世界の底流に流れている価値を発見し、掘り起こし、鑑賞する上で有効な手だてとなることが期待される。[7]

もとより、実際の授業現場においては、教材をどのように受け止め、教材の価値をいかに発見するかについては、唯一絶対の見方に収斂するものではない。思考を深め、その進展を図る過程そのものを生徒自身が実践的に体得するとともに、相互批正の作業を通して協働的に実践を重ねることが、「近代以降の様々な文章を的確に理解し、適切に表現する能力を高めるとともに、ものの見方、感じ方、考え方を深め、進んで読書することによって、国語の向上を図り人生を豊かにする態度を育てる」という科目の目標を達成し、新たな学びに向かう点で意義を有するものと考えられる。

六　おわりに

様々な課題を自ら発見し、それらを解決していく力を身に付けることは、これまでの学びにおいても重要であったが、価値観の多様化が進み、グローバル化が進展する中で生涯にわたって学び続けることが求められる二十一世紀を担うものにとって、自ら考える力を育成することは、今後ますますその重要性が増すものと考えられる。

高等学校段階の学習を踏まえて大学での学びや社会生活を生きる上で求められる思考の在り方については、これまでも、高度な知の方法論を提示した先駆的な取組み[8]などとともに、思考の方法に特化して、思考の持つダイナミズムを体感することができる注目すべき著作も多数ある。[9]

識者が「『学ぶ』ことに終点はない[10]」と指摘するように課題は常に新たに発見されるのを待っている。自ら課題を発見し、その課題解決の方途を探究することは、高等学校教育ひいては日本の大学教育の質の向上を図るうえでも喫緊の課題である。

本来、思考することは喜びに満ちた営みであり、探究心を喚起し、知への憧れに連なるものであることが期待される。文章を読むという行為の中で、生徒自身が参照体系を自ら編み、定義等の軸を基に思考を深めることが、現代の世界そのものを読み解くための方略を獲得することにつながるとともに、思考を表現に結びつけ、自らが主体的に豊かで創造性あふれた表現活動を行うことにも資するものと考えられる。

高等学校国語における授業改善を濫觴として、今後の高等学校における教育がさらに充実したものとなることを念じて稿を終えたい。[11]

《註》

（1）アクティブ・ラーニングについては、中央教育審議会諮問「初等中等教育における教育課程の基準等の在り方について」（平成二六年一一月二〇日）において次のように示されている。

「新しい時代に必要となる資質・能力の育成に関連して、これまでも、例えば、OECDが提唱するキー・コンピテンシーの育成に関する取組や、論理的思考力や表現力、探究心等を備えた人間育成を目指す国際バカロレアのカリキュラム、ユネスコが提唱する持続可能な開発のための教育（ESD）などの取組が実施されています。さらに、未曾有の大災害となった東日本大震災における困難を克服する中で、様々な現実的課題と関わりながら、被災地の復興と安全で安心な地域づくりを図るとともに、日本の未来を考えていこうとする新しい教育の取組も芽生えています。これらの取組に共通しているのは、ある事柄に関する知識の伝達だけに偏らず、学ぶことと社会とのつながりをより意識した教育を行い、子供たちがそうした教育のプロセスを通じて、基礎的な知識・技能を習得するとともに、実社会や実生活の中でそれらを活用しながら、自ら課題を発見し、その解決に向けて主体的・協働的に探究し、学びの成果等を表現し、更に実践に生かしていけるようにすることが重要であるという視点です。そのために必要な力を子供たちに育むためには、「何を教えるか」という知識の質や量の改善はもちろんのこと、「どのように学ぶか」という、学びの質や深まりを重視することが必要であり、課題の発見と解決に向けて主体的・協働的に学ぶ学習（いわゆる「アクティブ・ラーニング」）や、そのための指導の方法等を充実させていく必要があります。こうした学習・指導方法は、知識・技能を定着させる上でも、また、子供たちの学習意欲を高める上でも効果的であることが、これまでの実践の成果から指摘されています。また、こうした学習・指導方法の改革と併せて、学びの成果として「どのような力が身に付いたか」に関する学習評価の在り方についても、同様の視点から改善を図る必要があると考えられます」

（2）国立教育政策研究所編『生きるための知識と技能 OECD生徒の学習到達度調査（PISA）二〇〇九年調査国際結果報告書』（二〇一〇年）

「読解力とは、自らの目標を設定し、自らの知識と可能性を発達させ、効果的に社会に参加するために、書かれたテキストを理解し、利用し、熟考し、これに取り組む能力である」そして、「理解し、利用し、熟考し」という定義について、「読解には相互作用的な性質があり、読み手は、テキストに連動して自分の考えや経験を呼び起こすという概念を強調するためである。また、評価するために、読者はテキストの内容について考え、それまでの知識や理解を活用したり、テキストの構造や形式を考える必要があるからである」と指摘している。

（3）平成二〇年一月の中央教育審議会答申「幼稚園、小学校、中学校、高等学校及び特別支援学校の学習指導要領等の改善について」の言語活動の充実について、国語科で培った能力を基本に、知的活動の基盤という言語の役割の観点から、次のような例示がなされている。

・観察・実験や社会見学のレポートにおいて、視点を明確にして、観察したり見学したりした事象の差異点や共通点をとらえて記録・報告する（理科、社会等）

・比較や分類、関連付けといった考えるための技法、帰納的な考え方や演繹的な考え方などを活用して説明する（算数・数学、理科等）

・仮説を立てて観察・実験を行い、その結果を評価し、まとめて表現する（理科等）

・体験から感じ取ったことを言葉や歌、絵、身体などを使って表現する（音楽、図画工作、美術、体育等）・体験活動を振り返り、そこから学んだことを記述する（生活、特別活動等）

・体験したことや調べたことをまとめ、発表し合う（家庭、技術・家庭、特別活動、総合的な学習の時間等）

・討論・討議などにより意見の異なる人を説得したり、協働的に議論して集団としての意見をまとめたりする（道徳、特別活動等）

　また、思考力・判断力・表現力の育成の観点から、次の例示もされている。

・身近な動植物の観察、見学結果の記述・報告、課題について比較・分類・関連づけなどの技法を活用し課題を整理、自分なりの考えをA4・1枚（千字程度）で表現、グラフや図表などで表現、予想や仮説と検証方法を討論、問答やディベート形式で議論を深めることなど。

（4）川喜田二郎氏『発想法』（中公新書・一九六七年）

（5）「精選現代文B」大修館書店、「精選現代文B」東京書籍、「現代文B」桐原書店「高等学校現代文B」第一学習社、「現代文B」数研出版等を参照した。

（6）拙論『波動の行方『こころ』論考―「声」発信と受信とをめぐって―』（「解釈」・一九九五年）を参照。

（7）蓮實重彦氏の『「ボヴァリー夫人」論』（筑摩書房・二〇一四年）及び『夏目漱石論』（福武文庫・一九八八年）においては、該博かつ詳細な読みによる論の展開が展開されており、本稿への示唆を受けたことをここに記すとともに、深甚なる謝意を表したい。

（8）小林康夫・船曳建夫『知の技法』東京大学出版会（一九九四年）

この著作では次の指摘がなされている。

「結局、文科系学問にとっての問題は、最終的には、『人間とは何か』という大きな問いに収斂していくように思われますが、いずれにせよ、そのような問いにつながっていくような問題意識を持たない限りは何も始まりません。その問題意識に導かれて、しかも問題意識はそのものが深まるにつれて、次第に、対象領域が決定され、方法論が模索され、そして研究の問題構成が組み立てられることになります。（中略）文科系学問の喜びがあるとしたら、それは、最終的には、このような多様な出会いに満ちた対話の空間、コミュニケーションの空間が開かれることではないでしょうか。そこでは、文化や時代を超えて、様々な他者と出会い、様々な心理と対話をすることができます。そこでは、心理を認識することは、同時に、他者との対話の実践であるのです」

（9）大澤真幸『思考術』河出ブックス（二〇一三年）

筆者は考えることの意味づけを次のように述べるとともに、思考の方法について示唆に富んだ指摘をしている。

「考えることは書くことにおいて成就する。考えることの最終局面は書くことと完全に一体である。書くことに収斂しなければ、思考は完成しない。…私自身にとって固有の長期的な主題をめぐる探究を深化するのに役立つかどうかである。要するに、そのテーマについて書くことが、私自身がずっとやり続けてきた仕事創造的な相乗作用をもたらすか、私自身の長い探究の中で活きてくるかが執筆を引き受けるかどうかの決め手になる。…深い内容の論文や本を書くには、一定の期間、たった一つのことに思考を集中させる必要があるからだ。…私にとっては、それらの論文の主題は、「同じ一つのこと」として互いに共振しあっている。…書いているその過程の中で、新たな発見がないような文章はつまらない。もし書かなければ見出せなかったことが、まさに書くことによって発見されるのでなければ、何のために書くのか。書くことによって、初めて自分が何を考えていたかに気づき、そのことに自分が驚く。そんな感覚である。…考えることこそが、私の生きることのほぼすべてである、と言っても過言ではない」

（10）佐々木毅『学ぶとはどういうことか』講談社（二〇一二年）

筆者は、本書第四章において、「学び」を「知る」「理解する」「疑う」「超える」という四つの段階に分けて説明しており、考えることの本質とともに、高等学校及び大学段階における思考の具体的な展開について言及しており興味深い。

（11）なお、本稿の思考に関する考察にあたっては、板坂元氏『考える技術・書く技術』（講談社現代新書・一九七三年）、外山滋比古氏『思考の整理学』（ちくま文庫・一九八六年）、轡田隆史氏『「考える力」をつける本』（三笠書房・一九九七年）、野矢秀樹『語り得ぬものを語る』（講談社・二〇一一年）、岩崎美紀子『「知」の方法論』（岩波書店・二〇〇八年）から多くの示唆を受けた。併せて、福島県教育委員会編『サクシードⅡ』（一九九九年）を参照した。このテキストの中では、思考力と想像力とに特化して、①疑問を持つこと、②言葉を定義する、③相手を想定する、④視点を変える、⑤対話を繰り返すなどの視点から具体的な学習活動の場における実践研究の例が示されるとともに、創造的な知としての思考力・想像力の育成の視点が提示されている。また、巻末の「考え方の枠組みの例」に示されている図示には啓発的な内容が含まれている。筆者も指導主事として本書の作成・編集に参画していることを付記したい。

（『福島大学人間発達文化学類論集』第二三号、二〇一六）

「山月記」論考
～自己認識の方法をめぐって～

「山月記」という作品の中で描かれている「悲劇」とはいかなるものであったのか。実はその「悲劇性」は、「自己とはなにか」という問いと密接に結び付いているのではないかと考えられる。本稿では、李徴の虎への変身の理由および変身後の言葉を中心にして、この作品において「自己認識」がいかなる形でなされているかについて考察していきたい。

一　「鏡像」による自己認識

李徴が虎に変身する過程および、自らを虎と認識する場面に次の文章がある。

　無我夢中で駆けて行くうちに、いつしか途は山林に入り、しかも、知らぬまに自分は左右の手で地を攫んで走っていた。何か身体中に力が充ち満ちたような感じで、軽々と岩石を跳び越えて行った。気がつくと、手先や肱のあたりに毛を生じているらしい。少し明るくなってから、谷川に臨んで姿を映して見ると、すでに虎となっていた。（傍線筆者。以下同じ。）

李徴は、その前の段階で、山林を駆けていくうちに虎となりつつある自分に気付きはじめている。手先やひじの辺りに生じた変化を薄々とは感じながら、敢えて容赦のない現実の姿として見るために、李徴は自分の姿を「谷川」に「映して見る」という行動をとる。紛れもない姿を直接自分自身に提示するという意味において、「鏡像」による認識は、「映すもの」と「映されるもの」との間に何らの夾雑物をも有していない。人間は自分自身を常に他者の目に晒しながら、自分自身の姿を、特にその顔を自ら認識することのないまま生きている。他者から見られる自己と自己自身とは常に二分化しつつ、その一方は常に欠落したままの状態にあるといえよう。

李徴はこの場面で初めて客観的かつ直接的に自己の外面的な姿を知り得た。それは他者からの聞き伝え、あるいは粉飾といったもののて切ない「あるがままの姿」そのものである。もちろん彼は、その「目」そのものを最初は信用しない。見ること、さらには「映った姿」すべてを含めて夢に違いないと断じようとする。しかしすべての懐疑が無意味となった時ようやく彼はその姿を現実として受け止めることになる。そういう意味において水に自己の姿を映し出していくことは、李徴における自己認識を考える時示唆的であり、象徴的な行動となる。自分という存在がはたしていかなるものかを自問する時、外観は一つの指標となっていく。他者から見られている自己の像を直接認識するためには、他者の位置に自分を置き換える必要がある。他者の視点という外部から自己を見るとき、自己の「内心」がそのまま正しい形では一致した像を結ばないことに気づく。内と外とが全く同一のものであるならば、即ち自己がそのままだれによっても変貌せずに済むものなら自己はそのまま外部に開示されるる。しかし他者を意識しない「透明」な自己はこの作品には存在しない。ここにあるのは、内と外とが一つの壁ないしは膜によって分離されてしまっている人間の姿である。

二　他者による認識と「視線」の意味

李徴の虎化の後の自己認識に対応するものとして、それ以前の李徴の自己認識について考察する必要がある。まず目につくのは、彼が他からの視線を避けていたという事実である。他からの視線は評価を伴った「攻撃的な」視線であるがゆえに李徴は無防備な自己像をそのまま曝すことができなかったのである。

人間であったとき、己は努めて人との交わりを避けた。人々は己を倨傲だ、尊大だといった。実は、それがほとんど羞恥心に近いものであることを、人々は知らなかった。もちろん、かつての郷党の鬼才といわれた自分に、自尊心がなかったとは言わない。

という文章の中にも明確に示されているように、李徴が自己の才能を認識する前提として外側からのほのめかし、ないしは「評価を伴った視線」があったということに注目する必要がある。その視線を李徴は意識的、本能的に避けることになる。もちろんそれは自己の内側に絶対的な価値基準がなく自己崩壊を恐れる「臆病さ」に起因しているわけであり、その理由を彼自身「己の殊に非ざることを惧れるがゆえ」と断じている。こうして他人とりわけ自己にたいして判断を下す人々から離れ、一時的な安定つまり、他人の視線からの自己保全はなされる。しかし、そのあとで李徴はいかなる形で自己認識をすることになるのか。結果的に彼は、外部との相互関係を保ち、自己の姿、詩作の実力等を判定する基準、映し出すべき「鏡」の一つをうしなってしまう。そして身を避けることにより、李徴の自己像は夢幻化、内向化、肥大化することにたる。

己はしだいに世と離れ、人と遠ざかり、憤悶と慙恚とによってますます己の内なる臆病な自尊心を飼いふとらせる結果になった。

たしかに李徴は、自己の「詩家としての名を死後百年に遺そうと」して官吏の職を辞したのではあったが、現実の生活の中で、自己の姿を客観的に映し出す術を持たなかったとも言い得る。こうして一種の「合わせ鏡」の中で、「あるべき自己」と「あるがままの自己」との二つに引き裂かれた自己像を形成し、「自己という幻想」を増幅させることにより、李徴は虎化の道を歩むことになる。

三 「告白」の持つ意味

「他者の視線」から逃れ、虎と化したあと親友袁傪に出会うわけであるが、この小説の中心となる二人の対話に見られる自己認識について考えてみたい。

自分はいまや異類の身となっている。どうして、おめおめと故人の前にあさましい姿をさらせようか。（中略）どうか、ほんのしばらくでいいから、わが醜悪な今の外形を厭わず、かつて君の友李徴であったこの自分と話を交してくれないだろうか。

袁傪であると知らずに襲いかかりそうになったあと李徴は叢の中に身を隠してその姿を、袁傪一行から遮断する。それ以後の会話は、すべて姿を見せないまま「声」によってなされる。李徴による告白は、「自己像」とくに内心を述べるという意味において「自己とは何か」という問いを常に内側に孕みもつ。逆にいうと、「自己とは何か」という問いかけを推進力にして成立していく「言語によるドラマ」と位置づけることができる。しかもそこにおいて語られる「自己」は、これまで他者に知られていないものを開示することになり、さらに自分でもこれまで意識しなかったものまでもつむぎだす働きを持つことになる。そしてそこで現れてくるのは、過去相において捉えられている李徴の像である。しかも大切なことは、冒頭で確認した「鏡」が物理的、客観的な姿を李徴に示してくれたことと同様に、袁傪という人物が李徴の内心を映し出す「鏡」の役割を有しているということである。「山月記」の中心を占める李徴の告白は、それ自体彼の自己認識を明確化するための枠組を形成していると考えられる。また「告白」という形式は、自らを新たに主人公として提示するという意味において、「演劇化」として捉えることもできる。それは、まず「ふりかえること」を出発点にしている。李徴は虎に化した後の心理状態を次のように語る。

ただ、一日のうちに必ず数時間は、人間の心が還ってくる。そういうときには、かつての日と同じく、人語も操れれば、複雑な思考にも堪えうるし、経書の章句を誦んずることもできる。その人間の心で、虎としての己の残虐な行ないのあとを見、己の運命をふりかえるときが、最も情けなく、恐ろしく、憤ろしい。

時間の流れに沿った本能的、生物的、無自覚的な自己像を、その瞬間でなく、後において意識的に李徴は「ふりかえる」ことになる。この回顧による「覚醒」ないしは「気づき」ということは、李徴が虎化する以前にはなかったことである。しかも李徴によって語られるこの「過去像」は「後悔」という心情によって裏打ちされており、ある時点において可能であったはずの「自己像」との対比によってより鮮明な色あいを付与されることになる。そして、その覚醒が明確になされればなされるほど、そして失われた時が長ければ長いほど、現在における「喪失感」は増大する。

今思えば、まったく、己は、己の有っていた僅かばかりの才能を空費してしまったわけだ。人生は何事をも為さぬにはあまりに長いが、何事かを為すにはあまりに短いなどと口先ばかりの警句を弄しながら、事実は、才能の不足を暴露するかもしれないとの卑怯な危惧と、刻苦を厭う怠惰とが己のすべてだったのだ。己よりも遥かに乏しい才能でありながら、それを専一に磨いたがために、堂々たる詩家となった者が、いくらでもいるのだ。虎と成り果てた今、己はようやくそれに気がついた。それを思うと、己は今も胸を灼かれるような悔いを感じる。

「告白」はここでは、素直で冷静な視点からなされていると考えられる。しかし、李徴においては、自己が「語る」ことによって出現させた「自己像」そのものが、逃れることのない、しかも未来を閉ざされた絶望によって再度認識されるという二重構造になっていることに注目する必要がある。それが李徴の「自嘲癖」を解く鍵になる。

四 「自嘲癖」および「演劇的構造」

語られ、認識された自己像をさらに見つめることが、「自嘲」という心理、行動を生み出すことにつながる。発話作用による「言語による自己認識」が過去に向かう方向性を持っているとするならば、「自嘲癖」は、人間への復帰の不可能性を見据え、過去によって得られた自己像がなんら未来に向かって発展しえないことを悟った地点にその基盤を置くことになる。しかも、その認識は瞬時になされている。

李徴の声はしかしたちまちまた先刻の自嘲的な調子に戻って、言った。ほんとうは、まず、このことのほうを先にお願いすべきだったのだ、己が人間だったなら。飢え凍えようとする妻子のことよりも、己の乏しい詩業のほうを気にかけているような男だから、こんな獣に身を堕すのだ。旧詩を吐き終わった李徴の声は、突然調子を変え、自らを嘲るがごとくに言った。羞しいことだが、今でも、こんなあさましい身と成り果てた今でも、己は、己の詩集が長安風流人士の机の上に置かれている様を、夢に見ることがあるのだ。岩窟の中に横たわって見る夢にだよ。嗤ってくれ。詩人になりそこなって虎になった哀れな男を。(袁傪は昔の青年李徴の自嘲癖を思出しながら、哀しく聞いていた。)

ここで看取される自己認識は、すべて過去の相において捉えられており、未来は閉鎖されたままである。以上考察してきたように、虎への変身後の李徴の自己認識は、劇的構造、とりわけ「告白」という形式に沿って行われてきた。最後に李徴は、妻子には真実をつげず、「己はすでに死んだ」という伝達を依頼する。

お別れする前にもう一つ頼みがある。それはわが妻子のことだ。彼らはいまだ虢略にいる。もとより、己の運命については知るはずがない。君が南から帰ったら、己はすでに死んだと彼らに告げてもらえないだろうか。けっして今日のことだけは明かさないでほしい。

李徴はここで自らの死という一種の「劇中劇」を演ずることによって、妻子という自分にとって一番大切でありかつ大切であった人たちに「虚構の自己像」を提出することになる。変身以前の李徴はその自尊心によって、正しい自己認識に欠けていたが、この「虚構の自己像」は、自らの手によってなされる生涯の総決算であり、ある意味において彼の行った最も「素直で、純粋な」自己確認の行為と位置付けることが可能である。失われつつある「人間としての心」をもって、残された自分の家族に苦悩を与えないために、李徴は、自己の「あるべき姿」を映し出すことができたのである。

自己を自己として純粋に認識することは、本人に一種の浄化作用をもたらし、さらにその人物を見守る人々つまり袁傪一行および我々読者さえも粛然とさせることになる。

また、今別れてから、前方百歩の所にある、あの丘に上ったら、こちらを振りかえって見てもらいたい。自分は今の姿をもう一度お目にかけよう。勇に誇ろうとしてではない。わが醜悪な姿を示して、もって、ふたたびここを過ぎて自分に会おうとの気持を君に起こさせないためであると。

という李徴の言葉に漲る悲壮な決意は、「自己が何であったか」という自己認識を完了した者が絶望の中でたどり着いた一つの頂点を示すものであり、隠されていた自らの姿を晒すことが一種の諦観と結びつき、袁傪のみならず我々一人ひとりにも感動を与えてくれるということができる。

五　結論

「人虎伝」を下敷きにしつつも、作者中島敦は李徴という人物に「他者からの視線」を意識せざるを得ない近代人のもつ悲劇を付与した。自己が他者と異なる存在であるということを認識することは必然的に、「自己とは何か」という問いを要求し、「自己」を摸索する出発点となる。この作品の全体的構造が、実は「本来の自己」を求める試みによって裏打ちされており、既に不可能の際に立たされた地点（つまり人間への復帰ができなくなった時点）においてようやく「自己とは何か」という問いに対する回答を知り得た者の悲劇が描かれているといえるのである。

《主要参考文献》

1、佐々木充著『中島敦の文学』（近代の文学・10）
（桜楓社　昭和48・6）
2、濱川勝彦著『中島敦の作品研究』（国文学研究叢書）
（明治書院　昭和51・9）
3、鷺　只雄著『中島敦』（叢書　現代作家の世界・5）
（文泉堂出版昭和52・4）
4、同『中島敦論・「狼疾」の方法』
（有精堂　平成2・5）
5、勝又　浩著『Ｓｐｉｒｉｔ中島敦』（作家と作品）
（有精堂　昭和59・7）

なお、本文は角川文庫版『李陵・山月記』によった。

（『解釈』第四五三集、一九九二）

存在の基盤としての大地
～『それから』における地震と崩壊とをめぐって～

『それから』という作品は、父なる太陽から離脱し、三千代という星の引力によって軌道を外れて行く遊星の物語である。(1) 安定した軌道を離れ、家族および社会という系を離脱して行く過程が、作品の中核をなす。物語は睡眠と覚醒との狭間から開始し、全身を焼き焦がす炎暑のなかで終焉をむかえる。星の世界から太陽の世界への移動を機に崩壊の一途を辿る。大地の「揺れ」という視点を手掛りにして、『それから』に内在する崩壊感覚を分析することが小論の目的である。

一　揺れる大地

漱石は、『それから』執筆にあたり、詳細に作品の構成を練り上げている。そのなかに、地震に関する記述があり、作品の一つのモチーフを形成していたことが考えられる。(2) しかも、そのエピソードが自己の体験に基づくことも日記の記述によって明らかである。実際にいくつかの地震体験が漱石に何らかの意味を与えたわけであろうが、地震という自然現象が、存在の在り方と深く関連を有していたこと、さらに、作品の中で地震は、単なる自然描写のひとつではなく、代助という人物の存在そのものに関与することが指摘される。

彼は地震が嫌である。瞬間の動揺でも胸に波が打つ。あるときは書斎で凝と坐つてゐて、何かの拍子に、あゝ地震が遠くから寄せて来るなと感ずる事がある。すると、尻の下に敷いてゐる坐蒲團も、疊も、乃至床板も明らかに震へる様に思はれる。彼はこれが自分の本来だと信じてゐる。親爺の如きは、神經未熟の野人か、然らずんば己れを僞はる愚者としか代助には受け取れないのである。[3]（三）

大地の揺れに敏感に反応することを通して、父とは異なる繊細な感性を付与された代助の像が形成される。代助は当初、父を中心とした座標軸のなかに確実に位置付けられていた。「老太陽」たる父は、経済的力を背景として長井家の安定を計り、誠吾等を自己の系列に従えている。しかし、秩序だった整合性を持った系も、内部に異分子を生じることで歪みを生じていく。引用した地震への反応は、単なる比喩のレベルを超えて、代助と父との世界観についての決定的な差異を浮き彫りにしたものとしてとらえるべきである。

大地は絶対の信頼を置くことのできる存在の基本をなす。生活の基盤もそこにあると言えよう。したがって、その大地が安定せず「揺れ」を生じることは存在そのものが危機に瀕することでもある。地震は、存在への脅威という点では稀有のものであり、事実、大地の「揺れ」による恐怖が代助を震撼させることになる。

神樂坂へかゝると、寂りとした路が左右の二階家に挾まれて、細長く前を塞いでゐた。中途迄上つて來たら、それが急に鳴り出した。代助は風が家の棟に當る事と思つて、立ち留まつて暗い軒を見上げながら、屋根から空をぐるりと見廻すうちに、忽ち一種の恐怖に襲はれた。戸と障子と硝子の打ち合ふ音が、見る〳〵烈しくなつて、あゝ地震だと氣が付いた時は、代助の足は立ちながら半ば竦んでゐた。其時代助は左右の二階家が坂を埋むべく、双方から倒れて來る様に感じた。すると、突然右側の潜り戸をがらりと開けて、小供を抱いた一人の男が、地震だ〳〵、大きな地震だと云つて出て來た。代助は其男の聲を聞いて漸く安心した。（八）

地震による「揺れ」は、身体そのものを直接的に襲うものであるがゆえに衝撃が大きい。明治四十二年八月十六日付けの書簡には「関東に大地震が有之候。寺田が立つ時近いうちに大きな地震があるかも知れませんと云つたが、果して豫言的中なり先づ〳〵我々は厄逃の氣味に候」という記述があり、[4]『それから』執筆時期に漱石が地震体験をしていることが、なんらかの影を落としていると判断できる。

さて、作品中で「揺れ」を引き起こすものは、物理的な力としての地震だけではない。他には睡眠中の夢、入浴中の身体の浮遊そして、交通機関による「揺れ」等が指摘される。夢については冒頭の場面を始めとして身体感覚に関わるものが多いことがあげられる。また、浴槽に身を沈めている状態は存在の様態という観点からすると、足を地上に踏み締めて、地球の重力に従う姿勢とは異質である。[5]ここでは自身の体重は浮力によって軽くなり、比較的自由な状態になり、自分の体が他者性を帯び、肉体の持つ統一性が崩壊する前兆を示す。つまり、意識と肢体とが分離し、肢体の独立性が増すことになる。代助はその浮遊状態を危機的意識を持って感じてはいないが、後に体感する崩壊感覚の余兆ともいうべきものが、ここには存在するといえよう。[6]大地にしっかりと根をおろして生活するのではなく浮遊性を帯びて存在することによって逆に「揺らぎ」が日常化される。ここには、存在の基盤を離れ、「揺れ」に身をまかせている代助の姿が浮かび上がる。

夢および入浴という状態も重要性が高いが、交通機関の「揺れ」は作品内において深い意味を有しているると考えられる。嫂から誰か好きな人があるのかと聞かれて、それまで意識せずにいた三千代という名が心に浮かんだという場面の後、代助は自宅への帰途、地震に遭遇する。しかも、この地震の余兆ともいうべき身体の変異がその前に描写されていることに着目したい。代助はだれもいない電車のなかで、「一種の音に埋まつて動いて行」（八）き車外の闇と電車の内部の明るさの中でどこまでも下りる機会を逸したまま引っ張り回されるような感じを受けている。電車という文明の一つの象徴が、代助の感性を変化させ、その空間を一種の浮遊状態にしてしまうのである。電車という空間移動の手段は、人物と外界との接触を断ち、外部と遮断された閉鎖空間を形成する。

自分を検査して見ると、身體全體が、大きな胃病の樣な心持がした。四丁目から又電車へ乘つて、今度は傳通院前迄來た。車中で搖られるたびに、五尺何寸かある大きな胃嚢の中で、腐つたものが、波を打つ感じがあつた。（八）

『それから』という作品の特徴の一つに、人間存在を安定させる基本的要素の欠落が指摘される。大地を移動するために縦横に張り巡らされた電車の線路や道路の存在は、利便に供するものではあるが、その反面、人間と人間との関係を稀薄なものにしている。[7] 大地とその上に縦横に張り巡らせられて血管のように人を運ぶ電車の道は、交通網と血管とのアナロジーによって、擬似的な肉体の姿を浮かび上がらせる。身体そのものが制御され、身体の持つ統一性が波及する過程が一方にあるが、その制御がなんらかの形で機能しなくなるとき、崩壊への余兆も見られる。

平岡はとう〳〵自分と離れて仕舞つた。逢ふたんびに、遠くにゐて應對する樣な氣がする。實を云ふと、平岡ばかりではない。誰に逢つても左んな氣がする。現代の社會は孤立した人間の集合體に過ぎなかつた。大地は自然に續いてゐるけれども、其上に家を建てたら、忽ち切れ〲になつて仕舞つた。家の中にゐる人間も亦切れ切れになつて仕舞つた。文明は我等をして孤立せしむるものだと、代助は解釋した。（八）

現在の都市世界を予見させるようなこの表現からも、漱石が都市文明の異常なまでの非人間性に危機感を抱いていたことが理解される。本来大地の上に身を委ねることによって生を全うすることができた素朴な世界は消失しつつある。大地は分断され、人間の在り方そのものが連帯を無意味なものにしている状態は、漱石のみならず慧眼なる人々によって指摘されていた[8]。存在における安定感を失い、自己と他との関係が稀薄になることにより、意識は内向する。三千代の存在が重要性を持つのはこの精神の空隙の瞬間である。父の勧める結婚に拒否の態度を示し続けることが限界にきたとき、代助は「馬鈴薯」と「金剛石」とのいずれかを選択しなければならなくなる。危機意識が身体を過敏にし、身体を探知機《センサー》に変貌させる。普段はなにげなく感じているものが、増幅され過剰に感知されることになり、身体そのものが「揺れ」に対して過敏になる。

五六日前彼は、彼の家の大いに搖れる自覺と共に眠を破つた。其時彼は明らかに、彼の下に動く疊の樣を、肩と腰と脊の一部に感じた。彼は又夢に得た心臟の鼓動を、覺めた後迄持ち傳へる事が屢あつた。そんな場合には聖徒の如く、胸に手を當てゝ、眼を開けた儘、じつと天井を見詰めてゐた。（十三）

平岡に三千代とのことを打ち明けたあと、彼女に会うこともできずただ家の回りを徘徊する代助の感覚はすでに一種の錯乱状態を示している。そこでは現実の「揺れ」ではなく、心的な「揺れ」が感じられることになる。実際に起こった地震ではなく、身体そのものが逆に「揺れ」を生じさせる。作品の冒頭から度々描かれる心臓の動きへの偏執はその一端を示している。社会と拮抗し得る力を有していない代助にとって、自己の内面と外面との境界は消失する。「揺れ」が両者を融解するのである。

そのうち、強い日に射付けられた頭が、海の様に動き始めた。立ち留まつてゐると、倒れさうになつた。歩き出すと、大地が大きな波紋を描いた。代助は苦しさを忍んで這ふ様に家へ歸つた。夕食も食はずに倒れたなり動かずにゐた。其時恐るべき日は漸く落ちて、夜が次第に星の色を濃くした。代助は暗さと涼しさのうちに始めて蘇生つた。(十七)

こうして、大地の「揺れ」が、代助の精神および肉体にまで波及する。「揺れ」の感覚は身体を包み、内部世界が外部世界を逆照射する。

二　大地からの転落および落下

漱石の作品は、水平を基軸とする世界と、垂直を基軸とする世界との交錯する場に成立する。歩行による同一平面上の移動は前者に属し、上昇・墜落は後者を基盤とする。『夢十夜』の「第七夜」や『坑夫』において端的に表現されているように、漱石の作品で垂直世界における運動が作品の一系列を形成しているのは明らかである。そして人物の造型においても、高さの持つエネルギーが関係してくる。(9)作品世界において絶対的な安定を保つ大地は、揺るぎのないものとして前提されている。その前提が崩壊し、人間の平衡感覚を司るものが欠如したとき、世界像が内側から変貌する。
代助の世界像を形成する上で重要な要素として、外界との遮断をあげることができる。言語、肉体、生活、空間、金銭、芸術、文化、その他もろもろの面で、代助は未熟な「蛹《さなぎ》状態」にあった。自立した生活と見えるものも、実は父からの経済的支援によって維持されるものでしかなかった。周囲との際立った軋轢なしに三十歳という年を迎えた代助は、その長い眠りから引き摺り出される。身体的、精神的、経済的「揺れ」を経て、自己の生活基盤自体に亀裂が生じる。三千代に自己の内面を吐露し、心の平穏を得た代助は、次のように感じている。

煉瓦の壁程急な山腹に蝙蝠の様に吸ひ付いた人間を二三ヶ所點綴した挿畫があつた。（中略）代助は今道徳界に於て、是等の登攀者と同一な地位に立つてゐると云ふ事を知つた。けれども自ら其場に臨んで見ると、怯む氣は少しもなかつた。（十五）

父からの金銭的援助を断たれた代助は、「高い絶壁の端迄押し出された様な心持」（十六）を抱く。この感覚は絵画から想像された比喩的なものであるが、社会において、自己の行為が指弾されるものであることを明示していることに注目する必要がある。落下に対する恐怖はまた、安定した大地の上での生活が基盤ごと失われることを意味している。

三　回転する世界

作品世界において、人物は、いくつかの座標軸上に位置付けられる。座標の中心からいくつかの価値観の軸が設定される。例えば年齢、経済力、社会的地位、生きがい等が審級される。兄と父は同系列に属し、経済的、社会的な地位の上昇を生きる目的とする。しかし、優位にたつ父や誠吾の身辺にも「揺れ」は生じている。「日糖事件」という当時新聞をにぎわせた事件を作品に導入することで、父たちの生活の実態を暴露しようとする意図も見える。また、平岡は、社会的に落下・墜落することで人生の辛酸を嘗めている。一方、代助において重要なことは、脆弱な生活基盤と年齢との不釣合が歪みとして現れていることである。三十という年齢にもかかわらず、生きて働く職を持たないということにより、代助は当初から座標軸上で中心から逸脱しているのである。存在要件の不釣合が代助を「揺れ」から「回転」へと誘う。特徴的なのは、円満な人物像からの欠如の相が人物に付与されているということである。漱石の人物造型が欠如態を要求しているとも考えられる。

　諸氏によって指摘されているように、漱石の作品の人物間の力学には、三角関係がその基盤として据えられている[10]。代助、三千代、兄そして平岡らの関係は、安定的・静止的なものではなく、動的な円運動の兆しをその中に胚胎していた。三千代の兄からの要請を受け、代助と三千代は教育するものと教育を受けるものという関係にあった。しかし、それが、兄の突然の死により安定を欠き、「回転」し始める。

　三人は斯くして、巴の如くに回轉しつゝ、月から月へと進んで行つた。有意識か無意識か、巴の輪は回るに従つて次第に狹まつて來た。遂に三巴が一所に寄つて、丸い圓にならうとする少し前の所で、忽然其一つが缺けたため、殘る二つは平衡を失つた。（十四）

同様に、代助の告白に見られる「僕の存在には貴方が必要だ」（十四）という言葉は、自己の存在を父なる太陽の引力の圏内から解き放し、固有の回転を得るための起爆剤と見做すことができる。一般に人は、狭い自分の世界のなかを低回することで自己の存在感を回復することができる。これが、代助の精神の在り方の一つの特徴をなしている。例えば、結婚の受諾と拒否の狭間で「ぐる〳〵回つてゐる方が、埒の外へ飛び出す努力よりも却つて樂になつた」（十四）という部分には、決断を引き伸して自己崩壊を阻止しようとする意図が看取される。

しかし、この安楽も一時的なものであった。父に対して結婚の拒絶をしたあと、職業の実際の意味をも知らず、社会で生きるべき手段を持たない代助は自己崩壊の道を歩み、自己の内部で「揺れ」と「回転」とを直接体験することになる。

彼の頭には不安の旋風が吹き込んだ。三つのもの（職業・物質的供給の杜絶・三千代の未来……筆者注）が巴の如く瞬時の休みなく回轉した。其結果として、彼の周圍が悉く回轉しだした。彼は船に乘つた人と一般であつた。回轉する頭と、回轉する世界の中に、依然として落ち付いてゐた。（十六）

其晩は火の様に、熱くて赤い旋風の中に、頭が永久に回轉した。代助は死力を盡して、旋風の中から逃れ出様と争つた。けれども彼の頭は毫も彼の命令に應じなかつた。木の葉の如く、遅疑する様子もなく、くる〳〵と焱の風に巻かれて行つた。（十七）

二人を指弾する世界の炎に焼かれる代助と三千代の姿は、一種の炎熱地獄の様相を呈する。経済的・社会的断絶を父から宣言された代助の頭上にあるのは、すべてを焼き尽くす太陽である。契りの場を彩った星のもつ優しい光とは逆に、太陽の光は、存在を露にし、夢の世界を奪い尽くしていく。代助の世界は、こうして夢という舞台を設定している夜の闇で開始し、星のもとでの三千代との契りを最高潮《クライマックス》とし、炎天の太陽によって幕を下ろされる。太陽の持つ熱は、代助を狂気の状態へと回転させ、存在そのものを焼き尽くす業火となる。後半に見られる夜と昼との交替の早さも、一日の時間という「回転」の変奏と考えられる。

「あ、動く。世の中が動く」と傍の人に聞える様に云つた。彼の頭は電車の速力を以て回轉し出した。回轉するに從つて火の様に焙つて來た。是で半日乘り續けたら焼き盡す事が出來るだらうと思つた。

忽ち赤い郵便筒が眼に付いた。すると其赤い色が忽ち代助の頭の中に飛び込んで、くる〳〵と回轉し始めた。傘屋の看板に、赤い蝙蝠傘を四つ重ねて高く釣るしてあつた。傘の色が、又代助の頭に飛び込んで、くる〳〵と渦を捲いた。（中略）仕舞には世の中が眞赤になつた。さうして、代助の頭を中心としてくるり〳〵と燄の息を吹いて回轉した。代助は自分の頭が焼け盡きる迄電車に乘つて行かうと決心した。（十七）

回転による遠心力が、さらに外部へと代助を振り回し、自己と世界との距離は飛躍的に増大する。[11] そして、周囲の世界と自己との接点は失われ、「親爺といふ老太陽の周圍を、行儀よく廻轉する」（三）ことが不可能になる。これは自分の周囲の存在が理解不可能なものに変貌することと「回転」とが密接に結び付いていることを示す部分と言える。「何處つて、まだ分るもんか。ぐる〳〵回るんだ」（十二）という代助の言葉の裏には自己撞着に陥った姿が、萌芽としてすでに明確に表現されていたわけである。

四　自己崩壊への歩み

主人公代助は、当初から外界との違和感を身体レベルで感じていた。[12] 自己の存在と他者とが緊密な一体感を持ち得ないという自覚のもとで、自分がこの地上でいかに危うい存在であるかを身体レベルで認識していた。統一のとれた有機体としての身体が、その実、外界からの刺激によって常に脅かされている存在であることが、作品の冒頭から終結までを貫いてる。[13] われわれは、大地の上に確固とした基盤を得、安定した状態で生きていると感じている。しかし、時として世界はその裏側を垣間見せる。「揺れ」が生じることにより、世界は一瞬にして変貌する。

地震という自然現象とその「揺れ」は、漱石の作品世界に存在する崩壊の感覚を用意した。世界を構築するとともに、それらの世界が崩壊していく過程を漱石は描き続けていくことになる。

《註》

（1）後述するように、『それから』には天体の持つイマージュが全編において散見されるが、太陽と星と月については代助の精神を支配する要因であると考えられる。例えば、「代助は夜に入つて頭の上の星ばかり眺めてゐた」（十六）などという記述もあり、後半での使用頻度が高い。

（2）『漱石全集』第十三巻の明治四十二年三月十四日付けの日記には、神楽坂での地震体験が詳細に記述されている。同年の断片に記述されている『それから』の構想によれば、当初から神楽坂の地震は小説のなかで一定の重さを有していたと考えられる。
また、本文中でもイタリアで起こった地震についても記述があること（五）も周知の事である。なお、門下生寺田寅彦が、地球物理学者であることは周知の事実であるが、彼の存在が漱石の作品に多大の影響を与えていることを見逃すわけにいかない。例えば明治四十一年八月十八日の日記には次のような記載がある。「夏目先生を訪う。『三四郎』中に野々宮理学士というが大学にて銃丸の写真の実験をなせる箇所あり。改めてもらう」（『寺田寅彦全集』第十二巻　岩波書店　一九六一・十）明治四十一年の寅彦の日記には、地震関係の研究についての記述が多く見られる。漱石が多くの示唆をうけた可能性を否定できないと筆者は考える。

（3）引用は、岩波書店版『漱石全集』（昭和四一・三）による。

（4）『漱石全集　第十四巻』（岩波書店　昭和四一・三）

（5）蓮實重彦『夏目漱石論』（福武書店　平成二年）

（6）市川浩『精神としての身体』（講談社学術文庫　一九九二・四）ここでの身体論は代助の肉体と精神との関係の説明として有意義だと思われる。

（7）竹盛天雄「手紙と使者─『それから』の劇の進行」（「文学」季刊　一九九一　冬　岩波書店）氏は、「この作品をなりたたせている社会観は、文明の進化につれて人間の孤立が促進されていくという考え方である」と論じている。

（8）中村光央「『移動』の時代」（『中村光夫全集』第十二巻（筑摩書房　昭和　四七・八）

（9）芳川泰久『漱石論　鏡あるいは夢の書法』（河出書房新社　一九九四・五）氏は、『夢十夜』の分析をもとに、落下に性愛への傾斜という含意があると述べている。

（10）拙論『戦略としての知・罪としての知─『こゝろ』における「不可知性」について』（「解釈」一九九三・六）

（11）吉田熙生「代助の感性─『それから』の一面─」（漱石作品論集成　第六巻　桜楓社　一九九一・九）において、氏は「それから」という作品を「ナルシシズムの物語」

であると規定している。また、その空間における感覚的な自己縮小と拡大についての考え方には多くの示唆を得た。

（12）山崎正和「『それから』の時間」（『不機嫌の時代』講談社学術文庫　昭和六一・二）において、氏は、代助が自己の内部につねに崩れるものを感じていることを指摘している。

（13）坂口曜子『魔術としての文学—夏目漱石論—』（沖積社平成二・十二）において、氏は、「この小説は時代の転換の物語であり、その転換に中で洗練された文化を持つ貴族が崩壊する物語」であると規定している。

なお、「漱石作品論集成　第六巻」（桜楓社　一九九一・九）所収の諸論文を参考にさせていただいたことを付記しておく。

（『解釈』第四九〇集、一九九六）

国語教材『夢十夜』についての一考察

～夢の叙述と夢世界の創出をめぐって～

はじめに

漱石の『夢十夜』[1]は、これまでの研究を通して、それ自身が漱石の生涯にわたる作品創造の中で創作の鍵として画期的な意義を有する作品であるとともに、それ以降の作品を読み解く上で欠かすことのできない系譜上のメルクマールとして位置付けられてきた。また、作品の解釈においては、従来から存在論的な視点からの解釈や漱石の実体験の反映としてみる解釈など、様々な視点から作品分析が行われてきた[2]。

漱石全集第二十三巻「書簡 中」の明治四十一年七月一日付け高濱清（虚子）宛書簡には、次の記載がある。

小生夢十夜と題して夢をいくつもかいて見様と存候。第一夜は今日大阪へ送り候。短かきものに候。御覧被下度候。

ここには、小品とはいいながら、漱石の「夢」を「かく」ことに対する並々ならぬ意欲が見て取れるとともに、漱石が『夢十夜』を書くに当たって、夢をあくまで「見た」夢ではなく、「書かれ」た夢として捉えていることを示している[3]。

実際に夢を「見た」ことが問題というよりも、構想され、想像され、練り上げられた、いわば「創られた」夢が、『夢十夜』という作品に形象化されている。そこでは、現実との関わりを維持しつつも、現実との境のあわいの中で、現実とは異なる形で世界が形成されており、我々は生《なま》の現実とは異なる、言いしれぬ「ぬめり」を持った「膜」で覆われているような手触り感を感じることになる。

本稿では、『夢十夜』の叙述の特徴に視点をあてて読み解く中で、夢世界の創出について、考察を加えたい。

「何でも」〜朧化表現と時空の不安定性〜

「何でも」という表現が『夢十夜』において二度使用されている。

何でも大きな船に乗つてゐる。（「第七夜」）

何でも余程古い事で、神代に近い昔と思われるが、自分が軍をして運悪く敗北た為に、生擒になつて、敵の大将の前に引き据ゑられた。（「第五夜」）

「第七夜」の冒頭に用いられている「何でも」は、「第五夜」における表現と共通性が見られ、対象への認識が曖昧であり、語り手が茫漠としている様がうかがえる表現である。対象を明確にすることができず、大括りの中で対象を認識している状態から、不安や懸念が色濃く反映している表現と言える。

この発語としての「何でも」は、対象への視点が揺らぎ、不安定さを増幅する働きをしている。確定できないものを表現する折に、判断を下すことに躊躇し、断を決することができないまま、その世界に測距器具をあてるような表現とも言える。

夢の中における存在のあり方は、自己意識がそのまま中心として動作の中心となる場合と、自己意識は見ることに徹して、行動する者が他にいる場合とに大別することが可能であるが、「何でも」という表現には、語り手としての認識を持った者の存在が前提とされる。認識し語ろうとする者が、目の前に引き起こされる事態を受け止め、その状態を言語化する中で、精密さを失い、曖昧さの残る表現として我々を夢世界に引き込むことに繋がっている。

この言葉は、現実との関係を朧化し、夢世界と現実との距離感を表現しており、現実世界に近接しているにもかかわらず、一種の可視的な膜を隔てて時空を異にする夢世界へ読者を誘う。夢の世界を構築するという意味で、極めて有効な叙述方法の一つとしてあげられる。世界と自己との狭間で揺れる認識の有り様が、この言葉によって喚起され、新たな夢世界が構築されている。

存在の基盤として揺るぎのないものとして前提されている大地が崩壊し、人間の平衡感覚を司るものが欠如した折に世界像が内部から変貌することについては、作品『それから』について拙稿において考察を加えているが、(4)『夢十夜』においても、場所や時の持つ安定性の欠如は混沌とした原初の人間存在の在り方そのものと通底していると考えられる。登場する人物そのものの存在の舞台が、確固たるものから大きく離れ、いわばアンカー・ボルトによって繋留されずに浮遊している状態にある。

どの場所にあってどのような経緯を経て今ここに存在しているのかが分からないまま人物は、夢世界に放り出されている。自ら進んでその世界に立つというより、むしろ、放擲されて投げ出されたままになっている人間の有り様が示されている。時と場所の不分明さは、ものが単体として奥行きを持たないままそこにある感覚をもたらし、遠近法が機能していない曖昧模糊とした存在の有り様への入口となっている。『夢十夜』においては、人物の存在は時空の中で宙づりになっている。

視線と背中　～夢世界創出のスイッチと視線からの逃走～

『夢十夜』において、視線に関する叙述は重要な役割を有している。夢を「見る」という表現に集約できるように、夢は「見られ」ることにより存在を開始する。夢空間は視線によって起動し、夢世界は視線によって発見され、創出される。視線による入力の切り替えにより世界は出現し、消失する。夢世界は自己完結的に存在するのではなく、視線により間歇的に浮かんでは消滅し、消滅しては生成するという、いわば、まばたきや泡のような在り方をしているとも考えられる。視線のないところに世界は存在すらしない。したがって、人物は、その存在の源において視線の洗礼を受け続ける。『夢十夜』における人物は、その誕生が視線によって引き出されており、視線の力学とも言うべき力が全篇に漲っている。視線は、世界を現出させるとともに、世界を凍結させる力をも有している。

「第八夜」における叙述に次のような視点に関わる表現がある。

床屋の敷居を跨いだら、白い着物を着てかたまつて居た三四人が、一度に入らつしやいと云つた。
真中に立つて見廻すと、四角な部屋である。窓が二方に開いて、残る二方に鏡が懸かつてゐる。
（「第八夜」）

「自分」は床屋の敷居を跨いで真ん中に立って見廻す。視線は「自分」の眼前に現れるものを順次認識するとともに、視線によって存在を浮かび上がらせる。しかも、直接的な視線ではなく、四角な部屋の中にある「鏡」を通して視線が発動している。自分の顔、帳場格子、往来の人の腰から上、庄太郎が女を連れて通る（様子）、豆腐屋が喇叭を吹いて通つた（様子）、さらに、芸者が出てくる。これらは、あたかも映画の一こま一こまのように視線によって掬い取られている。「鏡に映る影を一つ残らず見る積りで眼を睜つてゐた」「あるたけの視力で鏡の角を覗き込む様にして見た」とあるように、「自分」は鏡を通して自分を取り囲む世界と対峙している。

ここにあるのは、まさしく、夢における視線の動きそのものであり、鏡を通して目に写ったものが夢世界では現実である。視線の先から外れたものが消失し、遁走していくことから、現実のものが現れては没し、没しては現れるという変転の様が色濃く反映していると考えられる。

一方、「第一夜」においては次のやりとりがある。

ぢや、私の顔が見えるかいと一心に聞くと、見えるかいつて、そら、そこに、写つてるぢやありませんかと、にこりと笑つて見せた。（「第一夜」）

「見えるかい」という自分の問いかけに対して、「そこに写つてるぢやありませんか」と応える女の言葉には、「見る／見られる」という視線の優位性を離れ、「写る」という、視線を発する者の生をそのまま包み込むことが可能な世界の有り様が提示されている。「ぱっちりと開けた眼」は、「大きな潤のある眼で、長い睫に包まれた中は、只一面に真黒」である。「真黒な眸」の奥に「自分」の姿が鮮やかに浮かんでいるという表現は、見る主体である「自分」を逆に映し出すことにより、見る行為を無化してしまう力を持った存在として表現されている。

実際には、「自分」が仰向けに寝た女を見下ろす位置にあり、女は「自分」から見下ろされ、下から「自分」を見上げる姿勢を保っているが、女の眸は「写す」という行為によって、「見る／見られる」という視線の持つ優位性を破棄し、視線を包み込むことによって「自分」を逆に支配し、見ることと見られることとは逆転している。上から見下ろしながら女を見ている「自分」は、女の持つ世界に「写り込み」、その姿を映し出されることにより存在として統べられている。ここでは、女の側から世界が構築されている。

さらに、視線の揺らぎが次のように表現されている。

> すると、黒い眸のなかに鮮に見えた自分の姿が、ぼうつと崩れて来た。静かな水が動いて写る影を乱した様に、流れ出したと思ったら、女の眼がぱたりと閉ぢた。（「第一夜」）

「自分」を写す鏡像が曖昧な形で崩れることを契機に女は死んでしまう。視線を受け止めている眸が、水鏡として働く機能を失うことにより死へとつながっていく。

眸は、「自分」の姿を映し出すという点で、「鏡」あるいは「水鏡」と同様の働きを持った存在として、「自分」を含む世界全体を大きく包み込んでいる。[5] そして、人物相互の視線の交換によって生じる親和的な相互交流の図られる世界とは異なる、超越的な視線に立つ世界観が現出している。

一方、「第三夜」において注目したいのは、自分の子供を背中に「負ぶう」という行動に伴う背中の持つ意味である。

> 六つになる子供を負つてる。慥に自分の子である。只不思議な事には何時の間にか眼が潰れて、青坊主になつてゐる。（「第三夜」）

本篇の作品成立については、これまで多くの研究者により、その素材や背景、影響関係等が詳細に解き明かされてきた。[6] ここで叙述されている盲目性、あるいは視線の無化については、視線の消失による逆説的な「全能性」の獲得と捉えることも可能である。視線を受けとめる者にとって、視線の断裂は、視線を持つ者の支配空間との乖離を意味し、「支配／服従」「発問／応答」などの相互の関係性を遮断し、それを超えた関係を生じさせる契機となる。つまり、背中に負ぶった子供は、盲目であるがゆえに、視線を発することはないが、視線の洗礼を免れ、逆に視線によって行使されず、視線の優位性が崩壊し、むしろ「自分」を含むあらゆる世界を知悉する全能性を獲得することとなっている。

負ぶうという動作によって呼び覚まされる平穏な親子関係はここでは既に破綻し、盲目性の獲得により超越的な位置を占めた子供によって、「自分」は、自らの前世を悟ることとなる。後に作品『こころ』において、Kの死が「先生」に照射した黒い光と同様の力を彷彿とさせる表現があり、「第三夜」においては、見えない視線が「自分」の全生涯を照射している。

本来、背中は、幼児などとの親和的なコミュニケーションの場であったり、身体の密着により包み／包まれる安心感をもたらす卵形の人間関係に包まれている生命の源であるはずの場所である。しかるに、「第三夜」では、その身体の揺りかごが一転して自らを苛み苦しめる存在に突如変貌を遂げており、語りはその推移をあくまで冷静に、かつ、納得性を高めながら冷徹に宣言することとなる。

背中は人間にとって視覚の及ばない埒外にあり、人間の根源的な弱点を曝している地点である。背中は、視線の永久に届くことのない無限を、さらには、他者の思いが棲みつくことで自らを苛む場を露呈しているとも言える。背中の子供は、親たる「自分」の過去を曝き、その罪を認識させるという裁判官の位置にあり、冷厳な言葉で親たる「自分」を断罪している。しかも、その宣告内容はいわば前世において犯した罪であり、無間地獄とも言える永遠に連なる殺人である。判決を言い渡す裁判が、ここでは類推的に発動されており、正面からではなく、自分の死角である後ろ向きの状態において行われていることにも注意を払う必要がある。

時空　～夢世界の浮遊感と身体統御の不可能性～

『夢十夜』における時間構造で特徴的なのは、順序性や因果関係を保ちながらも、それぞれの場面が独立性を保ち、時間における定点からの遠近法的布置によらない時間配列の混沌化が起こっていることである。(7) そこでは、時間を浮遊する感覚や無重量のまま水中をたゆたう状況がもたらされる。このように常に揺れ動くことにより、時間感覚そのものにねじれやゆがみが生じ、存在の不安定感が読者にも伝播することとなる。

例えば、「第八夜」には次の表現がある。

庄太郎が女を連れて通る。庄太郎は何時の間にかパナマの帽子を買て被つてゐる。女も何時の間に拵らへたものやら。一寸解らない。（「第八夜」）

「何時の間に拵えたものやら」や「何時の間にか」というように、時系列が明確でなく、事態の推移が唐突になされている様子が叙述されており、語り手自身がその変化を認識しているという二重構造を形成している。

また、「第九夜」においては次の表現がある。

かう云ふ風に、幾晩となく母が気を揉んで、夜の目も寝ずに心配してゐた父は、とくの昔に浪士の為に殺されてゐたのである。（「第九夜」）

この部分では、母の御百度が、父の無事を祈るという点で効力を失っており、実際は父の死を回避する上では無意味な行為であることが超越的な視点で、しかも、母親本人には知る余地のない視点から叙述されている。

さらに、母の行為と父の死という出来事が、「こんな悲しい話」という形でまとめられる形で掬い取られている。母の行為の持つ無償性が作品の悲劇性を高めているように見えるが、母にとっての時間は、父の死を知らない側の世界に住む者に流れる時間によって包み込まれている。このような時間の非対称性によって、悲劇性が高められている。特に、「夢の中で」「母から」聞いたという重層的な構造は、「こんな夢を見た」という時間構造とは一線を画している。

夢の世界を支配する時間は、秩序立てられたものというより、むしろ、統合がなされず、秩序の喪失ないしは現実との乖離をもたらし、非日常的な世界を反映している。混沌とした未分化の時間は幼年期の体験の記憶に顕著であり、そこでは、夢の時間と現実の時間とを截然と区別することが困難な場合が多く、時の遠近法が効かなくなった状態を呈しており、日常世界と夢世界との往還は比較的容易になされることとなる。

さらに、混沌とした世界に亀裂をさらに生じさせるとともに、時間感覚を研ぎ澄まし、あらたな世界を形成するための起点ともなるのが、「こんな夢を見た」に含まれる、後置語への修飾を前提とする連体詞（辞書によっては形容動詞）「こんな」である。この言葉が起点となり夢世界のスイッチが押され、未分化で混沌とした時間世界が展開する。そして、「こんな夢」であったとの回帰的認識により現実世界へと帰還する構造が仕組みとして内蔵されている。漱石が描いた夢世界においては、人間存在が抱える宙づりの状態における時間世界と、現実世界における日常の時間世界との往還の可能性が示されるとともに、「こんな夢」という言葉によって夢世界への回帰を可能とする処方箋としての働きをも有している。

また、身体に関わる叙述が『夢十夜』には多く見られる。すでに先行論文にあるように「横たわる」という姿勢に関連した分析や落下に関する分析も行われている。(8) ここでは、身体に関わる叙述を通して身体統御について考察を加えたい。

身体感覚が極めて意識的に叙述されているのは、「第七夜」である。

　自分は益詰まらなくなつた。とう〳〵死ぬ事に決心した。それである晩、あたりに人の居ない時分、思ひ切つて海の中へ飛び込んだ。所が――自分の足が甲板を離れて、船と縁が切れた其の刹那に、急に命が惜しくなつた。心の底からよせばよかつたと思った。けれども、もう遅い。自分は厭でも応でも海の中へ這入らなければならない。（「第七夜」）

船からの落下のその「刹那」に取り返しがつかないという後悔が生じるとともに、その後悔を持続しつつ、その時間を取り返す術なく自らを制御することができない「落下」の持つ不自由性と時間の不可逆性とが相俟って、人間世界の不安や制御不能性を顕わにしているものと見ることができる。ここでは、落下の一瞬が無限の時間に引き延ばされており、落下という動作が瞬間の中で微分されている。後悔とともに、身体が船を離れても、足が容易に水に着かないという非現実的な、しかし、現代の我々でもまま経験することがある夢の中での身体の落下感覚が叙述されている。

　只大変高く出来てゐた船と見えて、身体は船を離れたけれども、足は容易に水に着かない。然し、捕まへるものがないから、次第々々に水に近附いて来る。いくら足を縮めても近附いて来る。

水の色は黒かつた。(「第七夜」)

黒い波の方へ静かに落ち続ける姿から、永遠とも言える落下運動は、身体統御の不可能性を如実に示している。しかも、落下という動作は、完結せず宙づり状態に置かれている。動作が開始され、終了するまでの間の動作の「相(アスペクト)」を考えたとき、落下は完了相を示すのではなく、持続相において捉えられて叙述される。夢の中の存在の有り様として見たとき、運動の持つ永遠性が身体を宙づりにし、主体的に身体を統御する術を持たず、重力のおもむくままに人間の意志を離れ、身体の時間感覚に永続性をもたらし、無限の静止の中に浮遊させることとなる。

『夢十夜』においては、落下運動を記述する中で、人間存在の在り方そのものへの不安感とともに存在に対する危機認識が露呈されていると言える。本来、平常の生活とは一線を画し、縁遠い動作である落下については、夢という特異な世界においてこそ経験できるものと言える。しかも、落下の時間が瞬時に終了することなく、永遠に継続するかに見えるほど緩慢な時の流れの中で行われている。ここには、夢世界における時空の特異性が摘出されている。

このように、身体の統御不能な極限の状態が時間感覚及び心情表現と相俟って夢世界における存在そのものの在り方の不安定性に繋がっている。

超越的な視点　~夢の枠組み規定~

『夢十夜』における語りの主体は「第一夜」から「第八夜」までは一貫して「自分」を中心とした叙述になっている。

「第十夜」については、健さんの報告の形態をとりながら、一箇所「自分も」という表現が現れる。

全篇で唯一「自分」という表現が現れないのが「第九夜」である。

世の中が何となくざわつき始めた。今にも戦争が起りさうに見える。焼け出された裸馬が、夜昼となく、屋敷の周囲を暴れ廻ると、それを夜昼となく足軽共が犇きながら追掛けてゐる様な心持がする。それでゐて家のうちは森として静かである。(「第九夜」)

この中で、注目したいのは、「追掛けてゐる様な心持ちがする」という表現に見られるように、客観的な視点を有するとともに、主観的な視点と融合した表現がなされているということである。語りにおいて視点軸は固定化されず、選択的に視点軸が設定されて叙述がなされている。

また、直接的な話法と間接的な話法との折衷型の融合表現に類似した叙述にも注目したい(9)。具体的には、母が父のために御百度を踏むために拝殿の描写の後に次のような叙述がなされる。

大きな鈴の紐がぶら下つて昼間見ると、其の鈴の傍に八幡宮と云ふ額が懸つてゐる。八の字が、鳩が二羽向ひあつた様な書体に出来てゐるのが面白い。(「第九夜」)

ここでは、客観的な叙述と主観的な叙述とが混交して一種の話法のねじれ、視点の交錯が行われている。

さらに、次の表現に注目したい。

夜になつて、四隣が静まると、母は帯を締め直して、鮫鞘の短刀を帯の間へ差して、子供を細帯で脊中へ脊負つて、そつと潜りから出て行く。母はいつでも草履を穿いてゐた。(「第九夜」)

「母はいつでも草履を穿いてゐた」という表現においては、語りのレベルが地の文とは異質な超越的な視点に沿って描かれており、「自分」という存在とは別の叙述が説明表現として扱われている。これは、冒頭の「世の中が何となくざわつき始めた」という表現に見られるように、空気を読む主体としての語り手が存在するということを色濃く示している一文である。作品における叙述には、超越的な視点軸を取る叙述方法と、「自分」という人称を措定して作品内部に同化してた形で存在させる叙述方法に大別することが出来る。

また、視点の転換については、次の例が挙げられる。

こけこつこうと鶏がまた一声鳴いた。
女はあつと云つて、緊めた手綱を一度に緩めた。馬は諸膝を折る。乗つた人共に真向に前へのめつた。岩の下は深い淵であつた。(「第五夜」)

「女」を「乗った人」と別表現の呼称に変えることにより、視点の転換が行われている。呼称の問題についても、主題と密接に結びついていると言える。

また、この「第九夜」において重要なことは、語りが語りに包含され、かつそれが夢という大枠に包まれるという三重構造をなしているということである。第一の層は、若い母と三つになる子供を見ている視点で構成されている。第二の層は、この物語が(「自分」の)母によって語られたものとしている視点であり、さらに第三の層は、それを「夢の中で」と包み込んでいる視点である。こうして、三つの層が物語を囲繞することとなる。
「第十夜」における語りの視点もまた、夢世界を形成する上で有効に機能している。庄太郎が女に攫われてから帰って来て熱が出て床に就いていることを、「健さんが知らせに来た」という伝聞形式で始められた語りは、次のように締め括られている。

健さんは、庄太郎の話を此処迄して、だから余り女を見るのは善くないよと云つた。自分も尤もだと思つた。(「第十夜」)

こうした伝聞形式を採ることで語りの視点が叙述の外枠を措定しているという点においては、「第九夜」と共通する構造を持っている。しかも、最後には、「庄太郎は助かるまい。パナマは健さんのものだろう」という語り手の所感を吐露する表現で終了している。
こうした後日譚の形式は夢世界を構築する上で効果的であると同時に、夢の完結性と持続性とを内側から支えていると言える。つまり、夢がどこまでをその範囲に収めるか、あるいは、どの範囲までが夢の世界なのかという問題を提起している。そして、入眠時と覚醒時とをどのように規定するかという問題と結びつき、夢世界を現実と夢とのあわいに立たせる上で必要不可欠なものということができる。

おわりに

『夢十夜』においては、叙述の中で様々な仕掛けがなされており、それらが重層的に絡み合いながら作品世界を構成している。漱石にとって夢は人間の深奥に遡行する探査船としての機能を果たしている。

また、夢をめぐる作品を「書く」という営為そのものの時間によって生み出された夢世界そのものは、一つの世界として現実世界と同次元の重さを持ったものとして存在し続けている。

夢世界を構成し支える叙述には、多くの可能性が織り込まれており、その解明の一端となることを期待して稿を終えたい。(10)

《註》

（1）引用は岩波書店版『漱石全集』（一九九四年）による。なお、『東京朝日新聞 縮刷版』（明治四一年七月二五日〜八月五日）を参照した。

（2）越智治雄『漱石私論』（一九七一年 角川書店）氏は次のように述べている。

「『夢十夜』という小編は、漱石の以後の文学的営為の鮮やかな予兆でもあったことになる。それが『三四郎』（明四一・九〜一二）の直前に書かれたのはけっして偶然ではないのだ」

笹淵友一『夏目漱石』（一九八六年 明治書院）氏は次のように述べている。

「『夢十夜』こそ芸術家漱石の面目を十二分に発揮した最高の傑作と信じるからである」

（3）松本邦裕・藤山直樹『夢、夢見ること』（創元社二〇一五年）

本書において、筆者は次のように述べている。「〝夢〟は、伝統的に重要なテーマであり続けています。百年を超えても、フロイトの『夢の解釈』は精神分析の貴重な礎石であり続けていますし、この一世紀のあいだに、単調な夢の象徴的解釈から、転移のコンテクストでの夢の意義へと比重は確実に映りながらも、〝夢〟研究は続けられました。そして近年、ウィルフレッド・ビオンによる思考や精神分析体験の探究が大きな刺激となって、研究対象を心的活動の産物としての〝夢〟に限定することを止め、こころのはたらきとしての〝夢見ること〟に新たな焦点が向けられています。『私たちは夢を分析するのではなく、夢見る人を分析する』（ハンナ・スィーガル）のですから、これは必要不可欠なパラダイム転換です。（中略）今日の精神分析が明らかにしてくれているのは、夢の特異性が視覚像、すなわち「見ること」にあることです」

また、筆者は、夢を「物語性」「視覚要素」「象徴」という三つが繋がってある思考を表現していると指摘している。

（4）髙橋正人『存在の基盤としての大地』（一九九六年「解釈」第四二巻第一号）

（5）三上公子『夏目漱石』（一九六五年 勁草書房）

本書において、筆者は、次のように指摘している。「かつて鏡の中に存在した自己と、それを見守る『自分』とは、前車がより伝統的な、後者がより近代的なありようを示していて対立する宿命にあった。（中略）今後たとえ女が帰ってきても鏡にみた自己のイメージが否定された今、楽園はとり戻せないのであり、彼女を他者と知った刹那から本物の再生は永遠に遠いものになったのではないだろうか。自覚の前・後はいわば不可逆の時間であったのである」
（6）越智治雄『漱石私論』（一九七一年　角川書店）
　相原和邦『漱石文学の研究』「第三夜の背景」（一九八八年　明治書院）等
（7）相原和邦氏は、前掲書において、『夢十夜』の時間構造について次のように指摘している。「第三夜の場合は、予言的なことばの方が事実に先行している。時間の流れに一種の逆転があり、この構造が全篇を貫いている。（中略）時間は、過去から現在を通って未来へ流れるのではなく、未来に急ぐことがそのまま過去に遡るという独自の時間構造を持っているわけである」
（8）蓮實重彦『夏目漱石論』（二〇一二年　講談社文芸文庫）
　筆者は、次のように指摘している。「漱石にあっての『仰臥』の主題、それは作中人物の疲労や肉体的疾患から導きだされる姿勢としてより、それ以上に、言葉そのものが作家漱石に選択をしいる小説フォルムの特権的な顕在化にほかならぬということなのである」
　芳川泰久『漱石論　鏡あるいは夢の書法』（一九九四年　河出書房新社）
（9）芳川泰久（前掲書）筆者は、フランス語における自由間接話法を語りの審級という観点から考察するとともに、『夢十夜』「第十夜」における豚、果物、ステッキの精神分析的な視点からの分析を行っており示唆的である。
　なお、西村牧夫『中級フランス語 よみとく文法』（二〇一一年　白水社）の第四章「語りの世界」において自由間接話法について詳述されており参考とした。
（10）なお、本稿においては、『漾虚集・夢十夜（漱石作品論集成）』（一九九一年　桜楓社）鳥井正晴・藤井淑禎（編集）所収の諸論文と以下の諸論考を参考にさせていただいたことを付記しておく。
増満圭子『夏目漱石論　漱石文学における「意識」』（二〇〇四　和泉書院）
宮崎かすみ『百年後に漱石を読む』（二〇〇九年　トランスビュー）
尹相仁『世紀末と漱石』（二〇一〇年　岩波書店）
池田美紀子『夏目漱石　眼は知る東西の字』（国書刊行会　二〇一三年）
小森陽一『仙台で夏目漱石を読む』（二〇一三年　荒蝦夷）
古田亮『特講　漱石の美術世界』（二〇一四年　岩波書店）
柴田勝二『夏目漱石「われ」の行方』（二〇一五年　世界思想社）
　また、併せて、蓮實重彦『「ボヴァリー夫人」論』（二〇一四年　筑摩書房）に触発されていることを記し、深甚なる謝意を表する。

（『言文』第六三号、二〇一五）

波動の行方『こゝろ』論考

～「声」、発信と受信とをめぐって～

一　沈黙の世界

「こゝろ」という作品には静寂と沈黙とが息づいている。例えば、「両親と私」の最後において「ごう〳〵鳴る三等列車の中」にいる「私」とともに「先生」の遺書を読むわれわれは、周囲を取り巻く音の存在に改めて驚く。作品に現れる出来事は、実際には音声を取り外されたかに見える静けさの中で粛粛と進んでいく。その静かさを強めるかのように作品全体に多くの人々の死が点綴されている。(1)全く口をきくこともなく存在しているこの人間の死というものが、小説世界を基底において支配している。われわれが追体験するのは、すでに「遺つて」しまった状態として存在する「あとの世界(2)」を再確認する事である。こうした静寂を沈黙とによって支配された世界に声がどのような形で機能しているかについて以下に分析を試みたい。

二　手紙あるいはペンの音

作品には二つの伝達経路が存在する。一つは声による伝達であり、もう一つは手紙による伝達である。(3)発信者としての「先生」は声および手紙双方を伝達の手段として用いる。声のもつ同時性と手紙のもつ異時性とは対比的であるが、手紙は声の変奏であり声は単に生きた者同士ではなく、生者と死者との交差した地点にも存在しうる。この両者は、相互に補い合うと同時に、相互に反発し合う関係にもある。声による伝達が、その広がりを空間的に限定されているのに対して、手紙による伝達は空間を跳躍する。空間のもつ力が、両者それぞれにおいて異なる形であっても、存在していることに注目しておく。「両親と私」における声と手紙との対比は、実は東京と田舎との世界の違いと同時に通信の手段の相違そのものの問題に読み替え可能である(4)「私」は兄の声に怯えながら「先生」からの手紙を懐にしたまま待つ。ここでは、現実を支配しているのは兄の声であるはずであるが、実際は自己のなかにある手紙そのものの声、つまり、「先生」の肉声がより強く支配力を行使しているのである。頻繁に繰り返される手紙や電報のやり取りが象徴的に示しているように、「私」は二重に拘束されている。一方では都市に住む「先生」、他方肉体的に自己を生み出した親しかも両者は死に向かっていくという点においては共通しているという点に注目しておく。しかも、方法としての「ずれ」つまり、フーガ的な遁走が全編において描かれている。(5)「私」と「先生」の出会いや「先生」とKとの確執および告白にせよ、すべて時間的に「ずれ」を生じたまま作品は進行していく。逃げ去る者がいてその後を追う形でしか作品は動かないという構造は一面において漱石作品を解く鍵ともなっていくものと言えよう。手紙と声との違いというレベルで考えるならば、手紙は書くその瞬間に常に読むものを過去に追いやる作用を持っている。それに対して声は直接性によって伝達の時間差を限りなく微小なものに変えていく。

書くことによってわれわれは自己と自己を取り巻く世界を知る。自己の存在をそれ自体として認識するためには、経験と、自己が他者によってどのように見られているかということを考えていく必要がある。自分の存在が声によって再帰的に扱われることによってむしろわれわれは自己の声が届く範囲を確定できる。声の制御可能な範囲こそ自分の存在が確かめられ、自分が生きることの意味を知るための道と繋がっていくことになる。したがって声は必然的に自分の生き方と結び付く。

「先生」が、話すという手段ではなく、最終的には手紙を用いているのは、自己の意思を遺書という発声装置に転換し、何回も繰り返しその文面を通して立ち上がらせる可能性を維持するためであった。

現に私は昂奮してゐたではありませんか。私は冷かな頭で新らしい事を口にするよりも、熱した舌で平凡な説を述べる方が生きてゐると信じてゐます。血の力で體が動くからです。言葉が空氣に波動を傳へる許でなく、もつと強い物にもつと強く働き掛ける事が出來るからです。(「先生と遺書」八)(6)

この文章に呼応する形で「私」は次のような感想を述べている。

私は東京の事を考へた。さうして漲る心臓の血潮の奥に、活動々々と打ちつゞける鼓動を聞いた。不思議にも其鼓動の音が、ある微妙な意識状態から、先生の力で強められてゐるやうに感じた。(「先生と私」二十三)

声による直接的な発信ではなく間接的ではあっても、手紙は結果的には「私」に対して声、肉声と同等の効果をもたらす。こころを満たすものとしての声は心臓の波動となって「先生」から「私」へと引き継がれていく。

三　蟬の声

私は稍ともすると机にもたれて仮寝をした。時にはわざ〳〵枕さへ出して本式に晝寝を貪ぼる事もあつた。眼が覺めると、蟬の聲を聞いた。うつゝから續いてゐるやうな其聲は、急に八釜しく耳の底を搔き亂した。私は凝とそれを聞きながら、時に悲しい思ひを胸に抱いた。（「両親と私」四）

私は出來るだけ父を慰めて、自分の机を置いてある所へ歸つた。私は取り散らした書物の間に坐つて、心細さうな父の態度と言葉とを、幾度か繰り返し眺めた。私は其時又蟬の聲を聞いた。其声は此間中聞いたのと違つて、つく〳〵法師の聲であつた。私は夏郷里に歸つて、煮え付くやうな蟬の聲の中に凝と坐つてゐると、變に悲しい心持になる事がしば〳〵あつた。私の哀愁はいつも此虫の烈しい音と共に、心の底に沁み込むやうに感ぜられた。私はそんな時にはいつも動かずに、一人で一人を見詰めてゐた。

私の哀愁は此夏歸省した以後次第に情調を變へて來た。油蟬の聲がつく〳〵法師の聲に變る如くに、私を取り巻く人の運命が、大きな輪廻のうちに、そろ〳〵動いてゐるやうに思はれた。（「両親と私」八）

「こゝろ」という作品において、自然描写はかなり意識的に排除されている。その中で蟬の声は特権的な位置を占めている。短い夏を経ることでその生を閉じていく蟬は、メタファーとして人生を示していくとともに、人間の意識を尖鋭化させるものとしての働きを持つ。蟬の声は自己を凝視する意識と密接な関係を持っている。蟬の声をもとにして、自己の存在と父との関係とを「私」は感じている。田舎に帰省した「私」にとって退屈でしかない生活が大きな変化を被っていく過程が描かれる。雑音ともとれるこの音が実は出会いを準備し存在をあらわにするものであり[7]、生と密接に結びつくものであることにまず注目したい。繰り返されるものであると同時に、人間世界を取り巻くものとしても作用する声の働きがここにある。しかも、蟬の声と長い遺書を書き続ける「先生」とがここでは対照的に描かれる。妻の耳に達しないようにと「ペンを鳴らしながら」自分の過去を書き続ける「先生」の姿は、ちょうど短い夏を真剣に生きていく生き物の姿とオーバーラップする。聴覚が刺激される事で人間の世界が広がるという事態とは逆の状態が描かれ、外部の音が内部と交感する。視覚的な描写と聴覚的な描写とを比較した時、聴覚はその人の内面にまで結び付く[8]。それはしかも、多くの場合時間を超越して記憶の中に人を誘うことになる。蟬の声は内に向かって動き出す心の働きを示している。神経を過敏にし、自己の世界に広げていくものが声の持つ一つの特性といえよう。

四　響き合う声

外界に広がる音はこうして自己存在の確認に直接関係する。本来コミュニケーションのための発信装置である声が、ダイアローグを形成するだけでなく[9]、内面を含んだトリローグを形成することになる。

ある日私は神田に用があって、歸りが何時もよりずつと後れました。私は急ぎ足に門前迄来て、格子をがらりと開けました。それと同時に、私は御嬢さんの聲を聞いたのです。聲は慥にKの室から出たと思ひました。玄關から眞直に行けば、茶の間、御嬢さんの部屋と二つ續いてゐて、それを左に折れると、Kの室、私の室、といふ間取りなのですから、何處で誰の聲がした位は、久しく厄介になつてゐる私には能く分るのです。私はすぐ格子を締めました。すると御嬢さんの聲

もすぐ已みました。（「先生と遺書」二十六）

結果的には「先生」を行動に駆り立てることになるこの密話は、声が内面といかに密接に関わっているかを示す好例である。このあともお嬢さんは、「先生」を挑発するかのようにKとの親しげな会話および行動を繰り返す。Kの部屋を通らざるを得ない「先生」は必然的に自己の世界が心理的に狭められていくことに気付いていく。しかも領域そのものの侵犯に声が関与していることにも注目しなければならない[10]。声の成立は声の届く範囲を限定しつつも自己の存在が実際にどのような意味をもつかについて再帰的に確認させる働きを持つ。声による領域侵犯は、実際には身体を制御するだけではなく精神活動そのものを麻痺させる働きをも有している。

声において顕著な残響性は、心の中での反復を可能にするという意味で持続的である。繰り返されることによって幾重にも耳に残り轟音のように記憶に記される。声そのものは一回性のものでなく、むしろ沈殿し停滞し、自分の周囲を巡るものとしての性質を持つことになる。声は発せられることによってすぐにその場で消滅するものではなく、むしろ継続し、自己の内面に生き続ける作用をもつ。短期間に残響として残る場合や、沈殿し、繰り返し呼び戻されることによって何かを感じさせてくれるもの、そうした作用に満ちている。こうして、「先生と遺書」において頻出する声は、内面化への過程を辿ることになる。声は基本的には受信を前提としており、自己完結的なものとはいえない。他者を想定し、他者から再度自己に向かって帰ることによって本来の完結したものとなる。しかし、受信者が同時に発信者であるという自己回帰的なコミュニケーション形態が「先生と遺書」において繰り広げられる。

私の良心は其度にちく〳〵刺されるやうに痛みました。さうして私は此質問の裏に、早く御前が殺したと白状してしまへといふ聲を聞いたのです。（「先生と遺書」五十一）

死んだ積で生きて行かうと決心した私の心は、時々外界の刺戟で躍り上がりました。然し私が何の方面かへ切つて出やうと思ひ立つや否や、恐ろしい力が何處からか出て來て、私の心をぐいと握り締めて少しも動けないやうにするのです。さうして其力が私に御前は何をする資格もない男だと抑え付けるやうに云つて聞かせます。すると私は其一言で直ぐたりと萎れて仕舞ひます。しばらくして又立ち上がらうとすると、又締め付けられます。私は齒を食ひしばつて、何で他の邪魔をするのかと怒鳴り付けます。不可思議な力は冷やかな聲で笑ひます。自分で能く知つてゐる癖にと云ひます。私は又ぐたりとなります。（「先生と遺書」五十五）

自己の行動についてさまざまな憶測がもたれていく状態のなかで、「先生」は精神的に追い詰められていく。ここで現れている声とは、じつは他者から追い詰められた意識そのものが顕在化したものということもできよう。自己の二分化がなされていることは明確である。声そのもののもつ特性が閉鎖した回路を形成し、その中で自己認識が行われていく。しかも、そこでは鏡像的な繰り返しがなされる。

声は、空間を静寂が支配している状態を活性化させる働きを有している。しかも空間が等質ではなくむしろ非等質化される過程において、波動の形において周囲に働き掛けていく。無言と有言との境がしだいに縮小され相互に輪郭を形成していく。水面の波動がしだいに広がっていくように、発信者の声によって生み出された境界は周囲の世界に広がっていく。前田愛氏がその空間論のなかで指摘した、世界そのもののもつ空間性だけでなく、[11] 実際の空間が声によって大きく変質していき、しかも、世界が徐々に拡大縮小を繰り返していくというその変化そのものが世界の実像となる。声はそういう意味において空間相互の支配あるいは相互の確執にも多く関与している。身体のもつ空間性と同時に声における空間性にも共通点が存在する。この声による空間の変貌を、Kと「先生」とが経験することになる。

其内私の頭は段々此静かさに掻き亂されるやうになつて來ました。Kは今襖の向で何を考へてゐるだらうと思ふと、それが氣になつて堪らないのです。不斷も斯んな風に御互が仕切一枚を間に置いて黙り合つてゐる場合は始終あつたのですが、私はKが静かであればある程、彼の存在を忘れるのが普通の状態だつたのですから、其時の私は餘程調子が狂つてゐたものと見なければなりません。（「先生と遺書」三十七）

こうして、声は自己認識と必然的に結び付き、声は発信者の意思を具体化し外部に伝達すると同時に、外部に広がり影響を与えるものとして機能する。自己であり非自己であるものとしての声は、他者との相互性を喪失したあともそれ自体として空間を支配する。

五　結語

声は人間の伝達作用の中では中枢的役割を担う。伝達が周囲との間で成される事は言を待たないが、伝達が内部において閉鎖構造をとる時、声は内心に直接結び付いていく。沈黙に支配されたこの世界で、音声は唯一精神を震撼させるものとして作用することになる。人と人とを繋ぐ物としての伝達経路ないしは伝達の在り方と密接な関係を持つものとしての声の役割が浮き彫りになる。身体という発信装置が同時に内面への伝達の具としての機能をもつところに声の意味がある。しかし、逆説的ではあるが、漱石の作品においては伝達の成功およびその展開よりも、むしろ、伝達の不可能性[12]の追求こそが目的となり、相互関係の乖離が明確になった段階における孤立化した人間の在り方が浮かび上がってくると言えよう。

《註》

（1）漱石の作品における死について、佐々木充「漱石推考」（桜楓社平成四年）が、プロットにおける家族の死について論述している。

（2）『失われた時を求めて』の作者プルーストがコルク張りの部屋で創作を続けたことは有名だが、われわれにとって音のない世界を想像することはかなり困難である。せまく限定された世界にあって自己を見つめ自己と他者との交感を形成することはそれ以上に困難なことであろう。

（3）内田道雄「『明暗』その他」（「漱石研究」創刊号一九九三　翰林書房）において手紙について興味深い論点が示されている。

（4）声が持つ特徴の一つとしてあげられる「消滅性」は、記憶によって補完される。そしてそれは文字の持つ「永遠性」と対極をなす。声の持つ一回性、消滅性が、逆に永遠に転化していく契機を孕む。しかもそれが内心の声に変わる事にも注目したい。後半に頻出する内心の声というものも声の形に相違ない。（なおドストエフスキーの作品との関係も考えられるが別稿に譲る。）

また、石崎等「漱石の方法」（有精堂　一九九四）において、手紙の持つ意味がかなり明確に分析されている。氏によれば、「書簡は、それを受けとる側の人間の背後に潜む〈過去〉の事実とその〈真実性〉を、言語表現の襞々から剝離し、有力な証拠として読者に提示し〈知らせ〉という意味作用をする」ことになる。

（5）遁走的な生き方ないし生の在り方として『行人』の次の叙述には『こゝろ』と通底するものがある。「兄さんは書物を讀んでも、理窟を考へても、飯を食つても散歩をしても、二六時中何をしても、其處に安住する事が出來ないのださうです。何をしても、こんな事をしてはゐられないといふ氣分に追ひ掛けられるのださうです」（『塵労』三十一）

（6）引用は、岩波書店版『漱石全集』（昭和四一年）による。

（7）蓮實重彦『夏目漱石論』（福武文庫　平成二年）

（8）M・メルロー＝ポンティ『知覚の現象学』（みすず書房竹内芳郎・木田元・宮本忠雄訳　一九七四）における、次のような記述を参考にしたい。「一切の感覚は空間的であるというこの命題にわれわれが同意するのは、対象としての性質が空間のなかでしか考えられないからというのではなく、感覚というものが、存在との始原接触として、つまり感性的なるものとの共存として、それ自身共存の場すなわち空間を構成するからなのである」（第2巻　二九ページ）

（9）市川浩『精神としての身体』（講談社学術文庫

一九九二）の第三章「行動の構造」において、氏は「呼びかけ」が他者を想定していることを指摘している。しかも、その行動が社会的なものと密接に結び付いていることを詳細に述べており示唆的である。

小森陽一『構造としての語り』（新曜社　一九八八）において、「呼ぶ」という行為の持つ意味が他者性の観点から分析されている。

(10) 松澤和宏「沈黙するK―『こころ』の生成論的読解の試み―」（『季刊文学』第4巻第3号、一九九三・夏岩波書店）氏はこの論文の中で、Kの立場を中心として論を展開している。

(11) 前田愛『都市空間のなかの文学』（筑摩書房一九八二）

(12) 伝達の不可能性については、拙論「戦略としての知・罪としての知」（『解釈』平成五年・六）でも既に述べてあるが、『行人』の次のような表現にも注目したい。

「さうして自己と周圍と全く遮斷された人の淋しさを濁り感じた」（『塵労』六）

（『解釈』第四六〇集、一九九五）

II

『ごんぎつね』における認知構造に関する考察
～時間・空間・論理に関する認知の在り方をめぐって～

一　はじめに　～「主体的・対話的で深い学び」～

平成二十八（二〇一六）年十二月二十一日の中央教育審議会の答申を踏まえて、平成二十九（二〇一七）年三月三十一日に新学習指導要領が告示された。「社会に開かれた教育課程」、「カリキュラム・マネジメント」、そして、「主体的・対話的で深い学び」などが謳われる中で、国語科においても教科の本質に迫る「見方・考え方」を働かせることの重要性が指摘されている。「深い学び」を児童生徒に実現するためには、「言葉による見方・考え方を働かせ、言語活動を通して、国語で正確に理解し適切に表現する資質・能力を次のとおり育成すること」（『小学校学習指導要領』[1]二〇一七年三月三十一日）という国語科の目標を目指し、発達段階に応じた系統性に配意しつつ、一つのテーマを基にして教材に内包する価値を一人一人が発見する場に出会わせることが極めて重要である。様々な教材に共通して見られる視座の獲得は小学校・中学校・高等学校それぞれの段階における学びへと引き継がれていき、社会へと開かれていくことが期待される。

新学習指導要領に謳われる「主体的・対話的で深い学び」を実現し、児童生徒が自ら主体的に課題を見付け、それらを解決することによって深い学びを実現するためには、「見方・考え方」を働かせるための方法意識を持つことが重要である。稿者は、「深い学び」を実現するためには、①問いの深さ／答えの深さ、②方法の深さ／内容の深さ、③過程の深さ／結果の深さ、④獲得された価値の深さ、⑤発見及び気付きの深さ／共感の深さ、⑥時間的な熟成の深さなどの観点が重要であると考え、これまで「参照体系」を基に教材に迫る読みの方法を探究してきた。その中で、「言語」「文化」「歴史」「身体」「生命」「環境」「自然」「生と死」「情報」などの対象を「対比」「変化」「構造」「関係」などの視座によって捉えることが児童生徒の「深い学び」につながることを提唱してきた。

一方、言葉に関して、大堀（2002）は、「言語はヒトの経験する世界をどのように作り上げているのか、またそうした世界はどんな特性をもっているのか—認知言語学（cognitive linguistics）とは、このような問題意識をもって行われる研究」であり、「言語によって現実を理解し、行動する仕組みを明らかにする試み」[2]であると述べている。この考え方によれば、我々の生きる世界は「ありのまま」の現実ではなく、「認知活動」によって「構成」されたものとして捉えられる。[3]

また、森（2013）によれば、「認知」とは、「認知科学や認知心理学が対象とする知覚、記憶、思考、感情、学習、問題解決や、認知言語学が対象とする言語など、人間が物事を知り、生活体として生きるために必要な構造と心的過程を有するシステム（＝系）の営み」を指すとした上で、「生得的・経験的であるかどうかにかかわらず、獲得ないし習得した知識や能力を基盤に、入力情報を選択的に受容・処理して、さらに新たな知識として再構成し利用するような情報処理の活動」であると述べている。[4]

翻って文学作品について考察をめぐらすと、「作品」として我々の前にあるテキストは、まさに、作者の認知の軌跡であり、作者の「世界認知」の在り方を如実に反映したものと捉えることができる。さらに、作品内部の世界は、話者あるいは主体となる人物の世界への認知の在り方が反映したものとして捉えることができる。したがって、「深い学び」を実現する上で、文学作品に関して認知の観点から捉えることは重要な視点を与えてくれるものと思料される。

本稿は、文学作品であり教科書教材ともなっている『ごんぎつね』[5]における認知の在り方を作品の叙述をもとに分析し、そこに見られる論理展開及び時間と空間の捉え方の特徴を中心に考察することを目的とする。

二　物語における認知の在り方について　～イメージ・スキーマをめぐって～

『ごんぎつね』は、昭和三十一年に大日本図書版で初めて採録され、昭和五十五年にすべての教科書が採り上げ、現在に至っている。主題をめぐっては、「ごんの悲劇であると同時に兵十の悲劇でもあるという二重の意味での悲劇」（鶴田 2005）であるとの研究を始め、多くの研究者によって幅広い視点から数多くの論考が生み出されている。

まず、『ごんぎつね』で注目したいのは、森・高橋（2013）による「イメージ・スキーマ（image schema）」が作品を駆動しているという点である。イメージ・スキーマについては、「日常生活の中で繰り返されるさまざまな身体的な経験をもとに形成されたイメージが、より高次に抽象化・構造化、即ちスキーマ化したもの[6]」と定義づけられており、主なイメージ・スキーマとして、次の例が挙げられている。

【イメージ・スキーマの例】

〈起点‐経路‐着点〉〈容器〉〈前／後〉〈上／下〉〈バランス〉〈複数個体‐連続体〉

〈複数個体‐軌道〉〈力〉〈中心／周辺〉〈全体／部分〉〈遠／近〉〈リンク〉〈軌道‐延長〉

この中で、特に着目したいのは、『ごんぎつね』における〈容器〉のイメージ・スキーマである。〈容器〉のイメージ・スキーマについて、山梨（1995）は、物を出し入れする行為は基本的日常経験の一つであり、「この種の経験によって、空間の一部が境界のある領域として認知される。われわれはこの種の経験をかいして、容器のイメージ・スキーマをつくりあげている。このスキーマは、われわれをとりまく世界の一部を、一種の入れ物として外部の空間から限定して理解することを可能とする認知枠の一種として機能している」と説明している[7]。

『ごんぎつね』の「一」における次の叙述は、〈容器〉のイメージ・スキーマとして捉えることができる。

その中山から、少しはなれた山の中に、「ごんぎつね」というきつねがいました。ごんは、ひとりぼっちの小ぎつねで、しだのいっぱいしげった森の中に、あなをほってすんでいました。

「あな」は〈容器〉としてごんを包み込むとともに、自己存在の中心としてごんと一体的な役割を果たす。ごんの行動には、〈容器〉のイメージ・スキーマを基にした〈入る／出る〉、〈投げ込む／逃げる〉などの表現が用いられている。具体的には、「夜でも、昼でも、辺りの村へ出てきて」いたずらばかりしたりする行為、「外へも出られなくて、あなの中に」しゃがんでいる行為、「頭をびくの中に」突っ込む行為や、兵十の母の死について「あなの中で」考える行為、兵十の家の裏口から、家の中へ「いわしを投げこんで」穴へ向かって駆け戻る行為、くりをかかえて「うら口からのぞいてみる」行為、引き合わないと感じた翌日もくりを持って「うちのうら口から、こっそり中へ」入る行為などが表現されている。また、「六」において、兵十が火縄銃を取って「火薬を（中に）つめる」行為、兵十の撃った後、青いけむりが「まだ、つつ口から細く出て」いるという状態を表わす表現など、多くの表現が〈容器〉のイメージ・スキーマによって彩られている。

また、イメージ・スキーマにおいて重要なことは、「視界」が〈容器〉として理解され、事物が視界の中に入ったり（come into sight）、出たり（go out of sight）する表現を生み出すということである。(8) 具体的には、「ごんは、見つからないように、そうっと草の深い所へ歩きよって、そこからじっとのぞいてみました」、「ごんは、のび上がって見ました」、「こちらの物置の後ろから見ていたごんは、そう思いました」、「とちゅうの坂の上でふり返ってみますと、（中略）小さく見えました」などの表現が例として考えられる。

次に、〈容器〉のイメージ・スキーマと同様、我々の認知において基本となる〈起点‐経路‐着点〉のイメージ・スキーマを基に、空間と時間に関する認知について考察する。森・高橋（2013）は、日本語のアスペクト形式である「～している」について、動作や作用の進行と結果状態の残存を表わしていることを指摘した上で、〈容器〉と〈起点‐経路‐着点〉のイメージ・スキーマの複合が関わっていると説明している。(9) 〈起点‐経路‐着点〉のイメージ・スキーマは、物理的な空間移動だけでなく、抽象的な状態変化にも広範に関わるとともに、着目する点によってそれぞれが前景化し、焦点化されることになる。本文の叙述には、イメージ・スキーマが「一」から「六」にわたって幅広く現れている。

特に、「～している」という表現には、開始局面から継続局面を経て、完了局面に向かう動作の一連のアスペクトの中の継続局面が現れていると考えられる。そして、『ごんぎつね』の最後の一文「青いけむりが、まだ、つつ口から細く出ていました」という表現には、一たび状態変化が起こると元の状態へは戻れないという不可逆的な動きを表わす「出る」という動詞に焦点化することによって、その残存性を際立たせる効果が生まれている。

また、時間に関連する特徴的な叙述の一つが、指示語による提示である。一般的に指示語は、いったん述べたことを繰り返す折に使用される言葉であり、同一内容を繰り返すことを避ける場合になどに用いられる。『ごんぎつね』においても指示語が用いられているが、注目したいのは、指示語の指し示すものに時間的な内容が包含されており、それらの時間的な内包を含めた総括的な内容を指示することによって時間が入れ子構造として機能するということである。

特に、物語が時系列に進んでいく過程において、指示語によって示される内容が読みの複線化を招き、継起的に起こる出来事の背景や前提を背景から前景に引き出す働きを有しており、叙述を読む時間そのものにも影響を与えることとなる。

「一」は次のように始まる。

①これは、わたしが小さいときに、村の茂平というおじいさんから聞いたお話です。
②昔は、わたしたちの村の近くの、中山という所に、小さなおしろがあって、中山様というおとの様がおられたそうです。
③その中山から、少しはなれた山の中に、「ごんぎつね」というきつねがいました。

冒頭の第一文の「これ」が指し示すものは、以下に語られる物語そのものであり、我々もまた「これ」を用いるという手続きによって物語られる世界に入っていくこととなる。言わば「閉じ込められた時間」の中で生きていたごんと兵十との話は、こうして「これ」という指示語によって封印が解かれ、我々の前に現出することとなる。『日本国語大辞典第二版』(2009)によれば、「これ」は、「事物、場所、時、人などについて、話し手側、すなわち相手に対する我の側、相手を含んだ我々の側に属するものとしてさし示す(近称)。ここにあるもの。①事物についてさし示す。眼前の事物ばかりでなく、話題の事物をもさす。②人物についてさし示す。③場所についてさし示す」とある。「一」の第二文の文末にある「おられたそうです」に現在形を用いた伝聞形式の叙述がなされていることから分かるように、ここでは、「わたし」によって「村の茂平」が語った内容を口述する印象が残っている。なお、この伝聞形式の表現は本文ではここで唯一用いられている。(10)

そして、第三文からの叙述をみると、「村の茂平」の語りと「わたし」の語りとは入り交じり、いわば客観的で透明な時間が流れる。冒頭の「これ」によって包み込まれている地の文の時制は基本的には語りを受けた「過去形」、つまり、「(動詞の連用形)＋(ました)」を中心とした時制で構成されているが、注意したいのは、こうした「(動詞)＋(ました)」の叙述の中に「現在形」が挿入されているということである。叙述の現在とも言うべき表現、つまり、「もまれています」「きらきら光っています」「手ではつかめません」「まき付いたままはなれません」などの描写には現在形が用いられているが、あくまで物語の中の時間としては過去形が基盤をなしている。

こうした過去形を基盤とした「お話」の中で、特異な表現が見られる。それは「六」に見られる次の表現である。

そして、足音をしのばせて近よって、今、戸口を出ようとするごんを、ドンと、うちました。

「今」という表現は、「ちょうど」という意味合いから用いられていると解釈することも可能であり、副詞の用法としての用例もある。しかし、ここでの表現には客観的な描写でありながら、戸口から「今まさに」出ようとする瞬間を描いているととることができる。ここでは、客観的な時間表現が心理的な力を受ける形で「瞬間としての現在形」が強調されていることが分かる。

三　ごんの認知の在り方について　～論理展開をめぐって～

『ごんぎつね』における認知の在り方について考える時、作品における認知主体について確認すると、次のように四つの層に分けることができる。

第一層	テキスト全体を創作している作者の認知
第二層	「これは、」以下を語る「私」の認知
第三層	村の茂平の語りにおける認知
第四層	語られた話の中の登場人物の認知 ・ごんの認知レベル、兵十の認知 ・それ以外の人物（加助等）の認知

また、本文の叙述は、大きく地の文と会話文とに大別することができる。「昔は」以下に始まる地の文は、第三層における「村の茂平というおじいさんから聞いたお話」を、第二層の主体である「私」が伝えるために記述しているものと捉えることができる。そこでは、ごんを含めた登場人物を取り巻く状況が客観的な視点から記述されるとともに、登場する人物の内面についても立ち入った形で叙述されている。一方、会話文については、「茂平のお話」を「私」が聞き取り、それを語るという枠組みの中でごんを含む登場人物の内面を直接的に伝える形態をとっている。したがって、登場人物の一人であるごんや兵十の認知に関しては、地の文と会話文の両面からも分析可能である。

さて、第四層に位置付けられるごんの認知の特徴の一つとして辻（2013）の「既知の知識を利用して、新しい知識を導く手続き[11]」である推論に関わる認知システムをあげることができる。「小ぎつね」

であるごんは、自分のこれまでの経験と蓄積された知見とを基に、目の前の出来事を捉え、その意味及び価値について分析している。視覚や聴覚によって獲得された情報を基にしながら判断を行うという点において、ごんは「賢い」きつねであると考えることができる。出来事という事象を受け止め、そこに判断を加え、行動を起こすという一連の過程にはごん特有の認知の在り方が作用しており、その認知の過程並びにそれに基づく行動が悲劇を生み出す原因として働くことを我々は見ることとなる。先読みするならば、『ごんぎつね』は、認知に関する二つの焦点、すなわち、ごんの兵十に対する認知（「兵十だな」）と兵十のごんに対する認知（「ごん、お前だったのか」）とが描く大きな楕円軌道によって構造化された「認知の物語」だと言える。

「一」の叙述とそこに見られる認知の特徴とを表形式にして分析を試みる。なお、本稿ではこれまで多くの分析に見られた「文単位」での分析を踏まえるとともに、「文節」単位での分析を試みたい。それは、「文レベル」あるいは「文章レベル」でのまとまりのある認知は、「文節レベル」あるいは「文節のまとまり」レベルでの認知をもとにした、定延（2000）の指摘する「スキャニング（走査）[12]」が行われていると考えることができるからである。そして、文節単位でのスキャニングは、一つの認知に統合される場合もあるが、逆に、文節レベルでの認知が一文内で複合的に混在する場合もある。

本文の叙述	認知の特徴
ごんは、川下の方へと、	状態への認知
歩いていきました。	順次的走査による認知
ふと見ると、	突然性　無意識的な認知
川の中に人がいて、	視覚による対象認知

何かやっています。	視覚による認知
ごんは、見つからないように、	視線回避に係る認知及び行動
そうっと草の深い所へ	〈起点―経路―着点〉
歩きよって、	〈起点―経路―着点〉　歩行接近
そこからじっと	起点　視覚による認知
のぞいてみました。※	視覚による観察　※対象認知
「兵十だな」と、	ごんの認知　対象同定
ごんは思いました。	心内での対象認知

　ごんの登場に関わるこの部分において注目したいのは、「兵十だな」という判断の根拠と判断を下すに至る過程である。つまり、ごんは、視覚によって一連の情報をすばやく観察し、必要な情報を獲得した後、それに基づいて視覚に映じた全体像を把握し、判断するという行動をとる。「二」において述べられているように「おおぜいの人」が集まることからも、兵十以外にも村落集合体の中には多くの人物が想定されることから、最初のスキャニングにおいては、特に兵十が選ばれる理由は、明確ではない。つまり、我々読者にとっても、「兵十だな」という結論を言葉にするごんの推論の過程及び推論を支えるための根拠は明確に示されていない。この段階では、兵十は、後に出てくる弥助、かじ屋の新兵衛、加助、吉兵衛などと同じ村人の一人にすぎないことから、ごんの認知においては、特段の差異化を施された人物とは言えない。

　したがって、当初は「ふと」見た視線の向こうにあった「川の中」にいる「人」としての認識に留まり、特定された一人の人物として焦点化されてはいない。しかし、「じっと」という副詞によって表現されているように、「のぞいてみました」という視覚による認識によって対象としての兵十の「顔」の認知が行われる。乾（1995）が、「顔の認識とは、狭義には、顔を知覚してその人が誰であるかを同定するまでの過程をさすが、広義には顔から様々な『意味』を読み取る過程のすべてが含まれる[13]」とあるように、ここで行われているのは、スキャニングによる「顔の認識」過程そのものである。

なお、「はちまきをした顔の横っちょうに、円いはぎの葉が一まい、大きなほくろみたいにへばりついていました」という表現は、高野（1995）による「45度斜めの向きから見た顔が正面や横顔よりも記憶しやすく、再認率が高い[14]」という認知心理学における記憶の観点からも興味深い点である。

また、顔に関するごんの認知に関しては、「二」の葬列における兵十の様子を「いつもは、赤いさつまいもみたいな元気のいい顔が、今日は、何だかしおれていました」という表現で示されているように、直喩を用いた比喩表現によって前景化していることに着目したい。

なお、ごんの頭の中で行われている認知行為については、「だれだろうか」「これは」「兵十である」という認識を経ており、「兵十だな」という認識に至るまでに一定の時間的経過を伴っている。こうした時間的な長さと強い集中力を伴って、真剣かつ精緻に行われている様子を叙述の中から伺うことができる。もちろん、この段階においては、ごんは、後に「ひとりぼっち」という属性を有した兵十との共感を覚える前の段階である。そうした状況の中で発せられる「兵十だな」という言葉の持つ断言性は強い印象を引き起こす。とりわけ「だ」と「な」という言語表現には対象に対する幅広い知見が潜んでいる。固有名詞である「兵十」という名辞が発話段階で対象を明確にしているとともに、「だ」という言葉によって断定され、さらに「な」という間投助詞によって示されているのは「感動・詠嘆・念押しなどの意」（『広辞苑第六版』）であり、自己のそれまでの経験を踏まえながら人間の様子を感受した、ごんの研ぎ澄まされた感覚の在り方である。

なお、ここでは、「ふと」見るという叙述に表されているように、偶然に出くわしたもの同士の関係として両者の邂逅が描かれていることに着目しておきたい。実は、この「ふと」は本文ではこの部分と「六」において、二回用いられている。


それで、ごんは、うちのうら口から、こっそり中へ入りました。

そのとき、兵十は、ふと顔を上げました。と、きつねがうちの中へ入ったではありませんか。


「ふと」という語（副詞）について、『日本国語大辞典第二版』（2009）には、「①行為・状態の変化などが急で突然であるさま。急に。即座に。にわかに。②偶然になされるさま。ちょっとしたきっかけや思いつきで行なうさま。ひょいと。はからずも。とっさに」という語義が挙げられており、無意識的ないし偶発的な行為を表していることが分かる。こうした突然性・偶然性が物語の悲劇性を惹起することとなるわけであるが、作為的というより偶然「顔を上げる」という行為がもたらすであろう悲劇への引き金は、この「ふと」という言葉に凝縮されており、叙述レベルではこの「ふと」は偶然性を持ちながらも必然性を持った重要な鍵として機能しており、それによって継起的に起こる出来事を引き寄せる働きをしているとも考えられる。

また、「のぞいてみました」と「兵十だな」との叙述の間にある表中の「※」で示した部分は、本文では改行によって示されている叙述であるが、この改行には認知に伴う時間的な飛躍と幅とが想定されることに着目したい。文と文との間にあるこうした「間」については、すべての文と文との間に存在すると考えることもできるが、ここには、後述する「五」と「六」との間にある「熟成する時間」

とも関連する認知の時間的経過が存在している。

ごんの論理の展開に関しては、「二」においても考察される。うなぎ事件の十日ほどたった後に、ごんは村にやってくる。そこで目にした「弥助の家内のおはぐろ」や「新兵衛の家内の髪すき」から、ごんは、「ふふん、村に何かあるんだな」との思考を試みる。「ふふん」という表現からは、村に関する一定の動向把握ができている姿が浮かび上がる。また、その「何か」について、さらに「祭りなら、たいこや笛の音がしそうなものだ」と断じ、「それにだいいち、お宮にのぼりがたつはずだが」と自分の過去の経験によって獲得された経験知に基づいた事実認識を行っている。ここでは、ごんの思考は、

「非日常的な出来事」⇩「異常事態」⇩可能性としての「祭礼」⇩「祭礼」の可能性の排除
⇩「他の可能性についての熟考」

という一連のプロセスを経ていることが分かる。

ここでは、過去の自分の経験を踏まえるとともに、その経験知を生かした知見に基づいて出来事の意味を確かめようとするごんの認知の在り方が明瞭に表れている。しかも「いつのまにか」と表現されるように、歩行しながらもごんの思考は他のものが目に入らないほどの集中を伴っていることが分かる。そして、兵十の家での「大勢の人の集まり」「よそ行きの着物」「かまどの火」「なべの中」などの要素から総合的に「ああ、そう式だ」との結論を導き出すこととなる。こうした思考は具体的ないくつかの出来事を基にして出来事の総体あるいは意味を発見する過程と言い換えることができる。

さらに、村の墓地の六地蔵のかげに隠れて様子を見ているごんは、近づく葬列をのび上がって見た後に、「白いかみしもを着け、いはいをささげて」いるのは喪主であるという経験知から「ははん。

死んだのは兵十のおっかあだ」と結論付けることとなる。ここでもごんの認知は情報を収集することによって出来事の全体像を把握しようとする推論を基盤にしていることが分かる。

さらに、ごんの認知の特徴が顕著に現れているは、「そのばん、ごんは、あなの中で考えました」の後の文章である。葬式を目の当たりにしたごんにとって、穴の中は、イメージ・スキーマとしての〈容器〉としての世界であるとともに、思念によって外部と繋がる場としてのいわば基地とも言える時空を確保する場となっている。次の戦略や行動を行うための時間、つまり、リフレクションとしての作戦会議がここで行われることとなり、「穴の時間」はこうした熟成のための時間とも言える。以下、次表にまとめて認知の特徴について確認する。

本文の叙述	認知の特徴
兵十のおっかあは、	呼称意識、前景化、焦点化
とこについていて、	病床への想像、イメージ形成
うなぎが食べたいと	明示性と対象意識、対象の特化
言ったにちがいない。	蓋然性の高さ、想像による判断
それで、兵十が	因果関係を基にした論理展開
はりきりあみを	使用用具としての対象明確化
持ち出したんだ。	行動の再確認、断言的判断
ところが、わしが	事態の認識、再帰的振り返り
いたずらをして	自己の行為に対する再帰的認知

うなぎを取ってきて	命に係わる食　いたずらの意味
しまった。	悔恨　過去の行動への眼差し
だから、兵十は、	論理回路としての因果認識
おっかあに	家族への眼差し
うなぎを	対象への認定　食と生命
食べさせることが	使役形　対象意識
できなかった。	実現不可能性　想定による認知
そのまま、おっかあは、	因果関係への深い関わり
死んじゃったにちがいない。	死に対する確証性の高い判断
ああ、	心情の吐露　直接的な心情吐露
うなぎが食べたい、	劇化による母への同一化
うなぎが食べたいと	反復による心情の吐露
思いながら、	母に対する寄り添い　同一化
死んだんだろう	臨場性　蓋然性の高さ
ちょっ、あんな	後悔の念の表出　行動総括
いたずらを	一連の行動への総括認識
しなけりゃよかった。	仮定による事態へのメタ認知

まず、「あなの中で考えた」ごんの思考の流れについての特徴として挙げられるのは、ごんの内面

における事態の結果から原因に向かって遡及的に行われる認知過程における論理の飛躍である。

①兵十の母が床に就いている。

②母が病気快癒のためにうなぎが食べたいと言う。

③それを聞いた兵十が母にうなぎをとってやるためにはりきりあみを持ち出す。

④兵十がうなぎを取ってびくに入れる。

⑤うなぎを自分がいたずらをしてとってしまう。

⑥兵十の母はうなぎをたべることができなかった。

⑦病気快癒に必要なうなぎをたべたい、食べたいと思いながら死ぬ。

このように、ごんの論理は、一つの行為が次の事態を引き起こし、さらに次の行為が玉突き状態で連続していくという形態をとっており、ここには、定延（2000）の言う「ビリヤードボールモデル（billiard-ball model）[15]」との類似性が看取される。

また、一つ一つの文には、ごんの認知に関わる要素（対象意識、想像、因果関係把握、可能性の探索、妥当性検証、過去の行為への振り返り、同一化等）が見て取れるとともに、「振り返る」形での認知の方法と「前へ駆動する」形での認知の方法とを見取ることができる。つまり、ごんの認知については、反省的・省察的な思考としてメタ認知機能を生かして過去の事態を自分なりに再構成するとともに、出来事の一つ一つを個別のものではなく、連鎖的・継起的に因果関係によって単純に結び付ける認知の在り方が示されていると言える。現在の事態を考察する場合に、材料となる現象を基にしながら推論を波状にあるいは鎖状に連ねることが特徴としてあげられる。ここでは、辻（2013）が定義付けているように、規則（rule）と所与の結果（result）から文脈を参照して事例（case）に関して行う推論、つまり仮説推論（abduction）[16]が用いられていると考えられる。つまり、「兵十の母親の死」という結論（事実）を基に、その事実を生み出した原因を推論する思考が行われている。しかも、その推論の結果、自分の行った行為を「いたずら」として認識するとともに、その行為の持つ重大性を自覚した中で論が組み立てられている。また、推論の過程において、兵十の母親に同化するかのような「うなぎが食べたい、うなぎが食べたいと思いながら」という表現がなされている。こうした独断に近い推論がなされていることは、いわしを兵十の家に投げ込むという一種の短絡的と思われるごんの行動とも連動していることに注目したい。

なお、連鎖法とも言うべき鎖状に前言をしりとりする方法で推論の展開を行う時、時間的な経過はそこでは空費されているかのような印象を我々に与える。単純な論理展開が時間的な熟考をイメージさせるよりも短時間に論理の階梯を駆け上っていくことによって短絡的な判断をもたらすこととなり、さらに、認知についての展開がそのまま行動の論理に転じていくこととなる。こうした論理に流れる「短時間性」が行動の短絡的かつ直截的な継起性とつながっていることに後半の悲劇への助走が準備される。また、「しなきゃよかった」という表現については、市川（1996）が指摘する「メタ認知的モニタリング[17]」としての成功・失敗の原因帰属と感情・動機付けなどの視点から読み取ることが可能である。

四　空間の認知とカテゴリー化　～接近すること／隠れること～

ごんの生きる空間と兵十などの村人が生きる空間については、府川（2000）が詳細かつ卓越した分析を行っており、双方の関係と〈あな〉の持つ意味を解き明かしている[18]。それぞれの空間は、柵などの物理的な障害物によって隔絶されているわけではなく、互いに異なる世界として棲み分けがなされており、ごんの生存空間は、「はなれた」、「山の中」、「森の中」、「あな」、「草の深い所」、「ほらあな」、「うちのうら」、「六じぞうのかげ」、「物置のそば」、「うら口」、「かくれて」などの陰の空間を示す名詞や動詞によって表現されている。双方の空間は、一方から他方への無断での立ち入りがなされないかぎり、安定していると言える。

しかし、一旦領域への立ち入りが行われると、害を蒙った側は被害感情を高め、領域への侵入者に対して敵対意識を持つこととなる。『ごんぎつね』は、こうした互いの生存領域への接近・立ち入りによってもたらされた悲劇と捉えることもできる。しかも、双方において自分なりの領域に関する「認知地図」（認知主体が、周囲環境の空間的配置とそこにおける行動に関してまとめて持つ知識、あるいは心的イメージ[19]）が形成されていると考えられる。

自分のテリトリーを侵されることなく自分の側が「里山」を下りて「人家」に接近することはリスクを伴うものであるが、人間一般を射程に入れた場合、その危険を上回る「利得」がなければ無断での立ち入りを犯そうという意志は生じない。偶発的な接触の場合でも「気付かれた」場合には生命が危険にさらされる。気付かれないまでも「姿・形」を見せること、つまり、人の目に触れることは危険と隣り合わせであり生命の危機を招来しかねない行為である。安全が確保されている〈容器〉としての「あな」から出ることは幾分かの危険を冒すことになるが、ごんの村の中での行為はあくまで「いたずら」という形で認識されており、生命に直接の危機をもたらすものではなかった。

『ごんぎつね』においては、無断での立ち入りは人間の側からはなされず、一方的に「ごん」の側からなされていることに留意する必要がある。作品では、自分の周囲の出来事などに興味を持って人間世界を見つめているごんがいる。兵十はごんを追いかけはしない。あくまでそこにいる。影のように兵十に寄り添い、追いかけ続けるのはごんであり兵十ではない。ごんは、人間世界に惹かれている。

そして、ごんは人間世界には「訪問」することはあっても、逆に棲み処まで「狩り」をされて「あな」

を探索される状態にはない。うなぎにいたずらをして「ぬすっとぎつねめ」と怒鳴りたてる兵十も「あな」までは追っかけてくることはない。先に見たように、「あな」の中には「あなの時間」が流れている。

ほらあなの近くの、はんのきの下で、ふり返ってみましたが、兵十は追っかけてはきませんでした。

注目したいのは、「つぐない」のためにいわしを兵十のうちの中に投げ込んだ後、「あなに向かってかけもど」ったごんは、とちゅうの坂の上で「振り返る」ことになるが、兵十は当然気付かないので「追ってくる」ことはないということである。本文で二か所現れるこうした「振り返る」というごんの行動には、自分の棲み処を知られたくないという思いとともに、逆に追いかけてもらいたいという相反した意識も読み取ることができる。そして、追ってくることを期待する感情には待つことを期待することも込められていると考えることが可能である。「振り返る」という行為は、自らの背後に流れる時を手繰り寄せる行為であり、自分の安全を確保するための行動であるとともに、自分を追いかけてほしいという願望がなせる時間的な遁走行為でもあり、一種のフーガ（遁走曲）をイメージさせる。こうした接近と離反の背反した行為において注目したいのは、ごんが安全の確保を意識しながらも、決定的な生命の危機が迫っていることを予見することなく、行動をエスカレートさせていることである。

ごんと兵十との接触（コンタクト）は、兵十の発する「ごん、おまえだったのか。いつも、くりをくれたのは」の前に行われる火縄銃による銃弾の動きによる。ここで両者の空間的な距離はゼロになり、放たれた弾は容赦なくごんのもとに届くこととなる。ごんにとって、兵十は近づきたい対象であるとともに、近づくことがそのまま死につながる危険と背中合わせになっている。一方、兵十は、ごんの思いを知るすべを持っていなかった。こうしたごんからの一方的かつ継続的な思いは、ごん目がけて撃たれた銃弾によって絶たれる。銃弾によって皮肉にも両者の距離は一気に縮まることとなる。

作品における空間的な広がりは、視覚的に把握されるとともに、聴覚によっても特徴づけられている。「もずの声」「たいこや笛の音」「カーン、カーン」と鳴る「かね」の音、葬列の者たちの近くなる「話し声」、いわし売りの「いせいのいい声」、聞こえてくる「話し声」、「松虫」の声、「木魚の音」、「おきょうを読む声」、「おねんぶつ」の声、「ドン」という火縄銃の射撃音、「ばたり」と倒れたごんの音、そして、兵十が取り落とした「ばたり」という重い火縄銃の落下音。こうした多くの音によって作品は形成されており、音源を中心として同心円的に形成される聴覚的世界が、視線によって直線的に形成される視覚的世界と相互に重なり合って、重層的な世界を構成している。

また、ごんの認知に関わる感覚と外界との接触については、次のように身体的な視点から整理することができる。

器官	器官に関わる認知の在り方
目	視覚による外界への認知　焦点化　マクロ・ミクロ
手	対象物の捕獲、くりや松たけ運び、直接的な接触
耳	聴覚による外界との距離の把握、外界の変化認知
足	外界への接近手段、行動規制、移動及び逃走
頭	思考・判断・推論・仮説・感情などの総合的な認知
口	伝達機能、心情の吐露、内言・外言

これらを踏まえ、次に、「三」以下におけるごんの認知について考察を加えていきたい。ここで特徴的なことは、ごんの認知において、「カテゴリー化」が行われているという点である。「カテゴリー化」について、森・高橋（2013）は、「外界を認識するために用いる認知処理の方法」として捉え、「同じだとみなせるものを一つのグループとして同じように扱い、相違点もあるが、類似点・共通点を見いだし、同じとしてまとめ、それ以外のものと区別するもの」としている。さらに、カテゴリー化の対象として、「思考、感情、性質、行動、出来事、空間的関係、社会的関係などあらゆる抽象的な事物をカテゴリー化することにより認識している」と述べている[20]。ごんは、自分の存在の在り方に焦点を当てるとともに、兵十を自分と共通なものを持つ「一人」というカテゴリーにおいて認知している。

兵十は今まで、おっかあと二人きりで、まずしいくらしをしていたもので、おっかあが死んでしまっては、もうひとりぼっちでした。

「おれと同じ、ひとりぼっちの兵十か」

表現上特に注目したいのは、ごんの認知の在り方が対象への距離感を保ちながら、つかず離れずの距離、すなわち、視覚的には確認できる範囲にありながら、相手からは見られないという対象物に対して非対称的な関係と一定の距離感を保持しつつ、隠れた地点から対象に対して眼差しを投げかけるという構造を前提にしているということである。村人との融和関係になく、村人からの視線を避けながら、隠れていることを余儀なくされている存在としてのごんの認知には、常にこうした対象への接近欲求を持ちながらも隠れざるを得ないという引き裂かれ相反した立場に置かれた者の認知構造と行動原理とが見て取れる。

さらに、接近に伴う観察を行うために必要なごんの視線は、「うら」や「入り口」などの境界において発動し、視線を受ける側の背後、あるいは対象から逆に視線を受けることのない安全な距離を保った地点において開始される。こうして、見る主体としてのごんの視線は、最後においては、兵十の視線によって捉えられ、見る側から見られる側、観察する側から観察される側に変化を遂げることとなる。

次に、「四」に見られる「隠れること」に関する認知の在り方に着目したい。

> 細い道の向こうから、だれか来るようです。話し声が聞こえます。（中略）ごんは、道のかた側にかくれて、じっとしていました。話し声は、だんだん近くなりました。

ここでも、「二」の六地蔵の後ろに隠れていた時と同様に、ごんは身を月明かりに現すことなく、道の片側に隠れてじっと身を潜めている。隠れること、あるいは身を隠すことは、人間対動物という関係の中で形成された棲み分けを基にしたカテゴリーに基づく身体行動であるとともに、ごんの認知の一つの特徴となる視覚による認知回路を発動させる契機ともなる重要な行動である。しかも隠れることにより、対象となる人物に関する情報を入手することができることになり、情報に関する優位性を獲得し保持することが可能となる。

他方、兵十は、ごんが聞き耳を立てながら傍らにいることを一切知らず、加助に対して「おっかあが死んでからは、だれだか知らんが、おれに、くりや松たけなんかを、毎日、毎日、くれるんだよ」と、このごろ自分の身に起こった「ふしぎなこと」について疑問を投げかける。兵十にとって、「だれ」か不明なものから「いつのまにか」置かれた「くりや松たけ」などは一方的な「不可知の存在」からの「贈り物」となっている。

「次の日には」という表現の後に、「次の日も、その次の日も」という反復の形でごんが栗を拾っては兵十のうちへ持って来てやることとが記述される。さらに、「その次の日には」栗以外にも貴重だと考えられる松たけも持って行くことが叙述されることになる。こうした反復行為はごんの行動が継続的に行われたことの証であるが、逆にその繰り返しの時間が一つの面から、すなわちごんの側からのみ描かれることとなる。ごんにとっての贖罪の行為が日々の時間的な経過の中で積み重ねられていることがこうした繰り返しの言葉に結実しており、内面に流れる時間の緊張感を高めている。

さらに、「おれあ、このごろ、とても、不思議なことがあるんだ」以下で、兵十が述べる出来事は、兵十にとって認知不能の出来事であり、あくまで匿名のまま「おれの知らんうちに」行われている行為である。ここでは、ごんの時間と兵十の時間とが相互に交わらないままであることが「不思議」という言葉で表現されている。兵十の言葉の中で重要なことは、母の死が不思議な出来事の起こる契機となっていることを兵十自身が認識しているということであり、加助もまた、兵十の母の死を起点として疑問に対する答えを推論していくことになるということである。単にものをくれるものがいるということではなく、母の死がもたらしたであろう出来事であるという前提があって、「五」における加助の「神様のしわざ」という言葉が発せられることとなる。つまり、兵十の認知は不可思議な出来事に対してごんの存在を一切顧慮の対象とはしていないのである。

一方、加助の認知については、次のような手順を踏んでいるものと思われる。すなわち、まず、「おまえ（兵十）がたった一人になった」という事実を踏まえ、兵十のことを哀れに思った何者かがくりや松たけを置いていくという判断を下す。しかし、何者かについては、加助自身を含めた村人が兵十に知らせることもなく運んでくることは、可能性が低いものと判断される。その結果、人間以外の者として、「神様」という存在を想定したこととなる。もっともここでは、村の名もない者の善意や憐みなどを「神様」という形で包括的に抽象化していると考えることも可能である。
ごんは、この一連の会話の結末を聞こうと思ってお念仏が終わるのを待ち、兵十に寄り添うように「かげぼうしをふみふみ」行くことになる。

ごんは、「へえ、こいつはつまらないな」と思いました。「おれが、くりや松たけを持っていってやるのに、そのおれにはお礼を言わないで、神様にお礼を言うんじゃあ、おれは、引き合わないなあ」

兵十にとって、物置の入り口に置かれたくりや松たけの贈りものの主体は不明である。不可思議な出来事の理由を知りたくて加助に尋ねた結果、答として現われたのは「神様」の存在であった。一方、一連の会話を隠れて聞き取ったごんにとって、身を隠し、兵十からは見られずに行った数回にわたる償いの行動は、神様によるものであるとの認定を受けて、いわば無に帰すこととなる。「引き合わないなあ」というごんの認識の前提にあったであろうと推察できるのは、自分の行ったつぐないの行動としての「栗置き」に対する感謝、ねぎらい、賞賛等の反応である。しかし、現実には「栗運び」の主体の匿名性は間違った形で明らかになり、行為の主体としての「おれ」の存在意義は失われることとなる。「隠れた」存在としてのごんは、「五」の最後の言葉によって、実体として隠れているごんと行動主体でありながら匿名性を維持しているごんといういわば二重の意味で「隠れた」存在となる。ごんの認知構造を考える時、こうした表に出ることができない「隠れた存在」としての立場にあることの意味は大きい。

五　時間の認知の在り方について　～熟成する時間／交差する時間～

ごんの認知の在り方の変化を辿るとき、「五」と「六」との間にある時間的な推移は看過できない。しかし、「おれは、引き合わないなあ」という言わば絶望的な状況の中で起こったであろう決意が、「五」と「六」との間の「空白の時間」には存在する。穴の中は作戦会議の場であるとともに、哲学する場、言わば、自分の行為の意味と価値とを判断し、それを評価する場としての機能を有している場である。「翌日」という夜間を隔てた次の日という時間的な空隙を埋める思念の継続と決意の実践とが決定される「熟成する時間」がここには存在する。そして、一般的な場面転換というだけの意味ではなく、前段においてなされた思いが発酵し、熟成する時間をもたらす「省察の時」を潜ることによってごんは翌日の行動に向かっていくこととなる。つまり、「一」から「六」までの章段の区分は単なる場面の転換だけでなく、《時》の力を示す意味を有しており、特にこの「五」と「六」との間に存在する「葛藤の時間」を経ることによってごんは悲劇に向かう準備を整えるとも考えることができる。すなわち、「五」の最後においては、無償の行為を継続する意思は萎えてしまうが、一夜の時間的な経過を経ることによってごんは神様に横取りされた自分の立場を回復する意思とは異なる方向で「行為の反復」を行うことを決意する。その時間帯こそ「五」と「六」との間にある空白の意味である。

「引き合わないなあ」という「五」の最後の叙述の後に実際に起こったであろうことは、ごんが、兵十と加助の会話の内容を反芻しながら、自分の穴に帰っていき夜を過ごしたということである。そこでの時間的経過と内省とを経て翌日が来る。「その明くる日も」という表現には、「五」の結果、引き合わない行動であるとの認識を経た上での行動である「栗運び」を反復するに至るまでの時間的経過の重さが凝縮されており、あなの中でのなんらかの葛藤と省察を経た後に行動に踏み出そうとするごんの認知の在り方が反映されている。

次に、「六」において注目したいことは、ごんに対する兵十の認知の在り方である。「一」から「五」までの叙述は、ごんを主体として、ごんの視線、ごんの思考、ごんの生き方などの認知の枠組みを通して描かれていたが、「六」における視点は兵十を中心として行われている。

本文の叙述	認知の特徴
そのとき、	行動の同時性
兵十は、ふと	主体認識　偶然性　無意識
顔を上げました。	視線による認知　視覚空間
と、	瞬間性、偶然、同時性
きつねが	一般的な動物としての認知
うちの中へ	〈容器〉自分の領域の意識
入ったでは	〈起点―経路―着点〉領域侵犯
ありませんか。	発見と驚き　第三者の視点
こないだ、	過去の想起と存在の同定
うなぎをぬすみやがった	利益の侵害　エピソード記憶起動
あのごんぎつねめが、	エピソード記憶　総括的評価
またいたずらを	エピソード記憶　反復　被害
しに来たな。	価値判断　〈起点―経路―着点〉
「ようし」	行動へのメタレベルでの準備

指示代名詞「あの」の持つ意味は、作品の中における時間を考える上で重要な意味を持つ。つまり、かつてうなぎをいたずらされたという経験に基づいたエピソード記憶が「あの」という指示語によって全体として想起されるとともに、「ある刺激と意味的に関連のある、あるいは連想関係にある刺激が時間的に先行して提示されると、後続の刺激の処理が促進されるというプライミング効果（priming effect）」[21]がここでは機能していると考えることができる。

また、ここで用いられているのは、直接話法と間接話法との中間話法、フランス語文法における「自由間接話法（discours indirect libre）」[22]に近いものである。ここでは、叙述の様態に着目するとともに、過去形で描かれている「顔を上げました」と次の「ありませんか」という心内に発生している現在形、さらには瞬時に判断を下している「いたずらをしに来たな」という時間構造が総合的に叙述されることにより、臨場感とともに、当事者である兵十の心的な瞬時性が見事に表現されている。

また、「こないだ」「あのごんぎつね」と述べられていることから分かるように、兵十にとって経験知の中に蓄積されているのは、途中の時間を捨象したあの一瞬、すなわち大事な獲物である魚やうなぎを川に放流されるといういたずらをされた折の記憶が瞬時にフラッシュバックし、途中の時を超えていることが明示されることとなる。こうした心理的な時間の超越を言語表現化したものとして「あの」の持つ意味は大きいと言える。『日本国語大辞典第二版』では、「①代名詞「あれ」の指し示す範囲の事柄を修飾する。かの。イ 話し手、聞き手両者から離れた事物、人などを指し示す。ロ 過去の経験や目の前にない事物、人など、話し手、聞き手両者に共通の話題を指し示す。かの。いつかの」の語義が示されているが、途中経過を経ることなく一瞬にして「当時」に遡及し、経験知によって裏打ちされた当時の状況や感情あるいは、情景までが総体として呼び戻されるという機能がここには働いていると考えられる。

ここで注目しておきたいことは、兵十の認知レベルにおいて、ごんの存在は、かつての「うなぎ」事件の時のままエピソード記憶として認識され固定されていたということである。したがって、兵十の行動は次のような論理に基づいた行動、つまり、

①狐の発見　②うなぎに関わるいたずらの想起　③再犯阻止への意志　④排除の必要性
⑤害をなすものを排除するための行動

という一連の過程を経ることであり、具体的には、「立ち上がり」「なやにかけてある火なわじゅうを取り」「足音をしのばせて」「近より」「今、戸口をでようとするごんを」「ドンと」「うつ」という一連の行動として現実化する。

本文の叙述	認知の特徴
ごんは、ばたりと	落下〈起点―経路―着点〉
たおれました。	動作認知〈起点―経路―着点〉
兵十はかけよってきました。	結果の確認への認識　接近
うちの中を見ると、	視線の第一対象把握
土間に、くりが	参照点　ターゲット（くり）
固めて	対象への詳細な認知　視覚認知
置いてあるのが	原因推論認知　様態への注視
目につきました。	視線による確認
「おや」と、	発見　記憶との相互確認

兵十は、びっくりして、	発見　エピソード記憶との齟齬
ごんに目を落としました。	視線〈起点―経路―着点〉存在同定
「ごん、	対象認知　呼称及びその変化
おまえだったのか。	再帰的認知　対象同定ないし疑問
いつも、	行為の反復性に対する認知
くりをくれたのは」	行為主体の確認　贈与認識
ごんは、ぐったりと	状態に関する認識　生命
目をつぶったまま、	視線の喪失　視線の非対称性
うなずきました。	非言語の動作による伝達
兵十は、火なわじゅうを	主体〈容器〉としての銃
ばたりと、	落下〈起点―経路―着点〉
取り落としました。	〈起点―経路―着点〉
青いけむりが、	視覚認知〈起点―経路―着点〉
まだ、	未完・継続　瞬間性／永遠性
つつ口から	〈容器〉としての銃　起点
細く出ていました。	原因推論　対象認識　継続相

ごんにとっての「栗運び」は、自分の行ったいたずらによって失われたと考える兵十の母親の命に対する償いであり、供養としてとらえることができる。自分の行為が神様によるものとして認識された時の落胆や喪失感、あるいは無力感を引きずることなく、翌日も、償いの行為を繰り返している最

中に銃撃を受ける事態は、ごんにとって、理不尽かつ唐突な出来事であり、不意打ちである。「ごん、おまえだったのか。いつも、くりをくれたのは」という倒置法を用いた兵十の言葉は、ごんにとって、最期を迎えようとする時に、自分の行ってきた「栗運び」の反復という行為の全体像については、兵十によって認められた安堵によって一旦は受け止められている。「ごん」という呼称による存在の認知、「おまえ」という相手の存在の受け入れ、「いつも」という一過性の行為ではなく反復的・継続的な行為への評価、そして、丁寧にかためて置いてある「くり」という生きるために必要かつ価値のある物を「くれた」という贈与に関わる表現がそれを物語っている。

なお、「いつも」という表現は、ごんの反復行為が日々積み重ねられてきたという事実を兵十が認識していることを示す一方、「いつも」と明瞭に認識した時点ですでに事態を前に巻き戻すことはできないという不可逆的な状態にあり、両者の思いの齟齬が解消されようとした瞬間にその対象そのものが瞬時に消失するという悲劇を象徴する言葉でもある。

ごんという存在が目の前に現れると同時に失われ、かけがえのないものであるとの認識に辿り着くという悲劇性は、兵十の認知の転換、つまり、いたずらばかりする迷惑な存在から、他者に対する善意を持った存在への変化そのものが、双方の交差する時間の中で起こる。ごんと兵十の両者の認知の在り方は、ごんの最期において、初めて一方向によるものから、相互往還的なものと変貌を遂げることとなる。しかも、それが時間的には短く、過去に向かって遡及するものであり、空間的にも戸口という局所的な場面で行われていることに注目したい。さらに、「目をつぶったまま」という表現にあるように、ごんから兵十に向かうこれまでの視線は失われており、ごんの認知は聴覚によってのみ行われている。

さらに、「六」の最後の場面における「まだ」という表現には、「語り」の内部にとどまらず、語りを聞いている「読者」としての我々を含めた作品の「現在」にまでその印象が届いている様子を想定することができる。『日本国語大辞典第二版』によれば、「まだ」については、「①否定語を伴って、一つの事態がその時点までになお実現していないさまを表わす。今まで（…したことがない）。その時はなお（…していない）。②肯定表現に用いて、一つの状態がその時点において、なお継続するさまを表わす。いまなお（…している）」との語義が記されている。

語りはここで終わっている。余韻を残したまま、兵十にとって「まだ」煙が細く出ていることを確認している時間そのものが、作品の時空を冒頭の「これは」にまで循環する環を形成することになっている。鶴田（1993）は、「この文の〈まだ〉は、明らかに銃撃が直前に起こったということを表している。が、それだけではない。その時間経過の短さが強調されるほど、〝ほんのわずかの差で理解し合うことができたのに〟〝もう少し早く兵十が気づいてくれたらよかった〟〝もう取り返しがつかないことになってしまった〟という話者の悔恨の念、さらにこの悲劇を読者にも伝えようという話者の思いが暗示されているのである。そうした話者の時間意識が〈まだ〉である[23]」と述べている。

『ごんぎつね』が、読むたびに新鮮な息吹を私たちに感じさせるのは、結末に向かう時間の流れが疾走感をもたらし、臨場感を持って感じられるからである。「土間」近くの戸口の地面へのごんの「落下」によって閉じられている作品は、「つつ口」から細く出ている「青いけむり」の持つ残像によって、時を経て繰り返し我々に迫ってくる。

そして、府川（2000）が述べるように、「『青いけむり』に象徴されたそれは、やがては消え去っていくものでしかない。瞬時虚空にたゆたった『けむり』は、ゆっくりと拡散し、判別できなくなってしまう。しかし、逆にだからこそ『青いけむり』の残像は、読み手の心の中に長くとどまる」という表現効果を生み出すこととなる[24]。こうして、最後の「まだ」と冒頭の「これ」とが結び付き、一つの連環が成立することになる。

六　おわりに　〜物語における深さと読みの可能性〜

『ごんぎつね』における叙述に見られる特徴を、論理展開及び時間と空間に関する認知の在り方を中心にして分析すると、作品に込められたメッセージの深さを読み取ることができる。本作品と様々な角度から「対話」を重ねることが、児童生徒の「深い学び」につながり、ひいては子供たちの人生そのものを豊かなものとすることに資するものと考える。認知に関する知見を踏まえた具体的な授業実践に関しては別稿に譲るが[25]、鶴田（1993）がいみじくも述べているように、「『ごんぎつね』はまだ読み尽くされても研究し尽くされてもいない」し、「新しい知見（より豊かで深い読み）」が今後も望まれるゆえんである[26]。

《註》

1　文部科学省（2017）『小学校学習指導要領解説』には次の説明がある。「言葉による見方・考え方を働かせるとは、児童が学習の中で、対象と言葉、言葉と言葉との関係を、言葉の意味、働き、使い方等に着目して捉えたり問い直したりして、言葉への自覚を高めることであると考えられる」11.

2　大堀壽夫（2002）『認知言語学』（東京大学出版会）1.

3　森雄一・高橋英光（2013）『認知言語学　基礎から最前線へ』（くろしお出版）182.

4　辻幸夫（2013）『新編認知言語学キーワード事典』（研究社）263. なお、籾山洋介（2010）『認知言語学入門』）は、認知を、「人間が（身体を基盤として）頭や心によって行う営み、人間が行う知的・感性的営み」であるとし、基本的な認知能力として「比較（comparison）」「一般化（generalization）」「関連付け（association）」をあげている。1.

5　本文の引用については、小森茂他著（2016）『新編新しい国語　四下』（東京書籍）の『ごんぎつね』によった。

なお、『校定新美南吉全集（全十二巻・別巻二）』（大日本図書 1980-1983）、『ごんぎつね 最後の胡弓ひき 他十四編』（講談社 1972）を参照した。

6　森雄一・高橋英光（2013）『認知言語学　基礎から最前線へ』（くろしお出版）104-109.

7　森雄一・高橋英光（2013）『認知言語学　基礎から最前線へ』（くろしお出版）98.

8　森雄一・高橋英光（2013）『認知言語学　基礎から最前線へ』（くろしお出版）107.

9　森雄一・高橋英光（2013）『認知言語学　基礎から最前線へ』（くろしお出版）119-122.

10　西田谷洋（2013）『新美南吉童話の読み方』（双文社）71.

11　辻幸夫（2013）『新編認知言語学キーワード事典』（研究社）によれば、「推論には、大きく分けて①演繹的推論と②帰納的推論の二つがあり、このほか、手続きによって「事例ベース推論」（case-based reasoning）「アブダクション（仮説推論）」「ファジー推論」などの種類がある」と説明されている。187.

12　定延利之（2000）『認知言語論』（大修館書店）は、スキャニングについて、「集合を一要素ずつ粗くすばやく観察し、その一要素について必要な情報を得、それに基づいてその一要素に属性を付与して次の要素に移るという一連の心身行動」と定義づけている。143.

13　乾敏郎編（1995）『認知心理学１』（東京大学出版会）

14　高野陽太郎編（1995）『認知心理学２』（東京大学出版会）243.

15　定延利之（2000）『認知言語論』（大修館書店）103.

16　辻幸夫（2013）『新編認知言語学キーワード事典』（研究社）においては、「PならばQであるとき、Pが与えられて推論することを演繹（deduction）と言うが、逆にQが与えられてPを推論することを言う。C.S. パース（Peirce 1982-93）によって科学的な探求方法の一つとして定式化された」との説明がある。4.

17　市川伸一編（1996）『認知心理学４』（東京大学出版会）では、メタ認知的活動に関して、「モニタリング（監視）とはメタレベル（meta-level）が対象レベル（object-level）から情報を得ることであり、コントロールとはメタレベルが対象レベルを修正することである」との記述がある。161.

　また、辻（2013）では、メタ認知（metacognition）を次のように定義づけている。「自らの思考や記憶など認知過程に関する知識を持ち、その認知過程を統御し操作するような高次認知処理を言う。（中略）つまり認知的活動を行っている主体である自らを律する、もう一つ上位（メタ）の主体である自分が存在すると言える。このような監視・制御・調整活動とともに、そうした認知活動を可能にする自らの認知活動に関する知識（メタ認知的知識）を総称して「メタ認知」と呼ぶ」347.

18　府川源一郎（2000）『『ごんぎつね』をめぐる謎　子ども・文学・教科書』（教育出版）158-164.

19　辻幸夫（2013）『新編認知言語学キーワード事典』（研究社）では、さらに、「認知地図は、地理や空間における相対的な位置や空間的属性を符号化（encode）し、長期記憶したもので、必要に応じて検索され、再生される。眼前の局所的な情報、その空間における行動の経験に加えて、地図などによる鳥瞰図的な情報も用いられて、構築される」と説明されている。280.

20　森雄一・高橋英光（2013）『認知言語学　基礎から最前線へ』（くろしお出版）28-29.

21　辻幸夫（2013）『新編認知言語学キーワード事典』（研究社）によれば、プライミングとは、「神経生理学や心理学をはじめ様々な分野で用いられる用語。元来、プライミングは『呼び水、点火薬、予備情報の付与、機械の起動準備』などを意味するが、記憶の研究では先行刺激（prime）の受容が後続刺激（target）の処理に影響を及ぼすことを指す。この際、特定の処理に無意識的な処理上の促進作用がある場合をプライミング効果（priming effect）と呼ぶが、抑制的な影響があればネガティブ・プライミング効果と呼ぶことがある。一般的な使い方としては、先行体験や学習内容が、後の認知処理や行動選択に影響を及ぼす場合を指す」と定義づけられている。54.

22　目黒士門（2015）『改訂版現代フランス広文典』（白水社）343-345.

なお、話法に関しては、松本修（2006）の論考に詳述されている。52-57.

23　鶴田清司（1993）『『ごんぎつね』の〈解釈〉と〈分析〉』（明治図書）126.

24　府川源一郎（2000）『『ごんぎつね』をめぐる謎　子ども・文学・教科書』（教育出版）163-164.

25　文部科学省（2017）『小学校学習指導要領解説』では、第2節小学校第3学年及び第4学年の内容2〔思考力・判断力・表現力等〕C読むこと（1）エに関して、「登場人物の気持ちは、場面の移り変わりの中で揺れ動いて描かれることが多い。そのため、複数の場面の叙述を結び付けながら、気持ちの変化を見いだして想像していく必要がある。また、どの叙述とどの叙述とを結び付けるかによっても変化やそのきっかけの捉え方が異なり、多様に想像をひろげて読むことができる。（中略）それぞれの登場人物の境遇や状況を把握し、物語全体に描かれた行動や会話に関わる複数の叙述を結び付けて読むことが重要である。一つの叙述だけではなく、複数の叙述を根拠にすることで、より具体的に登場人物の性格を思い描くことができる」との記述がある。110.

26　鶴田清司（1993）『『ごんぎつね』の〈解釈〉と〈分析〉』（明治図書）2.

《参考文献》

有馬道子（2014）『改訂版　パースの思想　記号論と認知言語学』（岩波書店）

池上嘉彦（1981）『「する」と「なる」の言語学―言語と文化のタイポロジーへの試論―』（大修館書店）

市川伸一編（1996）『認知心理学4思考』（東京大学出版会）

乾敏郎編（1995）『認知心理学1知覚と運動』（東京大学出版会）

大津由紀雄編（1995）『認知心理学3言語』（東京大学出版会）

大西忠治編（1991）『『ごんぎつね』の読み方指導』（明治図書）

大堀壽夫（2002）『認知言語学』（東京大学出版会）

大堀壽夫（2002）『認知言語学Ⅱ』（東京大学出版会）

かつおきんや（2015）『『ごん狐』の誕生』（風媒社）

北吉郎（2002）『新美南吉童話の本質と世界』（双文社）

小松善之助（1988）『教材「ごんぎつね」の文法』（明治図書）

小森茂他著（2016）『新編新しい国語四下』（東京書籍）

西郷竹彦（1970）『教師のための文芸学入門』（明治図書）

斎藤卓志（2016）『生きるためのことば―いま読む新美南吉』（風媒社）

佐藤佐敏（2011）「解釈の質は分析できるのか―『ごんぎつね』における解釈の深度をめぐって―」（『全国大学国語教育学会発表要旨集120』）

佐藤佐敏（2012）「解釈に影響を与えるテキスト内根拠」（『全国大学国語教育学会発表要旨集122』）
佐藤佐敏（2017）『国語科授業を変えるアクティブ・リーディング―〈読みの方略〉の獲得と〈物語の法則〉の発見―』（明治図書）
佐藤通雅（1980）『新美南吉童話論　自己放棄者の到達』（アリス館牧新社）
定延利之（2000）『認知言語論』（大修館書店）
白石範孝（2016）『『ごんぎつね』全時間・全板書』（東洋館出版社）
鈴木啓子（2001）「『ごんぎつね』の引き裂かれた在りよう―語りの転位を視座として―」（田中実・須貝千里編『文学の力×教材の力　小学校編4年』（教育出版））
住田勝（2008）「読む力の構造とその発達―『ごんぎつね』の授業研究を手がかりとして」（『全国大学国語教育学会要旨集115』）
高野陽太郎編（1995）『認知心理学2　記憶』（東京大学出版会）
髙橋正人（2016）「『夢十夜』における時間構造について～時制と相（アスペクト）をめぐって～」（『解釈』第62巻691集）
髙橋正人（2016）「思考図から思考儀へ～参照体系を通した思考力育成の試み～」（『福島大学人間発達文化学類論集第22号』）
田近洵一（2014）『文学の教材研究〈読み〉のおもしろさを掘り起こす』（教育出版）
田中俊男（2015）「教科書・『赤い鳥』という場―新見南吉『ごんぎつね』論―」（島根大学教育学部紀要）
辻幸夫（2013）『新編　認知言語学キーワード事典』（研究社）
鶴田清司（1993）『『ごんぎつね』の〈解釈〉と〈分析〉』（明治図書）
鶴田清司（2005）『なぜ日本人は『ごんぎつね』に惹かれるのか－小学校国語教科書の長寿作品を読み返す』（明拓出版）
新美南吉（1996）『新美南吉童話集』（岩波文庫）
新美南吉記念館編集（2013）『生誕百年　新見南吉』
西田谷洋（2013）『新美南吉童話の読み方』（双文社）
畑中章宏（2013）『ごん狐はなぜ撃ち殺されたのか－新美南吉の小さな世界』（晶文社）
府川源一郎（2000）『『ごんぎつね』をめぐる謎　子ども・文学・教科書』（教育出版）
河合隼雄・長田弘（1998）『子どもの本の森へ』（岩波書店）
西村義樹・野矢茂樹（2013）『言語学の教室』（中央公論新社）
西本鶏介編（1988）『児童文学の世界―作品案内と入門講座―』（偕成社）
野内良三（2000）『レトリックと認識』（日本放送出版協会）
波多野誼余夫編（1996）『認知心理学5学習と発達』（東京大学出版会）

藤田のぼる（2010）『児童文学の行方　読者の視座から児童文学の今を探る』（株式会社てらいんく）
松本和也（2016）『テクスト分析入門』（ひつじ書房）
松本修（1997）「文学教材の〈語り〉の分析について」（『上越教育大学研究紀要』第17巻第1号）
松本修（2006）『文学の読みと交流のナラトロジー』（東洋館出版社）
宮地敏子（1999）『伝えたいもの　伝わるもの　絵本・児童文学における老人像』（株式会社グランまま）
籾山洋介（2010）『認知言語学入門』（研究社）
森雄一・高橋英光（2013）『認知言語学　基礎から最前線へ』（くろしお出版）
山梨正明（1995）『認知文法論』（ひつじ書房）p.114-117
D・ラネカー　牧野成一訳（1970）『言語と構造』（大修館）
P・リクール　久米博訳（2013）『時間と物語Ⅱ　フィクション物語における時間の統合形象化』
鷲田清一（2006）『『待つ』ということ』（角川書店）

A Study on the Structure of Cognition in GONGITSUNE
About Time, Space, and Logics

TAKAHASHI Masato

There has been a great discussion about GONGITSUNE.Several studies have proved that there are many points of view about the theme of this work. Such as regret of Hyoju,misunderstanding between Gon and Hyoju, and meaning of gift;chestnuts. Little study has been done to reseach the structure of the cognition. As Tuji(2013)points out, cognition can be classified into several categories according to the points; Schema, Frame, Construal, Scanning, etc.Therefore, it is important to examine the meaning of structure of cognition in this work.

About the cognition of logic, Gon's thought is similar to the billiard-ball model that is defined as the succetion of events. About the cognition of space, that of Gon is based on a imege-schema;"container". And that of time, it is concerned with "episodic memory. It can be said that as far as the cognition of the personage is concerned, these systems are effective in the work. It is hoped that the research of cognition will contribute to a better understanding of GONGITSUNE. A continuous study of the cognition will lead us to appreciation of this work.

（『福島大学人間発達文化学類論集』第二六号、二〇一七）

『少年の日の思い出』(Jugendgedenken)の多層構造分析に関する研究

～「眼(Auge)」「指(Finger)」「箱(Kasten)」をめぐって～

要旨

ヘルマン・ヘッセの『少年の日の思い出』(Jugendgedenken)のドイツ語テキスト(郁文堂)を参照することにより、作品中の多層構造について「眼(Auge)」「指(Finger)」「箱(Kasten)」をめぐるネットワーク構造の解明を中心として考察を加えるとともに、物語を支える多層構造についての分析を行い、テキストに内在する構造を明らかにすることを目的とする。併せて、語りの構造に関する分析を通して中学校国語から高等学校国語「文学国語」への架橋を目指す。

一 はじめに

『少年の日の思い出』(Jugendgedenken)は、一九三一年に出版された作品であり、ヘッセ著、岡田訳(2016:198)の「訳者あとがき」には、「"Jugendgedenken"の初稿は、一九一一年に成立・発表された『クジャクヤママユ』Das Nachtpfauenaugeで、この作品はその後、『蝶と蛾』『蛾』『小さな蛾』『小さな蛾の話』などと改題されて新聞や雑誌に発表されたようであるが、単行本(『小さな庭』

1919）や全集に収録されているのはすべてDas Nachtpfauenaugeのみである。［…］ヘッセは二十年後の一九三一年にこの初稿を書き改めて、題名もJugendgedenkenと変更して、ドイツの地方新聞『ヴュルツブルガー・ゲネラール‐アンツァイガー』一九三一年八月一日号に掲載した。この年にドイツ文学者、高橋健二教授が二日間にわたってヘッセを訪問された。高橋教授は、別れ際に、ヘッセから『汽車の中で読みたまえ』と二、三の新聞の切抜きを手渡された。その中の一編がこの作品で、教授は、『スイスの美しい景色も忘れて、車窓でこれに読みふけった』そうである」と記されている。

また、教科書への採択状況についても、同書（2016:197）は、「『少年の日の思い出』は一九四七年から現在まで、じつに六十四年間もわが国の中学国語の教科書に載り続けているわけで、このような教材はほかに例がなく、『国語教材の古典』といわれているのも当然かもしれない」と述べている。

『少年の日の思い出』の作品を考察する上で重要な視座を有している従来の論考について、初谷（2017:91-95）は、「近年の作品論の出発点」として竹内論文（2001）を嚆矢として位置付けている。さらに、「『私』の語り直しに基づく『少年の日の思い出』の読みの展開」として、竹内（2005）、角谷（2012）、田中（2012）、須貝（2012）、丹藤（2014）を挙げている。そして、『少年の日の思い出』の作品論の課題として、一つ目に「各場面における『私』の語りについて、〈機能としての語り手〉を意識しながら読みを再構成すること」、二つ目に「各場面における『私』の語りに対する『〈機能としての語り手〉』に関する考察をもとに、作品全体を統括する〈機能としての語り手〉に関して考察すること」を挙げている。

また、作品における僕の語りの内容について、心理学的なアプローチとして、トラウマ（trauma）について、竹内（2001:230）及び中村（2010:16-17）が言及している。特に、中村はフラッシュバックを伴う「トラウマ小説」として本作品を位置付けている。

これらの先行研究を踏まえ、本稿では、『少年の日の思い出』のドイツ語原文を参考にしながら、作品内に内在する言葉の持つ意味とそれらが形成するネットワーク構造に着目して作品の深層を考察することを目的とする。

なお、本文引用については、田近洵一・北原保雄他著（2019:190-205）『伝え合う言葉　中学国語1』（教育出版）に基づき、ドイツ語原文については、ヘッセ著・高橋健二編（1957初版、1980第20版）『ヘッセ：少年の日の思い出（Jugendgedenken）』（郁文堂）に基づく。

二　多層構造を持つテキスト　～「眼（Auge）」「指（Finger）」をめぐるネットワーク～

『少年の日の思い出』において特徴的なことは、客の語りの最後の部分、すなわち僕が、「闇の中で」「チョウチョを一つ一つ取り出し」「指で」「こなごなに」「押し潰してしまった」という一連の動作によって語りが閉じられ、その情動に満ちた行動とその意味が宙に浮いたような印象を与えることである。学習課題においてもこの部分について、客がチョウを指でつぶすという行動をとったのはどのような心情からかが問われている。こうした問いを考える上でテキストの内部に張り巡らされた言葉のネットワークに着目することが重要である。テキストにはいくつかの特徴的な言葉の反復が見られる。例えば、「身をかがめる（beugen）」という動詞が本文に二か所用いられている。最初は客が私のチョウの収集を目にする折に使われており、さらに少年時代の僕がエーミールの不在の折に部屋に入って展翅板に留められていたクジャクヤママユを眺める折にも用いられており、同じ所作が行われていることに注目したい。

①私たちはその上に体をかがめて、美しい形や濃いみごとな色を眺め…

Wir beugten uns über sie, betrachteten die schönen Gebilde, ［…］

②僕はその上にかがんで、…残らず間近から眺めた。

Ich beugte mich darüber und sah alles aus nächster Nähe an, ［…］

「身をかがめる」という身体行為は、チョウをめぐる少年の日への入り口であるとともに、物語世界の展開と少年期の思い出という蔵を開けるトリガーの役割を果たしている。「かがむ」という動作が刻印されていた記憶を呼び戻し、過去を再現することになり、作品を駆動する上で重要な役割を果たしている。

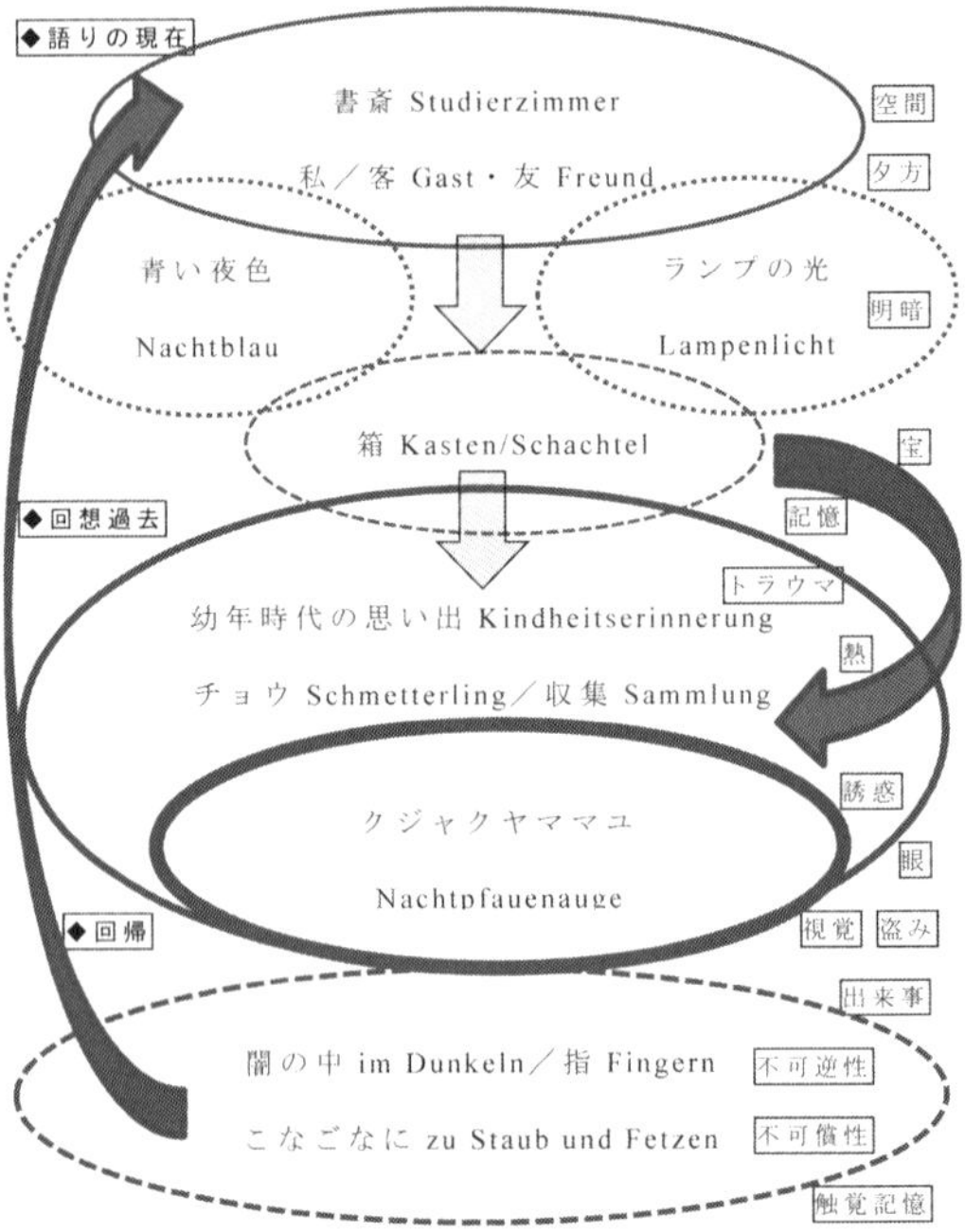

図１　言葉によるネットワーク関連イメージ図

様々なレベルの言葉による多層的な言葉の集積であるテキストにおいて、言葉は単層による平面を形成するのではなく、幾重にもレベルの異なる言葉の層により構成され、それらが意味のクラスターを形成し、縦横にめぐらされた網目によって重層的に積み重ねられている。そして、言葉による情報は網目状にテキストの内部を構成するとともに、テキスト外の情報とも通底し、引用や参照によって相互に影響し合い、時間的にも多層を形成している。図1は、『少年の日の思い出』における言葉によるネットワーク関連イメージを表わしたものである。

作品の中核となる「思い出」を含む「少年の日」の総体は、図2は、「クジャクヤママユ（Nachtpfaugenaug）」を核としたネットワークを伴っている。

これらのネットワークの中で、ドイツ語版のテキストにおいて注目したいのは、テキストに散りばめられた「眼（Auge）」を核とするサテライト状の言葉の集積である。

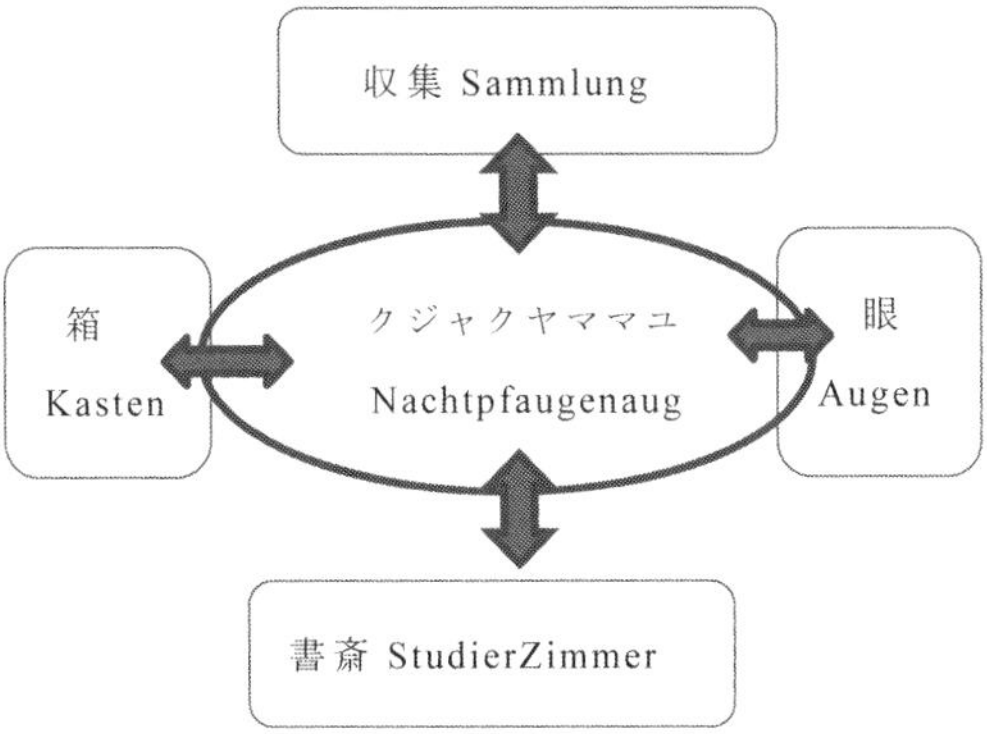

図２　チョウをめぐるネットワーク

クジャクヤママユの眼状紋の持つ魔力とも言うべき魅力については、僕の友達の言葉を引用して次のように示されている。

その大きな光る斑点は非常に不思議な思いがけぬ外観を呈するので、鳥は恐れをなして、手出しをやめてしまう。

[…] deren große helle Augen so merkwürdig und unerwartet aussähen, daß der Vogel erschrecke und ihn in Ruhe lasse.

さらに、僕の行動に拍車をかけるのも、図鑑で繰り返し見た挿絵にある眼状紋を見たいという欲望に他ならない。

あいにく、あの有名な斑点だけは見られなかった。細長い紙きれの下になっていたのだ。

Nur gerade die berühmten Augen konnte ich nicht sehen, die waren von den Papierstreifen verdeckt.

さらに、僕が、「生まれて初めて盗みを犯す」契機となったのは、他ならぬ眼状紋そのものの魅力に魅入られたことによる。眼状紋に接近する様子は、本文では次のように表現されている。

　胸をどきどきさせながら、僕は紙きれを取りのけたい誘惑に負けて、針を抜いた。すると、四つの大きな不思議な斑点が、挿絵のよりはずっと美しく、ずっとすばらしく、僕を見つめた。それを見ると、この宝を手に入れたいという逆らいがたい欲望を感じて、僕は生まれて初めて盗みを犯した。僕はピンをそっと引っぱった。チョウはもう乾いていたので、形は崩れなかった。僕はそれを手のひらに載せて、エーミールの部屋から持ち出した。その時、さしずめ僕は、大きな満足感のほか何も感じていなかった。

　Mit Herzklopfen gab ich der Versuchung nach, die Streifen loszumachen und zog die Stecknadeln heraus. Da sahen mich die vier großen, merkwürdigen Augen an, weit schöner und wunderlicher als auf der Abbildung, und bei ihrem Anblick fühlte ich eine so unwiderstehliche Begierde nach dem Besitz dieses Schatzes, daß ich den ersten Diebstahl meines Lebens beging, indem ich sachte an der Nadel zog und den Schmetterling, der schon trocken war und die Form nicht verlor, in der hohlen Hand aus der Kammer Emils trug. Dabei hatte ich zunächst kein anderes Gefühl als das einer ungeheuren Befriedigung.

　ここでは、「四つの大きな不思議な眼」が「じっと見た」という表現に着目したい。さらに、「眺め（Anblick）」という表現もあるが、日本語翻訳では明示されていない。作品においては、図3に示したように、「眼」を中核とした集中した言葉のネットワーク体系が看取できる。

　ここでは、中心となる「眼」との関連により一つの世界が形成されていることが分かる。「眼」の持つ力に引き寄せられるという視覚から、「眼」を所有したいという強い欲望に結びつき、さらには、それらを自分のものとして集めるという「収集（Sammlung）」の世界に僕を誘っていく。僕は魅せられたように「眼」に吸い寄せられていくことになる。その様子は、昼夜を分かたず飲食をも忘れさせるほどの魅力をもって襲いかかる。このクジャクヤママユの眼に向けられる欲望は、後にエーミールの僕に対する「軽蔑の眼差し」と交錯することにつながる。

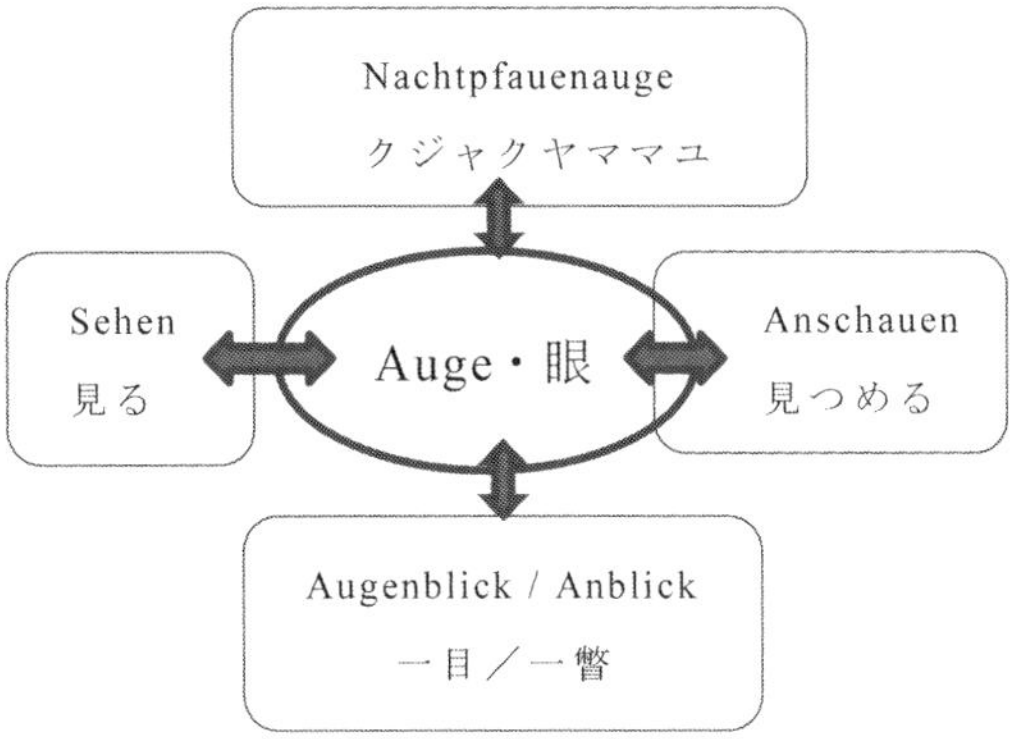

図３　「眼（Auge）」をめぐる言葉のネットワーク

眼状紋について、ポール・スマート編、白水隆監修（1978:62-64）では、「眼状紋やその他の目立った色彩斑紋をもつ蝶類は、突然の動作でこれらの色をあらわすことによって、外敵をおどかして身を守ることもある。この行動は蛾のあるものが誇示するひらめき色と似たものである。［…］クジャクチョウ **Inachis io** も静止しているときには隠蔽色だけをあらわしているが、もしこれをおどかすと、この蝶は突然翅を開閉して4個の大型の眼状紋をめざましくあらわす」と威嚇色に関連した指摘を行っている。

なお、相良守峯（1984:1095）『大独和辞典』（博友社）によれば、「**Pfau:** くじゃく（孔雀）、インドくじゃく、**Pfauenauge:** ①くじゃくの目②くじゃくの尾にある眼状斑紋③眼状斑紋のある大理石④くじゃくちょう（たてはちょう科の蝶）」との説明がある。

また、図４に示すのは、ヘッセ著、V・ミヒェルス編、岡田朝雄訳（1992:39）に掲げられている前翅と後翅に鮮やかに示されている「四つの眼」を持ったクジャクヤママユの写真である。

さらに、ヘッセ著・岡田訳（1992:80-82）「蝶について」には、次の叙述がある。

目に見えるすべてのものは表現です。自然のものはすべて絵であり、言葉であり、色さまざまな象形文字です。今日自然科学が高度に発達したにもかかわらず、私たちは真に物を見ることに対してかならずしも十分に準備され、教育されておらず、一般的にはむしろ自然とは戦闘状態にあるといえましょう。［…］その方法の一つは、最も単純な、最も子供らしい方法、つまり自然のものに目を見はる方法であり、自然の発する言葉に予感にみちて耳を傾ける方法なのです。

ヘッセは、ゲーテの「驚嘆するために私は存在する！」という詩句の一節を引用して、目を始めとする五感によって自然を体験することの意義を述べているが、ここでも「見る（sehen）」ことの重要性が開陳されている。

図４　クジャクヤママユの四つの眼
（V・ミヒェルス編（1992:39）『蝶』より）

「眼」をめぐるネットワークは、魅入られたチョウとそれをめぐる自己の世界そのものを破壊する「手」「指」に関わるネットワークと連動し、「盗み（Diebstahl）」「引き出す（ziehen）」「潰す（drücken）」「取る（nehmen）」などの語彙体系とも関連する結節点として新たなネットワークを形成している。

盗みをしたという気持ちより、自分が潰してしまった美しい珍しいチョウを見ているほうが、僕の心を苦しめた。微妙なとび色がかった羽の粉が、自分の指にくっついているのを、僕は見た。

また、ばらばらになった羽がそこに転がっているのを見た。

Beinahe noch mehr als das Gefühl des Diebstahls peinigte mich nun der Anblick des schönen seltenen Tieres, das ich zerstört hatte. Ich sah an meinen Fingern den zarten bräunlichen Flügelstaub hängen und sah den zerrissenen Flügel daliegen, […]

エーミールの家から帰って来てから母に促されて就寝する前に、僕は次の行動を行う。

だが、その前に僕は、そっと食堂に行って、大きなとび色の厚紙の箱を取ってき、それを寝台の上に載せ、闇の中で開いた。そしてチョウチョを一つ一つ取り出し、指でこなごなに押し潰してしまった。

Vorher aber holte ich heimlich im Eßzimmer die große braune Pappschachtel, stellte sie aufs Bett und machte sie im Dunkeln auf. Und dann nahm ich die Schmetterlinge heraus, einen nach dem andern und drückte sie mit den Fingern zu Staub und Fetzen.

僕は少年の日の出来事を語る中で、自分の身体の中でも特に「指」に焦点化して表現している。しかも一つ一つのチョウを自らの「指（Fingern）」で「押し潰す」。「羽の粉（Flügelstaub）」と「こなごなに（zu Staub und Fetzen）」において、共に「Staub」が用いられていることに注目したい。

図5は、「指（Fingern）」をめぐる言葉のネットワークを示

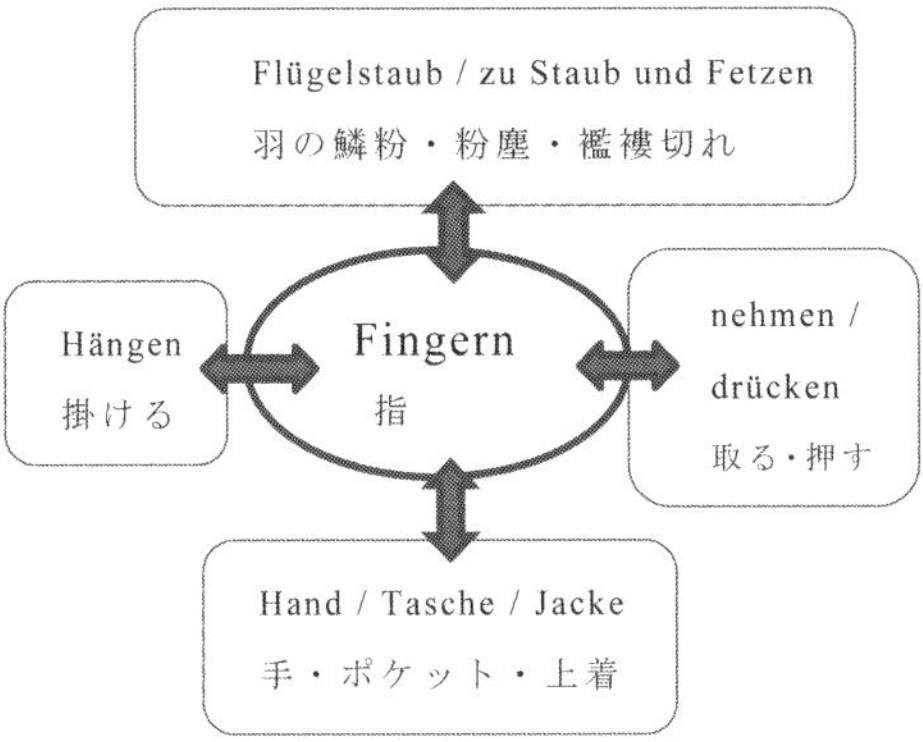

図５　「指（Fingern）」をめぐる言葉のネットワーク

したものである。

なお、指に関する記憶に関連してラリー・R・スクワイア、エリック・R・カンデル（2013:236）には、体表面からの感覚情報について記載されており、図6の説明として「舌の先端、指、手といった触覚の識別にとって重要である体の領域は、より多くの神経入力があることを反映している」との記述がある。

また、客が私から提示されたチョウの収集箱に対して見せる最初の反応について、情動の影響という観点から考えることも可能である。

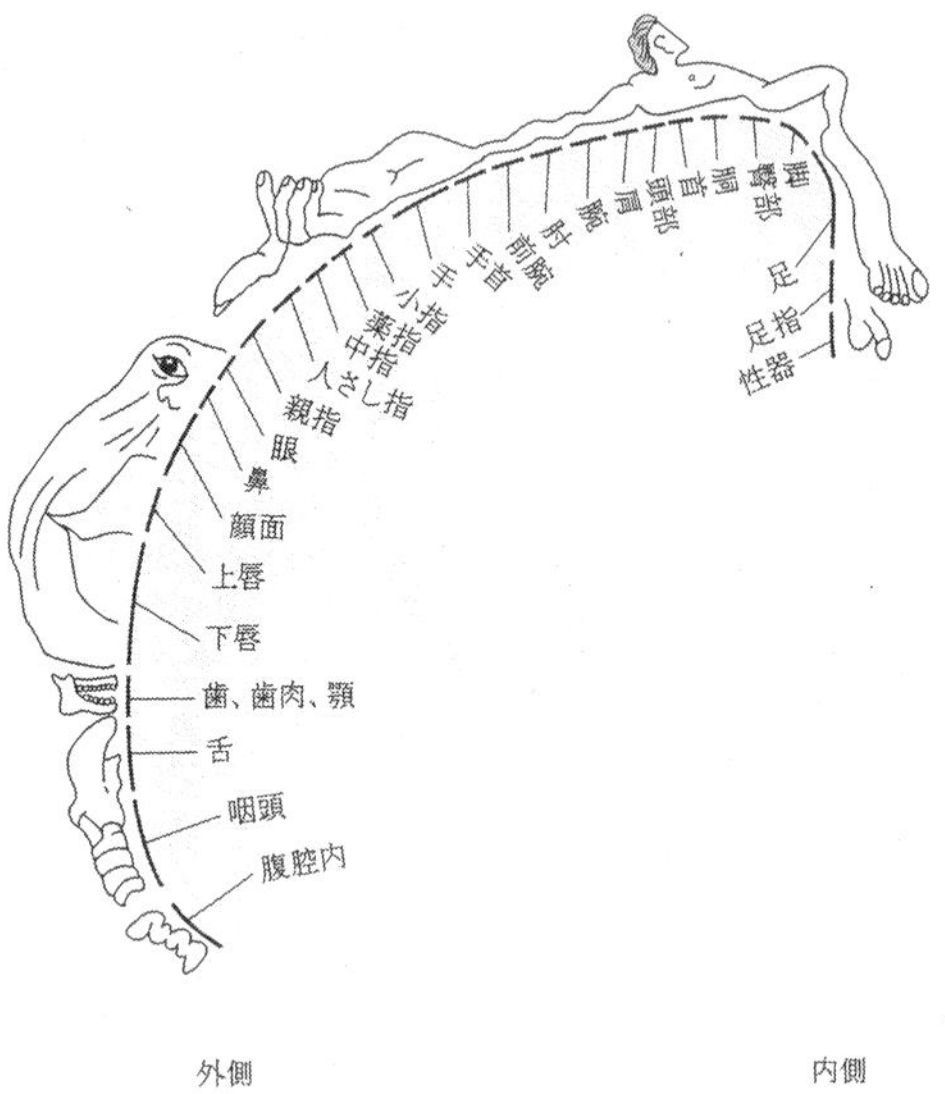

図６　ラリー・R・スクワイア、エリック・R・カンデル（2013:236）『記憶のしくみ　脳の記憶貯蔵のメカニズム　下』より

渡邊・船橋編（2015:180-183）は、情動を特徴付ける体の反応全体を意味する「ソマティック（somatic）」を誘発するものとして一次要因と二次要因とをあげ、「一次要因とは、快・不快、嫌悪、恐怖などの情動を生じさせる刺激」がこれに相当し、「二次要因とは、情動をともなうできごとの記憶などが相当する。それを思い出すことなどによって、実勢の経験時に類似した情動とソマティック状態が体に生じることがある」と指摘している。客の語りに至る最初の反応を考察する上で身体に着目

するという観点から示唆的である。

三　光と闇の世界　～「箱（Kasten）」をめぐるネットワーク～

光と闇に関連して、ヘッセ（2009:303）「夕べになると（1904）」の次の文章は、夕べの時間帯と記憶及び想起に関して本作品との関連性が認められる。

あたりは暗くなった。［…］そして何もせず音楽を聞く晩にはいつもそうであるように、こうしたささやかなものはすべて姿を変えて遠くに退き、同時に私の心は自発的に後ろに向かい、過去の小径を辿ろうとする。調べから、ランプの光から、杯から、ゆっくりと煙を漂わすパイプから、思い出が立ち昇る。

夜の闇が二人を覆い隠すことによって「告白」は開始される。それは、水面を漕ぎだすボートのように隠された秘密に覆われた「少年の日」に向かうオールのようでもある。つまり、告白によってなされる「客」による少年時代の過去つまり深層への旅は、闇によってその道を開かれ、沈黙によってこれまで秘匿され続けてきたものがそのヴェールの下から姿を現すことに他ならない。

『少年の日の思い出』において重要なことは、「光と闇」という対立イメージが「外のこころと内の心」という心理的な「表層／深層」を象っているということである。私の語りは、僕の世界への入り口に立って迷宮巡りの随伴者として一種の神話的な世界である記憶の国としての「少年の日」への道標に立つことになる。この時、過去は二重の意味において「今、ここ」に立ち上がり深層世界の扉を押し開けることとなる。一つは誰にも「話さなかった／話すことができなかった」閉ざされた過去とそれが現在において閉じ込められているという事実、しかも、それは頻繁にではなく、間歇的にある拍子に突然、この場合には展翅されたチョウという具体物を通して過去の記憶から噴き上がってくるものとして描かれる。封印された過去の世界は、「今ここ」という時間的な継続を瞬間瞬間に断ち切り、新たな相貌をもって現れてくる。しかも、不可逆的な過去の瞬間は、その時点時点において微細に分析され、変化するものとして捉えられることになる。語りによって描かれる世界は、語りの自己増殖を免れることの困難性とともにある。語る時点での作為、あるいはドラマ性、超越的な視点での過去の再構成あるいは過去の再創造がなされる危険性と裏腹である。

語りによって創出される世界は、「神の視点」を体験することと近似的な関係にあり、語ることによって自己弁護も自己擁護も自己断罪も可能となる。語りの世界において重要なことはその真実性を問うことではなく、語りによって表出される「語られつつある世界」とどのように対峙するかである。語られる世界はまさに一回性をもって生成される、一つのあり得たかもしれない世界であり、それが万人にとっての「真実性（authenticity）」を有した世界であるという担保はなされることはない。記憶及び過去の真実性はあくまでも想定された真実に限りなく近いものと推定される世界に過ぎない。一回きりの語りとは言え、それが語られる瞬間において、一つの形として形成されるときには、反復される語りによって、語られた世界はより緊密に理路を整序され、統一されたものとして「あった世界」に向かって、「あり得た世界」の像を結びながら漸近線のように近似的に無限に接近することとなる。岡（2000:5）は、プルーストの「マドレーヌ体験」から考察した記憶の在り様として、「『記憶』こそが主体」であり、記憶は時に、「わたしには制御不能な、わたしの意思とは無関係に、わたしの身に襲いかかってくるもの」であり、過去の出来事は記憶の中で今現在も、「生々しい現在を生きている」ものであり、記憶の回帰とは、「根源的な暴力性を秘めている」ことになると指摘しているが、正鵠を射ているものと考えられる。

『少年の日の思い出』における「光と闇」は、こうした語りが深層に向かうための舞台装置に他ならず、客が自らの過去世界を再現し再演するための重要な役割を果たしていると言える。

ここで着目したいのは、「眼」と「見ること」をめぐるテキスト内のネットワークと重なる形で構造化されている「箱（Kasten、Pappkästen）」「書斎（Studierzimmer）」「小部屋（Kammer）」「家（Hause）」「闇（Finsternis）」という階層化され、入れ子構造を保ち、相似形を有したイメジャリであり、それが「少年時代（Kinderheits）」の「思い出（Erinnerung）」、そして、タイトルそのものである「少年時代の思い出（Jugendgedenken）」への「入口」を形成していることである。先取りして読むならば、蝶の収集（Schmetterlingssammeln）そのものが少年時代を凝縮した記念の碑として機能している。そして、テキストの最初の段階でいわばイントロダクションを形成している「書斎（Studierzimmer）」は、二人の対話の舞台を形成している。

客は夕方の散歩から帰って、私の書斎で私のそばに腰かけていた。昼間の明るさは消えうせようとしていた。窓の外には、色あせた湖が、丘の多い岸に鋭く縁取られて、遠くかなたまで広がっていた。ちょうど、私の末の男の子が、おやすみを言ったところだったので、私たちは子どもや幼い日の思い出について話し合った。［…］彼が見せてほしいと言ったので、私は収集の入っている軽い厚紙の箱を取りに行った。最初の箱を開けてみて、初めて、もうすっかり暗くなっているのに気づき、私はランプを取ってマッチを擦った。すると、たちまち外の景色は闇に沈んでしまい、窓いっぱいに不透明な青い夜色に閉ざされてしまった。

Mein Gast war von einem abendlichen Spaziergang heimgekehrt und saß nun bei mir im Studierzimmer noch beim letzten Tageslicht. Vor dem Fenster lag weit hinaus der bleiche See,scharf vom hügeligen Ufer gesäumt. Wir sprachen,da eben mein jüngster Sohn uns “Gute Nacht” gesagt hatte,von Kindern und von Kindheitserinnerungen. ［…］ Er bat darum und ich ging hinaus,um einige von den leichten Pappkästen zu holen,aus denen meine Sammlung bestand. Als ich den ersten öffnete,merkte ich erst,wie dunkel es schon geworden war. Ich griff zur Lampe und strich ein Zündholz an,und augenblicklich versank die Landschaft draußen und die Fenster standen voll von undurchdringlichem Nachtblau.

ここには、内側から外側に向かって形成された相似形の構造が重なり合っている。しかもそれらは内側からの視線によって順次世界を広げていく仕組みを持ったものとして布置されており、視線の動きもまたそれに応じて変化している。

また、少年時代のチョウを展翅する箱については次のように表現されている。

僕の両親は立派な道具なんかくれなかったから、僕は自分の収集を、古い潰れたボール紙の箱にしまっておかねばならなかった。びんの栓から切り抜いた丸いキルクを底に貼り付け、ピンをそれに留めた。こうした箱の潰れた壁の間に、僕は自分の宝物をしまっていた。

Meine Sammlung mußte ich, da meine Eltern mir keine schönen Sachen schenken konnten, in einer alten zerdrückten Kartonschachtel aufbewahren. Ich klebte runde Korkscheiben, aus Flaschenpfropfen geschnitten, auf den Boden, um die Nadeln darin festzustecken, und zwischen den zerknickten Wänden dieser Schachtel hegte ich meine Schätze.

図7に示したのは、包み込むものと包み込まれるものとが入れ子型に階層化して存在する「箱（Kasten）」「蓋つきの箱（Schachtel）」を中心とした僕の記憶をめぐるネットワークである。

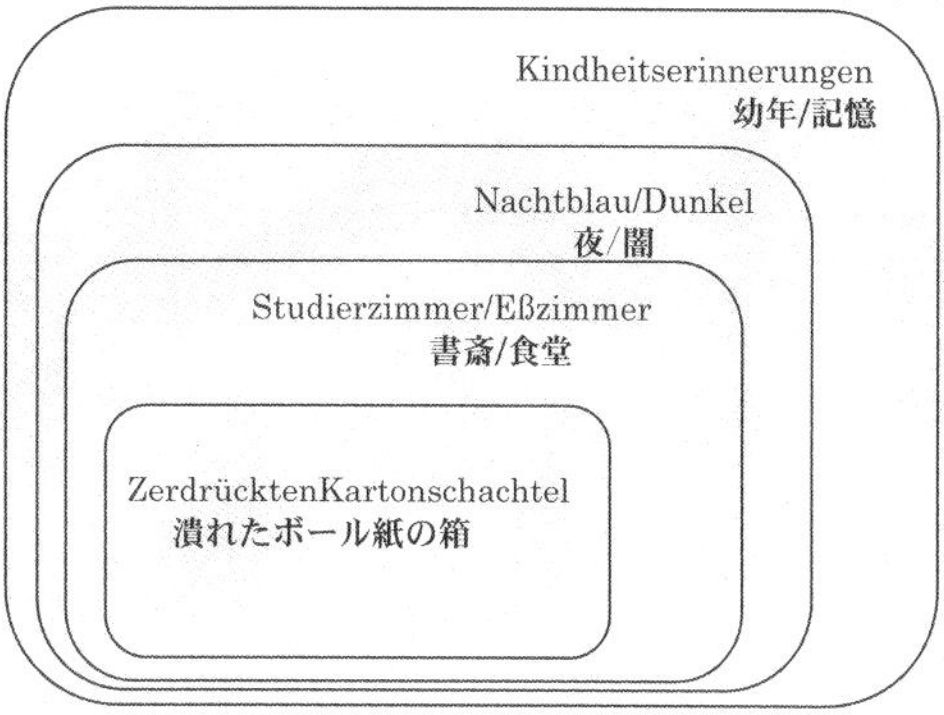

図７　「箱（Kasten）」をめぐる階層性と入れ子構造ネットワーク

これらの入れ子構造的に幾重にも「包含する／包含される」関係をなしており、それらは、「古い潰れたボール箱の箱」から始まり、入り口としての「書斎」を舞台に、「闇」の中で繰り広げられる「過去＝少年時代」の世界における「光と闇」の両義を含みつつ、現在につながっている。

ガストン・バシュラール（1986:112、123）は「抽出　箱および戸棚」の章において、「内密のイメージは抽出や箱とかたくむすばれ、錠の偉大な夢想家である人間が自分の秘密をしまいこみ、かくしている一切の隠し場所とかたくむすばれている」と指摘している。さらに、「小箱のなかにはわすれられぬ物（ゴシック体：原文）、われわれにとってわすれがたい物、だがわれわれが宝をおくるひとびとにとってもわすれがたい物がはいっている過去と現在と未来とがそこに凝縮している。こうして小箱は太古の記憶となるのだ」との表現がある。このように、『少年の日の思い出』における場面を構成する一つである「部屋」「扉」「家」「庭」は「僕」の世界を示す「徴（しるし）」としての価値を担っていると言える。

なお、「箱」に関連して、中島義明編（2018:781）『現代心理学［理論］事典（新装版）』（朝倉書店）の「箱庭療法」に関する記述によれば、「箱は、遊戯療法室や面接室が外界と現実の世界との境界としてあるのに加えて、さらに内界を投影しやすくする枠として存在すると考えられている。部屋に加えて箱がさらに保護していることになる」とある。『少年の日の思い出』における展翅用の紙でできたチョウを収める「箱」との関連性が示唆される。

また、同書（783-784）によれば箱庭療法における治療過程には、①動物・植物的段階、②闘争の段階、③集団への適応の段階が考えられているが、「新しい秩序、新しいバランスができるためには、古いものの崩壊があり、そのための戦いがある。②は、これらを示すものが、闘争の段階」と言われる。「僕」がチョウを一つ一つ指で潰すという行為に及ぶのは、これまでの世界を破壊し、新たな世界構築に向かいために必要な心理的な過程と捉えることも可能である。

ヘッセ（2006:10-11）の「子どもの心」には、部屋に関する階段及び空間の持つ意味について、「そうして、ぼくは書斎へと通じる小さな階段を上がっていった。壁紙の独特なにおいがする、そしてくぼんだ軽い木製のステップの乾いた音のするこの小さな階段は、玄関ホールよりもさらにずっとはてしなく重要な道であり、運命の門だった。大事な用事を言いつかって、ぼくはこの階段を通ってきた。不安と良心の呵責を引きずってそこを登っていったことも、数え切れないほどあったし、反抗心や激しい怒りを抱えて行ったこともあったが、救済と新たな確信を持ち帰ることも少なくはなかった。階下の居間には、母と子どもがくつろいでいて、そこには罪のない空気が流れていた。しかし、上には権力と精神が住んでいた。ここには、法廷と聖堂そして《父が支配する国》があった」との記述がある。こうしたヘッセの作品に込められた居住空間に係る世界観に接することが教材の多層性と結び付くものと考えられる。

併せて、ウリ・ロートフス著、鈴木・相沢訳（1997:111）には、一九〇七年にボーデン湖ほとりの湖の見えるエルレンロー河畔に新築された家の書斎を含めた室内平面図が掲載されており（図8）、往時の様子が垣間見られる。併せて、渡辺（2006:16）には、ヘッセの書斎の壁に掲げられているチョウの収集が飾られているおり参考となる（図9）。

ARCHITEKTONISCHE RUNDSCHAU

2. Beilage zu Heft 1. 1909

Insertionspreis 25 Pf. für die viergespaltene Petitzeile

Zwei Dichterwohnungen am Bodensee.

Die Landschaft des Untersees übt durch ihre ruhige heimliche Schönheit große Anziehungskraft aus auf geistig arbeitende Menschen, die dem Stadtgetriebe den Rücken kehren. So sind in neuerer Zeit verschiedene Gruppen von Ansiedlungen an verschiedenen Punkten des Sees entstanden, darunter im Sommer 1907 die Wohnhäuser der Schriftsteller H. Hesse und L. Finckh in Gaienhofen.

Das Haus Hesse steht westlich des Dorfes an den gegen den Wald aufsteigenden, mit Wiesen und Obstbäumen bestellten Hängen. Man übersieht von dort die ganze Seefläche gegen die Reichenau und Konstanz nach Osten und bis gegen den Rheinausfluß nach Südwesten. Auf diese bevorzugte Lage ist in der Einteilung der Grundrisse Rücksicht genommen, indem das große Wohnzimmer des Erdgeschosses und das Arbeits- und Bibliothekszimmer im ersten Stock nach Südosten gelegt sind. Beide gewähren den Austritt auf Veranda und Terrasse. Die übrigen Wohn- und Schlafzimmer haben Süd- und Ostbeleuchtung, alle Nebenräume und die Treppe liegen nach Westen und Norden. Alle diese Räume sind in einfachster Art ausgestattet. Das Wohnzimmer erhielt eine einfache braune Täfelung und wurde zu einem früher entworfenen in hellem Eichenholz ausgeführten Mobiliar gestimmt; die Hauptzierde bildet der große Kachelofen. Das Bibliothekszimmer konnte mit eingebauten Büchergestellen und Schränken ausgestattet werden.

Das Äußere des Hauses findet seine Vorbilder am ehesten in einem der gemütlichen Haustypen der Ostschweiz. Das Keller- und Erdgeschoß sind massiv, das Obergeschoß ist in Fachwerk ausgeführt und mit einem Holzschindelschirm verkleidet, den das weit ausladende Dach schützt. In den Farben ist alles Grelle vermieden. Das Erdgeschoß ist ohne Zusatz von Farbe rauh verputzt, das Obergeschoß erhielt graugrünen Anstrich. Nur die grünen Läden und die weißen Fensterkreuze heben sich kräftig hervor. Das Dachgesims und das Holzwerk der Veranda sind in sattem dunklen Braun gehalten und teilweise mit weißen Ornamenten verziert.

Haus des Herrn Hermann Hesse in Gaienhofen.
Architekt: H. Hindermann in Steckborn.

hellgelben glatten Verputz hervortreten, das hohe Dach mit dem Treppenturm in Fachwerk bilden eine harmonische Erscheinung in der stimmungsvollen Umgebung.

図８　ヘッセの新築家屋の平面図(ウリ・ロートフス(1997:111)『素顔のヘルマン・ヘッセ』より)

図９　ヘッセの書斎の蝶の収集の様子(渡辺もと子(2006:16)『ヘッセからの贈り物』より)

四　記憶と回想をめぐるネットワーク　～自伝的記憶とナラティブアプローチ～

『少年の日の思い出』は、主人である私に対して客が少年期の僕の過去の出来事を語るという構造を持っており、記憶や回想と深い関係にある。

箱田他（2019:120-122）によれば、記憶は短期記憶（short term memory）と長期記憶（long term memory）とに大別され、長期記憶は顕在記憶である宣言的記憶（declarative memory）と潜在記憶である手続き的記憶（procedual memory）とに分けられ、宣言的記憶はさらに意味記憶（semantic memory）とエピソード記憶（episodic memory）とに分けられる。

佐藤・越智・下島（2012:2-3, 91, 164）によれば、「自伝的記憶（autobiographical memory）とは、過去の自己に関わる記憶の総体」あるいは「個人が人生において経験した出来事（エピソード）の記憶」と定義付けられており、複数記憶モデルが図10のように示されている。

同書（2012:80-83）では、ライフスパンを通したエピソード記憶の一種である自伝的記憶の分布の特徴の一つとして、10歳から30歳の出来事の想起量が多いという現象、いわゆるレミニセンス・バンプ（reminiscence bump）を挙げているが、『少年の日の思い出』においても、主人と客は共に十歳前後の頃の記憶を鮮明に想起していることに着目したい。

『少年の日の思い出』における記憶とその叙述に関する特徴としては、

①細部への偏執的接近と視覚による焦点化
②記憶の総括的把握と逐次的把握との併存
③記憶の真正性に対する検証不可能性
④記憶に伴う論理と情動とのアンビバレンス

を挙げることができる。

僕の記憶においては、チョウの細部への偏執的な接近が見られ、

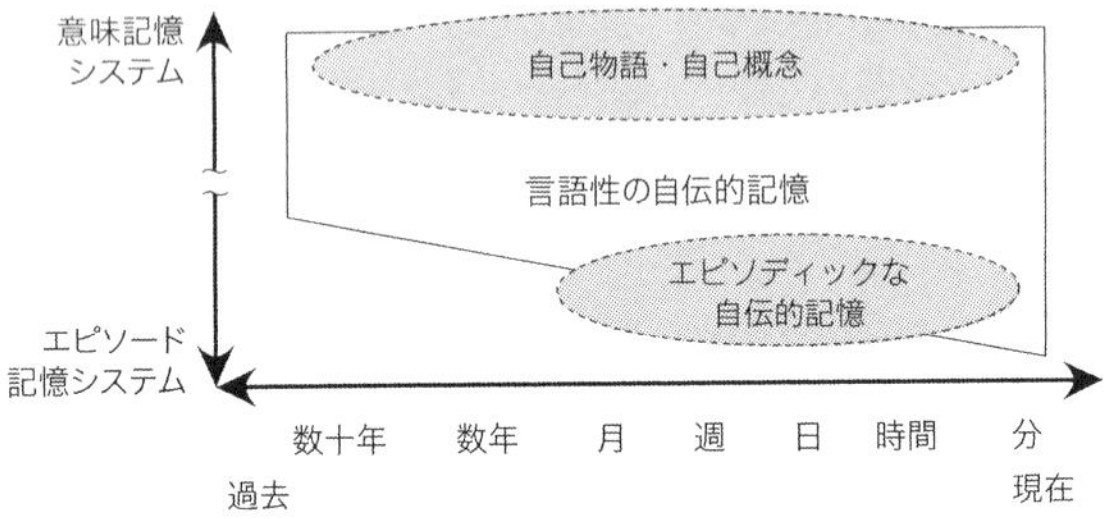

図10　複数記憶モデル（Tulving、1995より作成）

とりわけ「眼」や「触角」など微細なものへの眼差しとして現れていることに特徴がある。併せて、チョウをめぐるエピソード記憶が身体に関わる手続き的記憶によって惹起されている。しかも、関口他編著（2014:174）が示しているＰＴＳＤ（心的外傷後ストレス障害 post-traumatic stress disorder）の症状としての「侵入想起（intrusive remembering）」「回避（avoidance）」「高い覚醒状態（hyper-arousal）」と類似の様相を呈している。特に、侵入想起については、「トラウマ体験を再体験（re-experience）しているかのような迫真性や鮮明性をもち（フラッシュバック flashback）、その時の行動や情動が再現される場合がある」との説明がなされている。

さらに、記憶の総括的把握については、本文の次の叙述に着目したい。

友人は一つのチョウを、ピンの付いたまま、箱の中から用心深く取り出し、羽の裏側を見た。「妙なものだ。チョウチョを見るくらい、幼年時代の思い出を強くそそられるものはない。僕は小さい少年の頃熱情的な収集家だったものだ」と彼は言った。［…］「僕も子どもの時、むろん、収集していたのだが、残念ながら、自分でその思い出を汚してしまった。実際話すのも恥ずかしいことだが、ひとつ聞いてもらおう」

Mein Freund hatte vorsichtig einen der Falter an der Nadel aus dem Kasten gezogen und betrachtete die Rückseite der Flügel. “Merkwürdig”, sagte er, “kein Anblick weckt die Kindheitserinnerungen so stark in mir wie der von Schmetterlingen. Ich war als kleiner Knabe ein leidenschaftlicher Sammler.” […] Ich habe als Junge natürlich auch eine gehabt, aber leider habe ich mir selber die Erinnerung daran verdorben. Ich kann es dir ja erzählen, obwohl es eigentlich schmählich ist.”

『少年の日の思い出』において重要なことは、客による「残念ながら、自分でその思い出を汚してしまった」という言葉で総括している言辞と、それを「実際話すのも恥ずかしいことだが、ひとつ聞いてもらおう」として述べようとする客の言辞とによって、現在の時点から少年の時を振り返り、それらを「汚す」という行為として総括し、言語化していることである。

また、僕の語る内容は、チョウに特化されている。そして、チョウをめぐる回想の語りの順序にも一つの方向性と順序性が看取される。ここで重要なことは、最後の場面に向かって収斂する語りにおいて、チョウに対する思いが段階的に高じていく過程が見られるとともに、急激に行動化していく過程とが並行して行われているという点である。事実として看取されるチョウへの行動がエスカレートするとともに、回想ベースではその行動が客観的な記録として提示される。出来事の持つ真正性は、その語り方と語りに含まれるチョウを中心とした回想内容及び回想に含まれる稠密度によって影響を受ける。

一方、記憶の真正性について、片桐（2003:14,36）は、「記憶は、過去の出来事の『客観的な記録』ではなく、むしろ現在の状況を説明し正当化するために解釈され、ある場合には『捏造』される構築物である。記憶において、それが事実に反するかどうかが問題なのではなく、現在をいかに説明し正当化するかが問題とされる」と指摘するとともに、「記憶は、［…］現在における特定の観点から一つのストーリーに見合うようにして想起する営みである。このような記憶の視点に立つとき、物語と記憶は不可分で循環的な関係にある。つまり、物語は過去の出来事の記憶がなければ成立しないし、一方で、記憶は物語に依存して初めて成立する」と指摘している。

また、箱田他著（2019:162）は、記憶の再構成と共同想起について、「われわれは、ビデオテープのように過去の出来事を脳に記録しているわけではない。多くの場合、特定の状況において、利用できる不完全な記憶表象と検索手がかりに基づいて、記憶を再構成しているに過ぎない。さらに、想起は社会的に孤立した状態でなされるのではなく、目撃証言や心理療法のように、相手に対して物語る共同想起の形でなされることが多い。われわれは想起経験を、社会的圧力や権威を感じる相手（例：刑事、セラピスト）や、そうでない身近な相手（例：家族、友人）に対して物語る。日常記憶の問題は、『自分が何者なのか』という、自我同一性の根幹に関わると考えることもできよう」と指摘している。

記憶の論理性と情動とのアンビバレンスに関連して、高野（1999:237）が指摘するように、記憶は、「単なる事実の再生ではなく、体験の意識的再現であり、イメージと情緒がともなう」こととなる。出来事に関する「情緒」とは、本文に即して言うならば、エーミールに対する僕の心的な強さが表出された次の表現に端的に表されている。

とにかく、あらゆる点で、模範少年だった。そのため、僕は妬み、嘆賞しながら彼を憎んでいた。

［…］ und war in jeder Hinsicht ein Musterknabe, weshalb ich ihn denn mit Neid und Bewunderung haßte.

しかも、その回想された出来事にまつわる記憶は、書き換えられることなく語りつつある現在、つまり「今(jetzt)」もなお保持されている。こうした情動の動きは、トラウマとして現在の客に色濃く残っているものと考えられる。

なお、記憶内容に関する真正性をめぐって、僕の語りが時間的に重層性を帯びていることについて、幾田（2013:171）は、「複数の年齢の『僕』の認識が重層的に織り込まれている」との指摘があるが、『少年の日の思い出』における過去の回想について、忌避の対象である「チョウ」に纏わる体験記憶を語ることが当時の自分の姿を把握し自己の行動を客観的な視点から評価する契機となり忌避・抑圧の対象としてのトラウマ体験からの解放・馴化・馴致を促す一つとして機能している。

佐藤・越智・下島（2012:104）が指摘するように、「『視覚的に詳細に、些細なことまで長期間』記憶される」というのがトラウマ記憶の特性と言えるが、奥山・三村編（2017:13）には、情動調節とし

ての馴化に関連して、「イメージ暴露を通してトラウマ記憶への馴化が生じ、感情や思考を伴いつつ

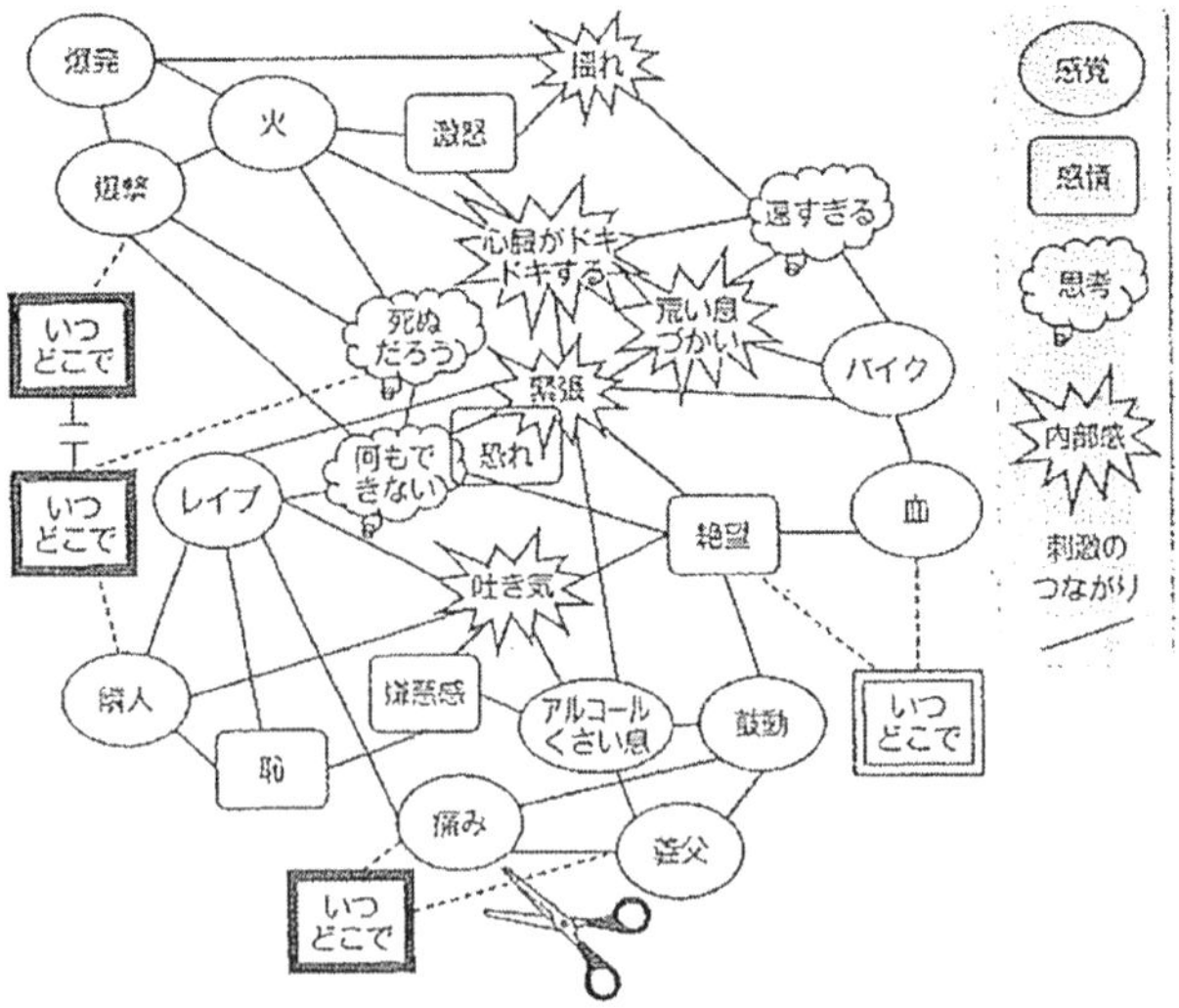

図11　恐怖・トラウマ・ネットワーク（ウルリッヒ・シュニーダー、マリリン・クロワトル編（2017:148）『トラウマ関連疾患心理療法ハンドブック』より）

も冷静にトラウマ体験を振り返ることが可能となっている」ことが明らかにされている。こうした中で「患者は自ら記憶の再検証を行い、その中で非機能的認知（安全感と信頼感の喪失、無力感、孤立無援感、自責感など）もまた患者自らによって再検証されていた」としている。

ここで興味深いのは、ウルリッヒ・シュニーダー、マリリン・クロワトル編、前田・大江監訳（2017:62）において示されているPTSDの認知療法についてである。「（PTSD患者にとって）最悪の瞬間に彼らが体験した脅威が、過去の記憶としてではなく、あたかも現在起きているかのように再体験されるという結果を生んでいる」のである。さらに、同書（71-75）においては、トラウマ記憶を上書きすることによりトラウマの意味付け（認知評価）を変化させる手法が紹介されている。『少年の日の思い

出』に即して考えると、客の物語を紡ぐ過程において、主人からの質問、例えば「その時の気持ちはどうか」「お母さんの言葉をどう受け止めたか」「エーミールはやはりわかってくれなかったのか」などの潜在的な問いが語りの駆動力となった可能性がある。

さらに、注目したいのは、同書（146-151）で示されているトラウマ的出来事に関するネットワークを示したのが図11である。

このように、『少年の日の思い出』は、いわば、「封印していた自伝的記憶の再現による自己回復の物語」でもある。語ることによって僕は自己の世界と対峙するとともに、そこにおいて行われた時を再現することによって自己の過去の生を再度生きることになる。チョウをめぐるそれぞれの瞬間に感じたことや行った行動そのものが今現在において共起する瞬間に立ち会うことになる。そして、客のチョウに対する反応とそれによって引き出された過去の体験に関する記憶とその回想、さらにそれを言語化し語るという一連の流れには、主人を相手にしたカウンセリングとの類似性が看取される。

五　語りにおける多層性　~語りの入れ子型多層構造をめぐって~

『少年の日の思い出』における語りは、三浦（2010:26）が指摘するように額縁構造をなしている。語られる内容（語られる出来事、出来事に対する反応、感情など）と語られる方法（枠組み、手順、方法、意識）は、複合的な構造体をなして作品を構成している。両者に関わる内容をまとめたものが表1である。

表1　語りにおける内容と方法

語りの内容	チョウをめぐる第一回目の盗みと破壊 体験の一回性と出来事の不可逆性への覚醒 罪の告白と罪の許し 僕の熱情と他者性の排除 不可知性及び分かり合えないという認識 語りの不可知性 語りの時間的位相と「今」（jezt）の嵌入 記憶の総体と記憶の断片性
語りの方法	語りの契機（トリガー）としてのチョウ 語りの告白性と許しの往還性 語りの真実性と記憶の捏造 語りの逆向き性と語りの現在性 語りのネットワーク（主人－客、客－僕、僕－エーミール、僕－母親） 語りの生成（チョウ、闇、書斎、庭、指）

客の語りは、軽い厚紙に箱に入ったチョウの収集に触発され、身をかがめてチョウを見るという身体的な行為を契機として引き起こされる。最初の認識とは徐々に異なる記憶に対する認識が変化していることに着目したい。思い出をそそるものとしての認識から秘匿しておいた過去の記憶の蔵から当

時の出来事が奔流のように流れ出すのを止めることができない状況にまで閾が決壊していく様が語られることとなる。客の語りは、一義的には主人である私に向かって話されているが、現在の客に向かっての自己語りの形態をとっている。さらに、それを再録した主人としての私によってさらに語り継がれている。語りは内的な世界を通り越して公に開かれたものとなっている。

つまり、語りは語り手の内部における知と密接につながり、構造的な把握を必要としており、平面的な額縁構造という理解を離れ、深層に横たわっている顕在的及び潜在的な問いを含んだものとして理解する必要がある。

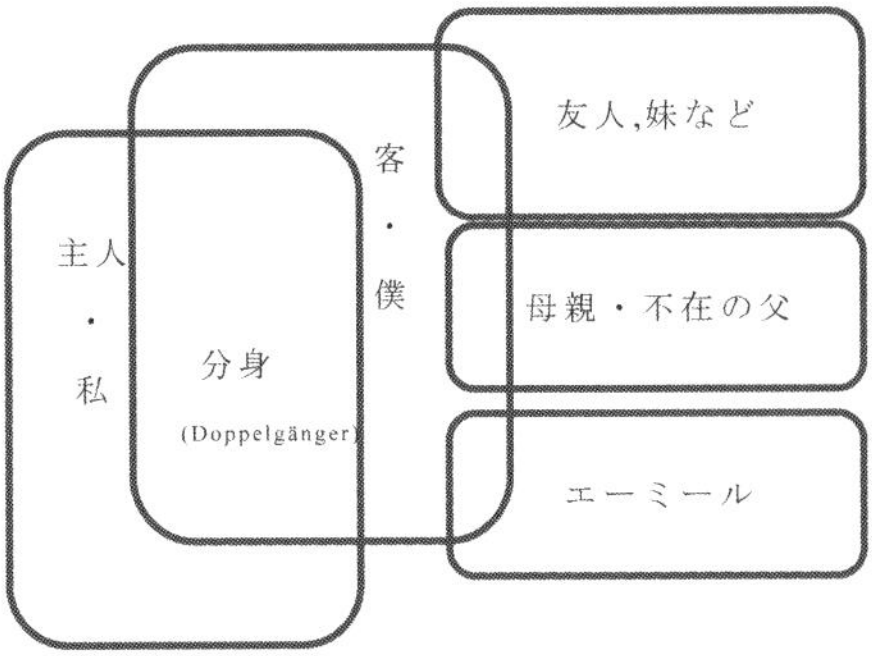

僕が母親に伝えた一切の語りとエーミールに伝えようとした語りとは異なる内容と考えられる。客の語りの内容を再話した「書物」としての語りの内容は、生存している場合の母親、エーミール、主人の息子などにも伝播し、解釈される可能性がある。

図12　『少年の日の思い出』における語りの位相

『少年の日の思い出』における語ること（erzählen）及び語り（Erzählung）の構造に関しては、図12に示した語りの位相及び七つの問いとして整理することができる。

①少年時代の私（客）が、自分の行為を「当時」の母親に語った内容はどのようなものか。

②客（少年時代の私）が、「当時」の行為を現在の私に語った内容はどのようなものか。

③小説の語り手である私が、客の話を再話している内容はどのようなものか。変容はあるか。

④小説の語り手である私が語った内容を、現在の客はどのように受けとめるか。

⑤小説の語り手である私が語った内容を、現在のエーミールはどのように受けとめるか。
⑥小説の語り手である私が語った内容を、現在の母（存命だとして）はどのように受けとめるか。
⑦小説の語り手である私が語った内容を、現在の子供たちは後にどのように受けとめるか。

客の語りは、単なる過去の自伝的記憶を総括的にまとめた形での物語ではなく、主人である私という人物との対話と応対とを基にした生成的な語りとして出来事を紡ぎ出していることに特徴がある。客と主人の二人にとって、過去に向かうための航路を開けたのは採集され展翅されているチョウの存在であるが、現在から過去への航路を辿る客にとって、私は聞き役であるとともに、僕の行動を共感的に注視し続ける存在でもあり、裁定を下すものとしての存在でもある。客の語りに内在する時間の嵌入は、出来事の渦中に今まさに存在し、行動し、思いを巡らせる自身と分身との二つの語りが多声的・複合的に響き合っていると考えられる。

なお、佐藤（2014: 50-51）は、作品の一九一一年の初稿「クジャクヤママユ」と一九三一年の改稿「少年の日の思い出」との書き換えに関連して、「このタイトルだと、小説の導入部（枠外物語）に立脚点が置かれ、そこから『僕』の（直接）体験を俯瞰的かつ網羅的に捉えることになる。さらにこの『少年』が誰なのか明示されないことで、一人称による枠内の『僕』の語りも、その話を聞き終えた後に語り直した枠外の『私』の語りも、どちらも含まれることになる」と述べるとともに、作品の特徴として「重層的な語りの構造」を指摘している。

『少年の日の思い出』における語りについては、「原（ウル）出来事」としての「僕とチョウ」との関係という第一次レベルの出来事、伝達を介した「僕とエーミール」との関係という第二次レベルの出来事、出来事の解釈を交えた伝達コードとしての「僕と母」との関係という第三次レベルの出来事、時間を経て語られる「僕と私」との関係という第四次レベルの出来事、さらに、その出来事を再話して記述したものとしてテキスト化された「私と僕」との関係という第五次レベルの出来事、そして、書かれたテキストを享受する「私と僕と母とエーミールと主人の息子たち」という複合体としての第六次レベルまでを射程に含んだ階層を経た入れ子構造を有した多層構造をなしている。とりわけ、自伝的記憶を語る客にとって、主人は語りにおいて一体として語りの世界に自己を投影しつつある郡(2019:159)の指摘する一種の「分身」(Doppelgänger)関係を有する存在として捉えることも可能である。語りつつそれらを咀嚼し、消化・吸収し、一体化しつつ自伝的記憶を遡及的に語り繋ぐ存在としての両者は共に過去を共有した鏡像関係を形作っている。そして、「語る私」と「体験する(しつつある)私」とが「聞く主人」との間で交わされるとともに、「語られた私」の話を「聞き取った主人」が「書き記した」後に、「読むことになる私」が取り巻くという、現在と過去とが入り交じった時空を共有するという多重的・多層的な構造を持っている。

作品の語りは、閉じられた内部世界から作中人物と読者たる私たちに開かれたテキストとして提示されるとともに、物語の内部における語りは、特定の語られる相手とそれらの聞き手を含んだ包括的な聞き手を往復しながら、その語りの眼差しを行き来する乱反射的な声の多声性を有していると考えられる。

六　おわりに　～言葉による見方・考え方～

『少年の日の思い出』が採録されている中学校教科書における指導について考察すると、心情を中心とした読みと並行して語りの構造分析を取り入れた読みが取り入れられるようになった。実際に、二〇一九年に発行された五社の中学校教科書を見ると、学習課題として心情の理解と語りに着目することが重要な学習課題として浮かび上がってきていることが、表2に示した学習課題の記述から読み

表2　中学校教科書における学習課題の整理

	主に語りの構造と分析
学校図書	「客」が語った「僕」の物語を「私」が受け止めるという語りの構造から、「客」と「私」の関係を捉えよう。①「客」は他にどんな言葉で呼ばれているか。②「客」と「私」の幼年時代の思い出で共通する点を、ちょうの収集の特徴などから捉えよう。③「客」が安心して「僕」の物語を語れたのはどうしてか。その理由を考えよう。④物語が、「客」と「私」の最初の対話場面に戻らずに終わったのはどうしてか。その理由をいくつか考えてみよう。
教育出版	この作品は、「客」の少年時代の回想で話が終わっている。この回想は「私」によって語られているわけだが、この話を現在の「客」（＝回想の中の僕）が聞いたとしたら、自分自身の少年時代について、どのようなことに気づくだろうか。話し合おう。
光村図書	前半にのみ登場する語り手「私」は、この話をどのように聞いていたのか。 ・「私」は、なぜ最後に再び登場しないのか。 このように、語り手や語り手以外の視点も考えながら読んでいくと、作品世界をより深く味わうことができる。
東京書籍	作品中にさりげなく描かれている事柄が、後で出てくる事柄と関連し合って、意味や効果を生み出すようなとき、前のほうに書いてある表現のことを「伏線」という。 ・伏線に着目することで、作品の読みをより豊かなものにしていくことができる。
三省堂	語り手とは物語を語る人で、話者ともいいます。小説には必ず語り手がいますが、作者＝語り手ではありません。語り手は、作者が自分とは別に設定したものです。『少年の日の思い出』では、誰が物語を語っているでしょうか。

取ることができる。

文部科学省(2019:274-275)では、言葉による見方・考え方に関する「対象と言葉、言葉と言葉との関係を、言葉の意味、働き、使い方等に着目して捉えたり問い直したりして、言葉への自覚を高めること」について、「言葉で表される話や文章を、意味や働き、使い方などの言葉の様々な側面から総合的に思考・判断し、理解したり表現したりすること、また、その理解や表現について、改めて言葉に着目して吟味すること」であると指摘している。

大切なことは、教材における言葉一つ一つが単独の意味世界を有するとともに、相互に繋がりを持った多層構造を有するネットワーク世界を形成しているということである。一つの言葉は他の関連する言葉とのつながりの中で響き合い、こだまし合い、深まり合っている。こうした言葉のネットワークはテキスト内の表層において可視化できるものだけではなく、むしろ地下において根を張り巡らすように重層的に繋がり合っている場合が多い。大切なことはそれらの重層的・多層的なネットワークを丁寧に辿っていくことであり、それが中学校国語から高等学校国語、とりわけ「文学国語」への架橋となる。

〈引用・参考文献〉

青山昌弘（2010）「『少年の日の思い出』（中学1年）教材論―エピローグの欠如と『父性』に着目して―」（『愛知教育大学大学院国語研究』第18巻）
阿部昇（2015）『国語力をつける物語・小説の『読み』の授業―PISA 読解力を超えるあたらしい授業の提案―』（明治図書）
綾目広治（2001）「幼いチョウ採集家の〈逸脱〉」（『文学の力×教材の力　中学校編1年』教育出版）
幾田伸司（2013:171）「物語テクストにおける語りの信頼度に関する一考察」（『全国大学国語教育学会発表要旨集（125）』）
幾田伸司（2015）「物語の語り手を批評するための国語科教材研究の一観点―『語り手を疑う読み』をめぐって―」（『鳴門教育大学研究紀要』第30巻）
井上毅・佐藤浩一編（2006:75-76）『日常認知の心理学』（北大路書房）
岡市廣成・鈴木直人監修（2014）『心理学概論［第2版］』（ナカニシヤ出版）
岡真理（2000:5）『記憶／物語』（岩波書店）
奥山眞紀子・三村将編（2017:13）『情動とトラウマ―制御の仕組みと治療・対応―』（朝倉書店）
甲斐睦朗（1996）『文学教材の読み方と実際』（明治図書出版）
片桐雅隆（2000）『自己と「語り」の社会学―構築主義的展開』（世界思想社）
片桐雅隆（2003:14、36）『過去と記憶の社会学―自己論からの展開』（世界思想社）
河崎恵里子（2012）『認知心理学の新展開　言語と記憶』（ナカニシヤ出版）
北岡誠司・三野博司（2003）『小説のナラトロジー―主題と変奏―』（世界思想社）
甲田直美（2013）『文章を理解するとは　認知のしくみから読解教育への応用まで』（スリーエーネットワーク）
郡伸哉・都築雅子編（2019:159）『語りの言語学的／文学的分析―内の視点と外の視点』（ひつじ書房）
小山哲春・甲田直美・山本雅子（2016）『認知語用論』（くろしお出版）
相良守峯編（1984:1095）『大独和辞典』（博友社）
佐藤浩一・越智啓太・下島裕美編著（2012:2-3、80-83、91、104、164）『自伝的記憶の心理学』（北大路書房）
佐藤佐敏（2017）『国語科授業を変えるアクティブ・リーディング―〈読みの方略〉の獲得と〈物語の法則〉の発見』（明治図書）
佐藤文彦（2014:50-51）「ヘッセ『少年の日の思い出』（1931）：『クジャクヤママユ』（1911）との異同をめぐって」（『金

沢大学歴史言語文化学系論集、言語・文学篇』第6号)
須貝千里(2012)「『語り手』という『学習用語』の登場―定番教材『少年の日の思い出』(ヘルマン・ヘッセ)にて」(『日本文学』2012-8)
鈴木康志(2005)『体験話法―ドイツ文解釈のために―』(大学書林)
角谷有一(2012)「『少年の日の思い出』、その〈語り〉から深層への構造へ―「光」と「闇」の交錯を通して見えてくる世界」(『文学が教育にできること―「読むこと」の秘鑰〈ひやく〉』教育出版)
関口貴裕・森田泰介・雨宮有里編著(2014:174)『ふと浮かぶ記憶と思考の心理学』(北大路書房)
全国大学国語教育学会編(2019)『新たな時代の学びを創る　中学校・高等学校国語科教育研究』(東洋館出版社)
高野陽太郎編(1999:237)『認知心理学2　記憶』(東京大学出版会)
髙橋正人(2018)「『海のいのち』における時間構造と海の意味に関する考察~重層的な時間と母の子宮をめぐって~」(『福島大学人間発達文化学類論集』第27号)
髙橋正人(2018)「文学国語」における深い学びを実現するための読みの可能性に関する研究―川上弘美『神様2011』における「あのこと」の持つ意味をめぐって―」(『福島大学人間発達文化学類論集』第28号)
髙橋正人(2019)「小津安二郎監督『東京物語』の教材化に関する研究~高等学校「文学国語」における映像作品の可能性をめぐって~」(『福島大学人間発達文化学類論集』第29号)
滝沢寿一・井手貴夫・小島公一郎共編(1982)『ヘルマン・ヘッセをめぐって　その深層心理と人間像』(三修社)
竹内常一(2001:219、230)「罪は許されないのか」(『文学の力×教材の力　中学校編1年』教育出版)
竹内常一(2005)『読むことの教育―高瀬舟、少年の日の思い出』(山吹書店)
武田純弥(2018)「『少年の日の思い出』における語りに着目した学習デザインの構想―大学院生を対象とした調査より―」(『国語科学習デザイン』第2巻第1号)
田近洵一・北原保雄他著(2019:190-205)『伝え合う言葉　中学国語1』(教育出版)
田中実(2012)「ポスト・ポストモダンの〈読み方〉はいかにして拓かれるか―あとがきに代えて―」(田中実・須貝千里編『文学が教育にできること―「読むこと」の秘鑰〈ひやく〉―』教育出版)
丹藤博文(2014)『文学教育の転回』(教育出版)
千田洋幸(2018:9)「自己物語の戦略―『山月記』を読み直す」(『現代文学史研究』第29集)
中島義明編(2018:781、783-784)『現代心理学［理論］

事典（新装版）』（朝倉書店）
中村哲也（2010:16-17）「文学教材における思春期の自尊心―『嗜癖行動』から読む教材『少年の日の思い出』（H・ヘッセ）―」（『福島大学人間発達文化学類論集』第11号）
日本認知心理学会編（2013）『認知心理学ハンドブック』（有斐閣）
箱田裕司・都築誉史・川畑秀明・萩原滋著（2019:120-122、162）『認知心理学』（有斐閣）
初谷和行（2017:91-95）「『少年の日の思い出』作品論に関する一考察―作品構造と語りを中心に―」（『武蔵野教育學論集』第2号 91-98）
福島県教育委員会（1999）『サクシードⅡ 思考力・表現力の育成 中学校国語から高等学校国語へ』
藤森裕治（2018）『学力観を問い直す 国語科の資質・能力と見方・考え方』（明治図書）
松澤和宏（2003）『生成論の探究』（名古屋大学出版会）
松本修（2005:11）「『少年の日の思い出』における語りの構造」（『Groupe Bricolage 紀要』）
三浦和尚（2010:26）「『少年の日の思い出』（ヘッセ）の授業実践史」（『文学の授業づくりハンドブック』第4巻中・高等学校編 渓水社）
南川三治郎（2002:56-59）『ヘルマン・ヘッセを旅する』（世界文化社）
望月理子（2015）「『少年の日の思い出』（ヘルマン・ヘッセ）の授業―構造を生かす授業をめざして―」（『都留文科大学研究紀要』第81集）
森貴史（2019）『裸のヘッセ ドイツ生活改革運動と芸術家たち』（法政大学出版局）
文部科学省（2019:274-275）『高等学校学習指導要領（平成30年告示）解説国語編』（東洋館出版社）
山名順子（2016）「〈文学作品〉としての『少年の日の思い出』利用の研究―中学校における実践研究を通じて―」（『人文科教育研究』43号）
山元隆春・居川あゆ子（2015）「中学校国語科におけるリテラチャー・サークル実践の展開―『少年の日の思い出』を扱う単元の場合―」（『学校教育実践学研究』第21巻）
山本富美子（2018）「『私』の〈語り〉を読む試み―『少年の日の思い出』の授業より―」（『日本文学』2018-3）
渡邊正孝・船橋新太郎編（2015:180-183）『情動と意思決定―感情と理性の統合―』（朝倉書店）
渡辺もと子（2006:15-17）『ヘッセからの贈り物』（人文書院）
アンドリュー・バーン著、奥泉香編訳（2017）『参加型文化の時代におけるメディア・リテラシー―言葉・映像・文化の学習―』（くろしお出版）
ウリ・ロートフス著、鈴木久仁子・相沢和子訳（1997:111）

『素顔のヘルマン・ヘッセ』（エディションq）
ウルリッヒ・シュニーダー、マリリン・クロワトル編、前田正治・大江美佐里監訳（2017:62-63,75,115,146,151）『トラウマ関連疾患心理療法ガイドブック―事例で見る多様性と共通性―』（誠信書房）
カール・サバー著、越智啓太・雨宮有里・丹藤克也訳（2011）『子どもの頃の思い出は本物か―記憶に裏切られるとき』（化学同人）
ガストン・バシュラール著、岩村行雄訳（1986:112,123）『空間の詩学』（思潮社）
ヘルマン・ヘッセ著・高橋健二編（1957初版、1980第20版）『ヘッセ：少年の日の思い出（Jugendgedenken）』（郁文堂）
ヘルマン・ヘッセ著、日本ヘルマン・ヘッセ友の会・研究会編訳（2006:313-321）「クジャクヤママユ」（『ヘルマン・ヘッセ全集』第6巻　臨川書店）
ヘルマン・ヘッセ著、日本ヘルマン・ヘッセ友の会・研究会編訳（2006:10-11）「子どもの心」（『ヘルマン・ヘッセ全集』第11巻　臨川書店）
ヘルマン・ヘッセ著、日本ヘルマン・ヘッセ友の会・研究会編訳（2009:303）「夕べになると」（『ヘルマン・ヘッセエッセイ全集』第4巻　臨川書店）
ヘルマン・ヘッセ著、V・ミヒェルス編、岡田朝雄訳（1992:39）『蝶』（岩波書店）
ヘルマン・ヘッセ著、木本栄訳（2015）『ヘルマン・ヘッセ　子ども時代より』（理論社）
ヘルマン・ヘッセ著、岡田朝雄訳（2016: 197-204）『少年の日の思い出』（草思社）
ポール・スマート編、白水隆監修（1978:62-65）『世界蝶の百科　図鑑と解説』（秀潤社）
ラリー・R・スクワイア、エリック・R・カンデル著、小西史朗・桐野豊監修（2013:236）『記憶のしくみ　脳の記憶貯蔵のメカニズム　下』（講談社）

《附記》

本研究は、平成31年（令和元年）度～平成33年（令和3年）度日本学術振興会科学研究費助成事業（基盤研究C）「『深い学び』を目指した高等学校国語科における教材モデルの開発と授業メソッドの提案」（研究課題番号:19K02698研究代表者:髙橋正人）の助成に係る研究成果の一部である。本研究に当たっては、高橋優氏（福島大学人間発達文化学類）にドイツ語の基本を教示いただいたことに深甚なる謝意を表する。なお、ドイツ語解釈に関する責はすべて稿者にある。また、平成30年度及び令和元年度福島大学人間発達文化研究科教職実践専攻（教職大学院）「国語授業の理論と実践」「主体的な学びで育成するための理論と実践Ⅰ」及び人間発達文化学類「国語科授業研究」「国語科教育法」「卒業研究演習Ⅰ・Ⅱ」受講学生との意見交換に示唆を受けていることを附記し同講義受講者の皆さんに感謝したい。

Analysis of Multilayer Structures in Jugendgedenken: Network Structures of "Auge", "Kasten" and "Erinnerung"

TAKAHASHI Masato

The purpose of this study is to make it clear what multilayer structures reside in the text. Referring to the German text (Ikubundo) of "Shonen-no-hi-no-omoide (Jugendgedenken)" by Hermann Hesse, the structures supporting the story are analyzed, centering on solving network structures related to "Auge", "Fingern" and "Kasten." And we can also find out the nested structure concerning with the Autobiographical Memory in the text. In addition, the study through analysis of narrative structures is aimed at serving as a bridge between teaching materials for junior high schools and senior high schools.

（『福島大学人間発達文化学類論集』第三〇号、二〇一九）

「文学国語」における深い学びを実現するための読みの可能性に関する研究

～川上弘美『神様2011』における「あのこと」の持つ意味をめぐって～

要旨

新学習指導要領の改訂を受け、「主体的・対話的で深い学び」が求められ、「見方・考え方」を働かせた質の高い深い学びが高等学校国語においても求められる。本研究では、高等学校国語の新しい科目「文学国語」における学びの在り方について考察するとともに、川上弘美『神様2011』における「あのこと」というダイクシス表現を中心にした教材分析を通して、「あのこと」には、対象に対する時間的・空間的・心理的距離感の表出と自己韜晦との双方の意識が込められていることを解析し、今後求められる深い学びについて検討を加える。

一　はじめに　～主体的・対話的で深い学び～

平成二十六（二〇一四）年十一月の「中央教育審議会諮問」から平成二十七（二〇一五）年八月の「論点整理」、平成二十八（二〇一六）年十二月の「審議のまとめ」を経て、平成二十九（二〇一七）年三月には小学校及び中学校において学習指導要領の改訂がなされた。そして、平成三十（二〇一八）年三月に「高等学校学習指導要領」が告示され、同年七月には、各教科等の「解説」が公表された。今後、新学習指導要領の趣旨の周知・徹底並びに教科書検定・採択・供給などの手順を経て、二〇二二年度入学生から学年進行で改訂スケジュールが進んでいくこととなる。

今回の改訂の基本的な考え方としてあげられているのは、育成を目指す資質・能力の明確化、「主体的・対話的で深い学び」の実現に向けた授業改善の推進、各学校におけるカリキュラム・マネジメントの推進などであり、改訂の背景には、「高等学校学習指導要領(平成三十年告示)解説　国語編」(以下、「解説」とよぶ。)に述べられているように、人工知能(AI)の進化、IoTの拡大、Society5.0とも呼ばれる新たな時代の到来など、予測困難な時代を迎える中で、学校教育には、子供たちが様々な変化に積極的に向き合い、他者と協働して課題を解決していくことや、様々な情報を見極め、知識の概念的な理解を実現し、情報を再構成するなどして新たな価値につなげていくこと、複雑な状況変化の中で目的を再構築することができるようにすることが求められていることがあげられる(1)。

高等学校国語科の学習内容の改善・充実に関しては、①語彙指導の改善・充実、②情報の扱い方に関する指導の改善・充実、③学習過程の明確化、考えの形成の重視、探究的な学びの重視、④我が国の言語文化に関する指導の改善・充実、⑤「話すこと・聞くこと」及び「書くこと」に関する指導の改善・充実が盛り込まれており、科目構成として「現代の国語」「言語文化」「論理国語」「文学国語」「国語表現」「古典探究」の六つの科目に再編されることとなった。

改定（平成三十年告示）	現行（平成二十一年告示）
現代の国語（2単位）	国語総合（4単位）
言語文化（2単位）	国語表現（3単位）
論理国語（4単位）	現代文A（2単位）
文学国語（4単位）	現代文B（4単位）
国語表現（4単位）	古　典A（2単位）
古典探究（4単位）	古　典B（4単位）

国語科における「主体的・対話的で深い学び」を支える「見方・考え方」について、「解説」では次の説明がなされている。

言葉による見方・考え方を働かせるとは、生徒が学習の中で、対象と言葉、言葉と言葉との関係を、言葉の意味、働き、使い方等に着目して捉えたり問い直したりして、言葉への自覚を高めることであると考えられる。この「対象と言葉、言葉と言葉との関係を、言葉の意味、働き、使い方等に着目して捉えたり問い直したり」するとは、言葉で表される話や文章を、意味や働き、使い方などの言葉の様々な側面から総合的に思考・判断し、理解したり表現したりすること、また、その理解や表現について、改めて言葉に着目して吟味することを示したものと言える。（「解説」pp.276-277）

ここで指摘されているように、国語科においては、「言葉」を核として事象本来の意味を問い直すとともに、言葉の意味・働き・使い方などの観点から検討し、吟味することが求められている。
中村和弘（2018）は、「言葉による見方・考え方」について、「見方」と「考え方」とに分けて次のように説明している。(2)

言葉による「見方」	言葉による「考え方」
・言葉の意味、働き、使い方等に着目して捉えること ・話や文章を捉える言葉の様々な側面	・話や文章に表れる対象と言葉、言葉と言葉の関係などを、総合的に思考・判断すること ・話や文章の内容や表現について、言葉に着目して吟味すること

そして、「『言葉による見方・考え方』を働かせながら文章を読んだり話を聞いたりするにあたっては、『見方』にあたる『言葉の様々な側面』を知っておくことが必要となってくる。そして、その『見方』を生かし、文章や話の内容や表現について、立ち止まって考えたり判断したりするという『考え方』を働かせていくことになる。（中略）どんなに子どもたちが主体的に学習に取り組んでいても、あるいは対話的に活動していても、言葉や言葉の使い方についての何らかの発見や更新がなければ、つまり、『深い学び』が実現しなければ、その授業は国語科であるとは言いきれなくなってしまう」と指摘している。(3) ここで述べられている「発見や更新」は、深い学びの実現にとって欠かすことのできないものと考えられる。

国語科における「見方・考え方」を働かせ、〈深い学び〉を実現するためには、生徒一人一人が言葉に着目し、言葉に対して自覚的になるよう、学習指導の創意工夫を図っていくことが重要である。

言葉に対して自覚的になるためにも言葉に対する感性を磨くことが求められる。「言葉の意味」については、一つ一つの言葉の「語源」や「定義付け」あるいは「類義」に関わるものとして捉えられる。特に、言葉のもつ多義性を考えた時、一つの言葉がなぜそこで使われたかという言葉の使い方の観点から整理することや、意味内容の歴史的な変遷や文法的な視点から捉えることなどを意識する必要がある。

「言葉の働き」については、文法及び関係付けに関する視点であると考えられる。特に、文法的な観点から言葉を捉えることが重要である。例えば、助詞「に」に着目することにより、対象に対して場所や時間や目的などの観点から迫ったり、ものとものとを関係付けたりすることが可能となる。また、指示詞（「コ・ソ・ア」）に着目することにより主体と対象との状況の把握の仕方が明確になる。さらに、名詞に着目して文あるいは文章を捉えることにより中核となる概念とそれが果たす役割などを抽出することができる。さらに、動詞を中心にして文章全体を把握することにより出来事を形成する動きやつながりを整理することが可能となる。

「言葉の使い方」については、それぞれの言葉が、どのような場面で、どのような文脈の下で用いられているか、使用場面を精査することにより深めることが可能となる。そして、これら「見方・考え方」を働かせることが〈深い学び〉と結び付くことになる。図1は、〈深い学び〉と「見方・考え方」との関連を模式的に示したものであり、経験知の浅深により対象の捉え方の度合いが分かれることと、言葉の各層に着目することによって深まりが増すことを示している。特に「助詞」に着目したり、「名詞」あるいは「副詞」などに着目したりすることによって文章の読み取りが深まる。経験知については、現実の生活体験だけではなく、読書による体験を始め、個人の記憶や集団的記憶などを包括した総合的な知を想定している。浅い学びにおいては、叙述からの情報抽出が表面的に行われ、経験知及

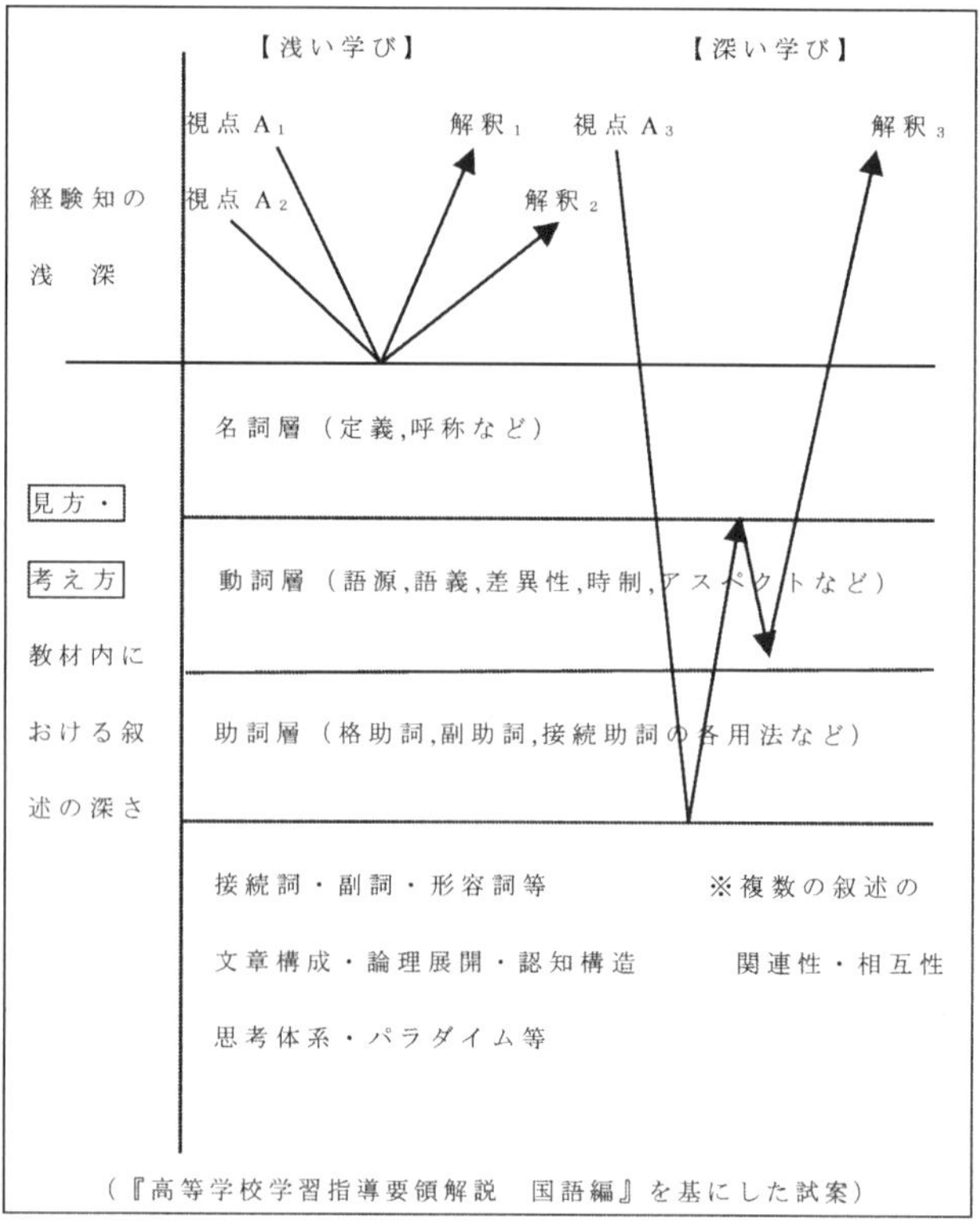

図1　〈深い学び〉と「見方・考え方」との関連

び理由付けによる〈解釈〉が、紋切り型、ないし、単純化された〈反応〉に留まっているものと考えられる。

一方、深い学びにおいては、教材内の「叙述」における言葉に着目した情報の抽出によって叙述相互の相互関係に焦点化がなされ、発見を伴った認識の更新及び深化が生まれる。例えば、叙述における「名詞」に着目することで〈概念化〉が可能となり、「動詞」に着目することで〈身体〉を介した心情把握へとつながり、「助詞」に着目することで、対象と対象との間の〈関連性〉の解明が可能となるなど、叙述単体での解釈から、叙述相互の響き合い、ないし、叙述の相互作用を伴う〈発見型・生成型・熟慮型〉の思考に向かうことが可能となる。
本稿においては、これらを踏まえて、改訂された高等学校学習指導要領国語における選択科目である「文学国語」の趣旨に即して教材の読みの可能性を探るとともに、〈深い学び〉を実現する上での読みの可能性について探っていきたい。

二　新科目「文学国語」について
～語り手の視点や場面の設定の仕方等～

新科目「文学国語」の「目標」は高等学校学習指導要領において次のように示されている。(4)

言葉による見方・考え方を働かせ、言語活動を通して、国語で的確に理解し効果的に表現する資質・能力を次のとおり育成することを目指す。
(1)生涯にわたる社会生活に必要な国語の知識や技能を身に付けるとともに、我が国の言語文化に対する理解を深めることができるようにする。
(2)深く共感したり豊かに想像したりする力を伸ばすとともに、創造的に考える力を養い、他者との関わりの中で伝え合う力を高め、自分の思いや考えを広げたり深めたりすることができるようにする。
(3)言葉がもつ価値への認識を深めるとともに、生涯にわたって読書に親しみ自己を向上させ、我が国の言語文化の担い手としての自覚を深め、言葉を通して他者や社会に関わろうとする態度を養う。

また、「解説」における、「文学国語」「1性格」には、「この科目では、読み手の関心が得られるような、独創的な文学的な文章を創作するなどの指導事項、文学的文章について評価したりその解釈の多様性について考察したりして自分のものの見方、感じ方、考え方を深めるなどの指導事項を設けるとともに、課題を自ら設定して探究する指導事項を設けている」との説明が付されている。

ここで着目したいのは、「解釈の多様性について考察」するという点である。文学作品は必ずしも一つの解釈に収斂・統一されるものではなく、様々な解釈の可能性を有したものであり、それらを多面的・多角的な視点から捉えていくことが「文学国語」を学ぶ重要な視点の一つとして提示されていると言える。

また、「3内容」における〔思考力・判断力・表現力等〕「B　読むこと」には、次の記述がある。

(1) 読むことに関する次の事項を身に付けることができるよう指導する。

ア 文章の種類を踏まえて、内容や構成、展開、描写の仕方などを的確に捉えること。

イ 語り手の視点や場面の設定の仕方、表現の特色について評価することを通して、内容を解釈すること。

ウ 他の作品と比較するなどして、文体の特徴や効果について考察すること。

エ 文章の構成や展開、表現の仕方を踏まえ、解釈の多様性について考察すること。

オ 作品に表れているものの見方、感じ方、考え方を捉えるとともに、作品が成立した背景や他の作品などとの関係を踏まえ、作品の解釈を深めること。

カ 作品の内容や解釈を踏まえ、人間、社会、自然などに対するものの見方、感じ方、考え方を深めること。

キ 設定した題材に関連する複数の作品などを基に、自分のものの見方、感じ方、考え方を深

める こと。

「深める」という言葉が多用されており、単に作品そのものに対峙するだけでなく、他の作品などとの関係を踏まえたり、作品の内容や解釈を踏まえたりすることなど、関係性を強く意識することにより深さに迫ることが強く打ち出されている内容になっている。

また、「解説」では、「イ」に関連して、次の指摘がなされている。

場面の設定とは、文学的な文章における状況や舞台の作られ方のことである。物語や小説の登場人物の言動や出来事の展開は、具体的な状況や舞台の中で行われている。その状況や舞台がどのようにかたちづくられているのかということを詳しく調べることは、その文章をより深く理解することにつながる。例えば、潜水具を装着した人物が海に潜るという「場面」で、人物に見えているもの（潮の流れに漂う海藻）、聞こえるもの（チューブを通して大きく聞こえる呼吸音）、匂い（マスクの防水剤）、質感とそこから受ける感覚（口にマウスピースをはめたときのぎこちなさ）、を調べるとその人物の置かれた状況が詳しくわかる。このように、文学的文章における場面の設定を分析することは、その作品の持つ意味を深く探る上で重要である。

表現の特色とは、ここでは、その文章の叙述が持つ独自性のことを指している。例えば、その文章に繰り返し現れる言葉などは、読者に重要なイメージを伝えていくために使われている。そのように繰り返し使われている言葉や特徴的な表現に注目し、その働きを吟味することによって、その文章の深い意味付けが可能になる。

ここでも、「深さ」「深める」ということが鍵となっており、今後、これら改訂のねらいを踏まえ、高等学校国語科の授業改善が図られていくことになる。なお、「中央教育審議会答申」(2016) において指摘されているように、高等学校においては、教材への依存度が高く、主体的な言語活動が軽視され、依然として講義調の伝達型授業に偏っている傾向があることを受けて日々の授業改善に取り組む必要があるとともに、探究的な深まりのある学びを組織することが求められている。

「文学国語」の言語活動については、作品の内容や形式に関する書評や、自分の解釈や見解を基にした議論、さらには、評論や解説を参考にしながらの論述や討論などの発信型・交流型の言語活動が組織されていることに留意したい。このような学習活動を通して学びが深まることになる。次にこれらの方向性を踏まえて、実際の教材を通して、〈深い学び〉の在り方について考察を加える。

三　『神様２０１１』における「あのこと」の意味
～「あのこと」のゼロ地点からの思考～

平成23年以降に検定を経た「国語総合」及び「現代文B」の教科書において、東日本大震災に関連した内容を直接的に扱っている教材は少ない。その中で、『現代文B』（教育出版 平成26年1月発行）には、川上弘美の『神様２０１１』（2011）が小説教材として採られている。[5] 今後、「文学国語」の教材の一つとしての教材性を考える時、本教材は、深い学びを考える上で、また、東日本大震災という稀有な出来事をどのように受け止めるかという観点からも高等学校における文学教材の一つとしての価値を有しているものと思われる。

なお、鈴木愛理（2012）は、『神様』と『神様２０１１』との比較対照表を作成し、両者の削除・加筆などの関係性を明らかにするとともに、『神様２０１１』の教材性に関して、「現代（特に3・11以降の日本社会、つまり、これからの日本社会）における同時代文学教材としての価値」について、「現代小説とは、同時代に生きる作家によって、同時代を生きる読者に発せられた言葉である。作家がどのようなことを伝えたかったのか、どのような意図があったのかはともかく、作家と時代をともにする読者として、自分はその言葉をどのように受けとめるのかを考えていくことにより、現代小説の同時代文学としての教材価値はたしかめられるだろう」と述べている[6]。

川上の実質的なデビュー作である『神様』(1994)から17年の歳月を隔てて書かれた『神様2011』について、川上は、「2011年の3月末に、わたしはあらためて、『神様2011』を書きました。原子力利用にともなう危険を警告する、という大上段にかまえた姿勢で書いたのでは、まったくありません。それよりもむしろ、日常は続いてゆく、けれどその日常は何かのことで大きく変化してしまう可能性をもつものだ、という大きな驚きの気持ちをこめて書きました。静かな怒りが、あの原発事故以来、去りません。むろんこの怒りは、最終的には自分自身に向かってくる怒りです。今の日本をつくってきたのは、ほかならぬ自分でもあるのですから。この怒りをいだいたまま、それでもわたしたちはそれぞれの日常を、たんたんと生きてゆくし、意地でも、「もうやになった」と、この生を放りだすことをしたくないのです。だって、生きることは、それ自体が、大いなるよろこびであるはずなのですから」と述べている[7]。

ここで川上が述べているように、「日常は何かのことで大きく変化してしまう可能性」を有していながら、叙述のレベルにおいては、むしろ淡々と描かれていることに注目したい。作品の冒頭の第一文と第二文は、『神様』における冒頭部分と全く同じように次のように始まっている。

くまにさそわれて散歩に出る。川原に行くのである。

そして、次の文からは、『神様』とは全く異なる世界が現出することになる。

春先に、鴫を見るために、防護服をつけて行ったことはあったが、暑い季節にこうしてふつうの服を着て肌をだし、弁当まで持っていくのは、「あのこと」以来、初めてである。散歩というよりハイキングといったほうがいいかもしれない。くまは、雄の成熟したくまで、だからとても大きい。三つ隣りの305号室に、つい最近越してきた。ちかごろの引越しには珍しく、このマンションに残っている三世帯の住人全員に引越し蕎麦をふるまい、葉書を十枚ずつ渡してまわっていた。ずいぶんな気の遣いようだと思ったが、くまであるから、やはりいろいろとまわりに対する配慮が必要なのだろう。

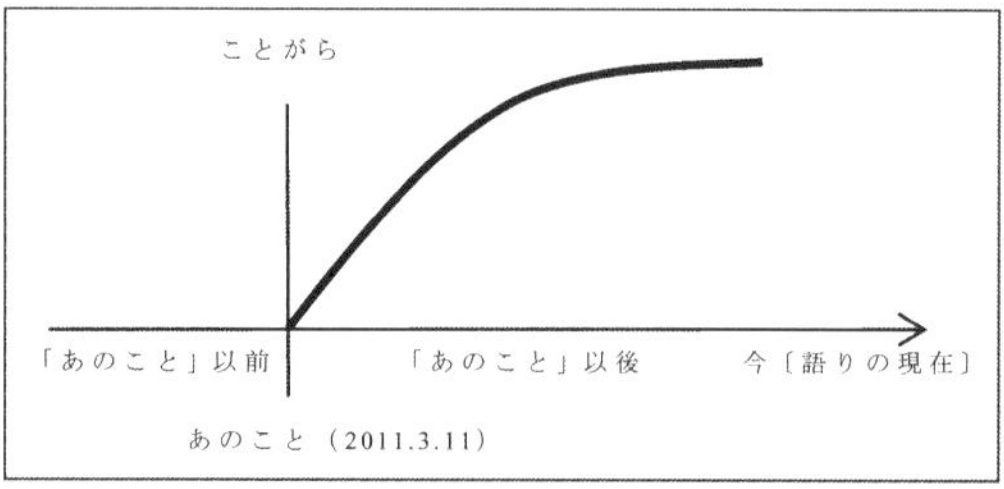

図2　「あのこと」の以前と以後と現在

この物語は、二つの層の時間の存在によって支えられている。すなわち、「あのこと」以前に流れていた時間と「あのこと」後の時間である。さらに、微細に見ると、くまとの邂逅によって前後に区切られる時間である。つまり、邂逅によってわたしとの交流が開始されてから作品開始時点ですでに経過した時間と、作品開始の直後から流れていく時間である。そういう意味で、冒頭の「くまに誘われて」における、「誘われる」という動詞は大きな意味を持つ。誘うという行為が成立するためには、後に表現されるように初対面における邂逅があり、邂逅によって開始される時間がある。作品開始時点で「すでに」我々は、くまとわたしとの間に流れる時間に同伴する形で読みの行為に参画することとなる。(8) 図2は、「あのこと」を境目にした二つの時間の在り様を図示したものである。

作品タイトルの『神様2011』が示している「2011」は、西暦二〇一一年（平成二十三年）三月十一日午後二時四十六分に起こった大地震とそれに随伴して発生した東京電力第一原発事故（以下「原発事故」という。）という現実的な事象と不可分であるが、作者は丁寧にその事象を「あのこと」という表現によって直言することを避けている。そこには、作品成立時点においては先を読むことが極めて困難な未曾有の、そして、人類史的な規模の災害に対する不安や危惧、あるいは恐怖などが込められているとみることも可能である。「あのこと」と表現するのは、事態の把握ができる前の反応だけではなく、むしろ、事態の把握が十分になされた後の反応を想定している。そして、「あのこと」と発話することに対する〈決意〉を伴っていると感じられる。しかも、「あのこと」という言葉を発する時、「あのこと」に含まれる一連の事柄すべてが惹起する事柄すべてが〈立ち上がって〉くるということである。「あのこと」という引用符によって表現されているダイクティックな表現によって、それまでとそれ以後とが全く異なった《世界》となってしまったという認識がここでは表現されている。しかも、「あのこと」として、「あのこと」を彼方にあるものとして眼差す視線が、実は、「あのこと」に今なお包まれていることが「土壌の汚染のために、ほとんどの水田は掘り返され、つやつやとした土がもりあがっている」などの表現からも読み取ることができる。

日常における時間は、東日本大震災で被災した土地に住む人にとっても平坦で揺らぐことのないものとして存在していたが、一瞬にしてそれが根底から崩れるという事態に至る。それまで何の心配もせずに当然と思っていた現実の根底的な揺らぎがここに現出する。『神様２０１１』における時間は、こうして日常生活の基盤が揺らぎ、日常を日常として受け取ることが困難な状況の中で行われる《出来事》を表現することとなる。加藤典洋（2016）は、『世界をわからないものに育てること―文学・思想論集』において、「東日本大震災と原発事故は、リアルなもの（現実）とそうでないものとの差を、消し去ったのではなかっただろうか。これまで個物＝個体として存在していたもの―イデオロギー、思想、好悪、信念―が、まず、カケラになる。それからそのカケラが、大きな全体に吹き寄せられる。そこで消滅は全体的な規模となる。大震災は、その大きな風の役割を果たした。それまで準備されていた変化を一気に顕在化させた[9]」と指摘している。

そして、日々の生活を送る上で支障が出てくるはずの時間的な背景が遠くに引いていく中で、私とくまとの時間に焦点化されることによって、「あのこと」によって二つに分断された後の時間において、わたしは、くまによって〈誘い〉を受けることになる。

ここで着目したいのは、〈ダイクシス（deixis）直示〉に関連した表現によって描かれる世界である。辻（2013）によれば、「ダイクシス（deixis）」とは、「発話者の状況、発話の際のコンテクストを参照しなければ、指示対象を特定できない言語的な要素」と定義される言語表現であり、指示代名詞を始め、空間のダイクシス、人称のダイクシス（人称代名詞）及び時間のダイクシス（時制、時間表現など）を指す[10]。『神様２０１１』においては、タイトルである『神様２０１１』の「２０１１」が示す日本における文脈は東日本大震災であり、それによって引き起こされた福島第一原発事故そのものである。直接の言及はないが、本文における「あのこと」に関する表現は次の五か所に用いられている。

①春先に、鴫を見るために、防護服をつけて行ったことはあったが、暑い季節にこうしてふつうの服を着て肌をだし、弁当まで持っていくのは、「あのこと」以来、初めてである。

②確かに、と答えると、以前くまが「あのこと」の避難時にたいへん世話になった某君の叔父という人が町の役場助役であったという。

③「あのこと」の後は、いっさいの立ち入りができなくて、震災による地割れがいつまでも残っていた水田沿いの道だが、少し前に完全に舗装がほどこされた。

④「あのこと」のゼロ地点にずいぶん近いこのあたりでも、車は存外走っている。

⑤「あのこと」の前は、川辺ではいつもたくさんの人が泳いだり釣りをしたりしていたし、家族づれも多かった。今は、この地域には、子供は一人もいない。

ダイクシス表現の一つとしての「あのこと」が起動するのは、それが「あのこと」を共有せざるを得ない時間的・空間的な文脈の中であり、わたしの意識の場であり、それが「あのこと」の誕生をもたらしたといってよい。作品に登場する人々、「このマンションに残っている三世帯の住人」「作業をしている人たち」「二人の男」についても、「あのこと」以後を生きているという点で、「あのこと」を文脈として共有するものの一員と考えられる。作品には描かれていないが、他の人々もまた、「あのこと」以後の世界を生きており、「あのこと」の持つ射程は広く、複合的でありかつ多義的である。「あのこと」は、歴史的に刻まれた共通の出来事として普遍的な面を持ちながらいわば「共通参照枠」として機能するとともに、一人一人が生活していた地域や場所、置かれた環境、年齢、性別、立場、職業、家族構成、経済状況、健康状態など極めて個別的な〈文脈的〉要素を背景として受け止められる《出来事》としての多様性を持っている。

さらに、「あのこと」という言葉が選択された背景にあるのは、「あのこと」の持つ朧化性・多義性・広範性とともに、指し示す現実の〈特殊性／普遍性〉、現実の〈閉鎖性／開放性〉の両極を包みこみながら、指し示す事柄の動的・生成的な過程をも表現する言葉の持つ働きにある。しかも、「あのこと」という表現は、単純かつ単一の形で《出来事》を把握する視座ではなく、広がりや伸縮自在にその範囲を同定するいわば超越的な視座からの眼差しに支えられている。重要なことは、「あのこと」が時間的、空間的、心理的な面で一種の〈指し示す〉という原義に近い〈機能〉を有していることである。とりわけ注目したいのは、上記④において表現されている〈「あのこと」のゼロ地点〉という表現である。この表現には、東日本大震災とそれに伴って起こった原発事故が色濃く反映されており、２０１１年三月当時の新聞報道等にも大きく取り上げられた「…キロメートル圏内」という同心円的なスケールイメージにより放射線被ばくの危険度を示す範囲の原点と重なる[11]。同心円は、原点に当たる〈ゼロ地点〉からの距離による安全と危険との境界線として、一種の分水嶺としての機能を有するとともに、分断の象徴としての機能も併せ持つ。そして、その同心円は、単純に広がる静的で階層的な区切りに留まることなく、徐々にかつ急激にそのエリアを拡大しながら、周辺地域にまでその版図を広げ続ける動的な侵食の力を有した現実的で圧倒的な力を指し示すものでもある。つまり、「あのこと」は拡大し増幅する力を保っているのである。「あのこと」として「指し示す」以外に対象を表現することができなかったということそのものに作品の鍵がある。作者が「あのこと」を選んだことそのものに、当時の現実に起こっていた《出来事》に対する心身の揺らぎや、《出来事》の全体像を把握することの不可能性が露呈しており、作者を含む多くの人びとの不安が透けて見えるとともに、逆に、その出来事を「あのこと」として同定することによってのみ現実を生きることができないという強い《決意》を読み取ることも可能である。そういう意味で、「あのこと」には自己の内面に関わる出来事に直接触れることを避ける自己韜晦の意識とそれを克服しながら発話するという二つの意識のせめぎ合いが看取できる。

　ダイクシス表現について、山口治彦（2011）は、吉本啓による「会話空間と『コ・ソ・ア』」を基に次のように整理をしている。「『コレ』『ソレ』は会話空間における1人称と非=1人称との対立と対応します。つまり、『コレ』はまず対話空間内における話者の領域にあるものを指し、『ソレ』は対話空間内で話者領域外のものを指します。したがって、『ソレ』は『non-コレ』と規定でき、聞き手の領域にあるものはソ系の指示詞で示されます。さらに、対話空間の内か外かが問題となるとき、『コレ』は対話空間内に存在する事物へと指示対象を広げ、対話の場にはない（遠方の）存在を指す『アレ』

と［1・2人称］対［非＝1・2人称］のかたちで対立します。したがって、『アレ』も『non - コレ』と規定できます(12)」

　これらを図示したものが図3である。

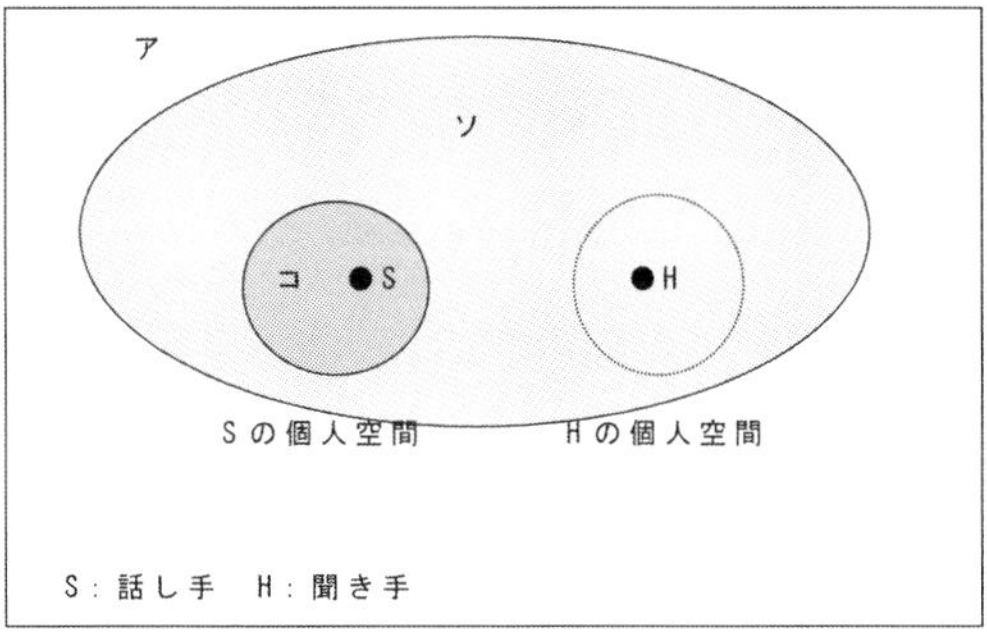

図3　会話空間と「コ・ソ・ア」
（「日本語の指示詞コソアの体系」吉本啓、1992より）

　図3によれば、『神様2011』における「あのこと」は、まさに語り手としての「わたし」の個人空間と「くま」との間に存在する領域を超えたものとして規定される。ただ、注意すべきことは、「わたし」と「くま」との外部に広がっている「あのこと」が、構造的には二つの存在を含め、周囲の者をすべて包み込んでいる「こと」という《事態》を表象していることである。なお、『岩波古語辞典 補訂版』（2008）には、「こと」について、「古代社会では口に出したコト（言）は、そのままコト（事実・事柄）を意味したし、また、コト（出来事・行為）は、そのままコト（言）として表現されると信じられていた。それで、言と事とは未分化で、両方ともコトという一つの単語で把握された。（中略）コト（事）は、人と人、人と物とのかかわり合いによって、時間的に展開・進行する出来事、事件などをいう。時間的に不変の存在をモノという」との解説がなされており、「あのこと」を考える上で示唆的である。

　「あのこと」について、図3を基に、作品に即して試案として示したものが図4である。重要なことは、「あのこと」はあくまで「このこと」でもなく、「そのこと」でもない捉え方をされていることである。「あのこと」には、当事者として「事（こと）」

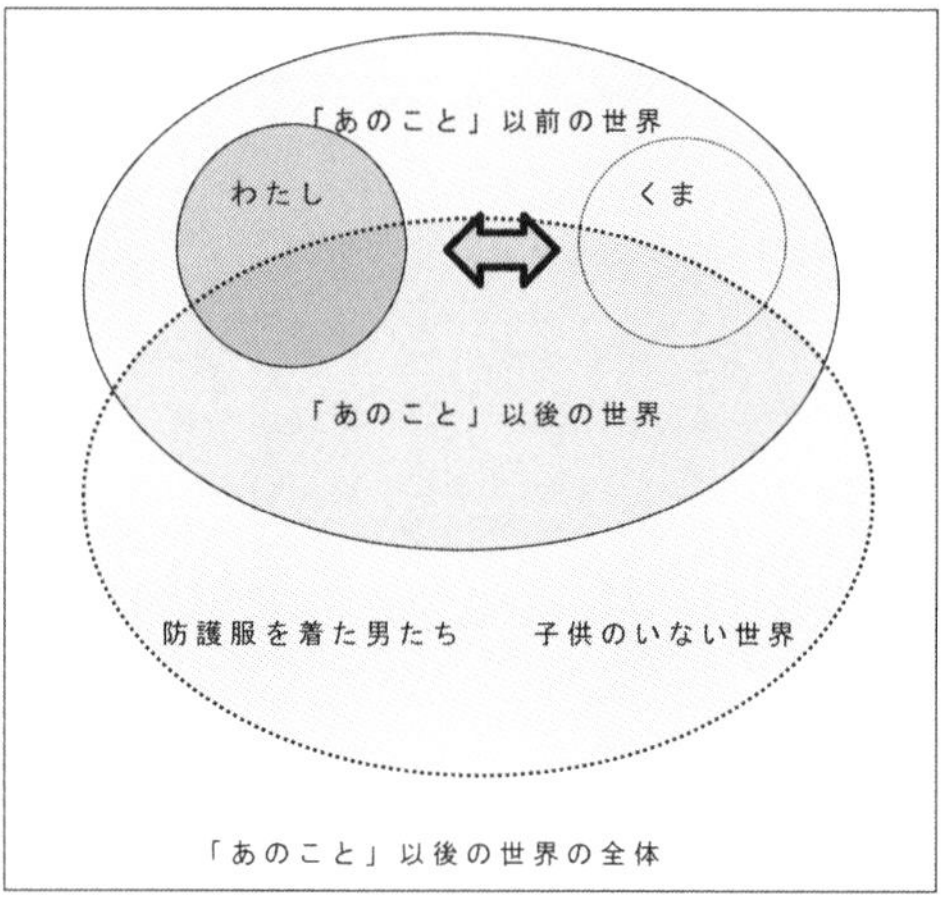

図4　『神様2011』における「あのこと」をめぐる関係

に直接的に参画しようとする意識を阻む無意識的な防御意識が看取できるが、しかし一方、それは、「事（こと）」と一切の関係を遮断して関与の度合いを限りなくゼロにしようとする抗力を示すものではない。一定の距離感を持って「事（こと）」に対峙するとともに、「事（こと）」によって日常の生活が包みこまれている感覚が息づいている。

「あのこと」によって、世界は〈「あのこと」以前〉と〈「あのこと」以後〉とに截然と分かたれている。そして、作品にはその急激な変化そのものが描かれることなく、むしろ「あのこと」以前と変わらない「あのこと」以後の生活が描かれる。もちろん「防護服に防塵マスク、腰までである長靴に身をかためて」作業をしている人の様子が描かれているが、そこには、「あのこと」以後の世界において、「累積被曝量貯金の残高」を日常的に計算して生活しているわたしの様子が描かれており、一種の被曝に対する《馴化》が行われていることがわかる。さらに、「あのこと」は、日々の日常という《文脈》として存在した重い現実を、空中に放り投げる形で《脱文脈化》するという働きを持っている。

木村朗子（2013）は、「『あのこと』が限定されていないことによって、フクシマ後の予言とは別の次元の小説の普遍性をも確保する。『あのこと』は、世界のどこかで過去にそして未来に起こる原発の事故を指しているともいえて、二〇一一年の限定を超えて世界への予言としても読まれ得る」と述べており、《文脈》によって意味が新たなに付与されることを今後も歴史的な視座に立って反復される可能性について言及している。[13]

また、小森陽一（2014）は、「『あのこと』とは、直接名指さなくても、『あの』という指示語を示すだけで、言葉を発する者と受け取る者との間で、何の『こと』であるかが共通理解できてしまう、暗黙の了解事項を表している。ここまでの文脈の中での意味作用の形成によって、『あのこと』は、最早『3・11』後の福島第一原発の事故以外考えられないような、意味の場として『あのこと』は機能させられていく」と述べている。[14]「あのこと」というダイクシス表現に象徴的に示されるように、『神様2011』における世界は、『神様』における世界と通底しながらも、新たな世界を現出させていると言える。

さらに、「あのこと」は、時間的・空間的・心理的な面を含んだ出来事の把握の仕方を示すとともに、出来事への《制御》の結果としての意味合いも有している。「この地域に住みつづけることを選んだ」《当事者》であるわたしは、同時に「あのこと」以後を「この地域」で生きることを選んだ歴史的な意識を鮮明に持った生き証人としての《当時者》であり続けることを決意している。その証左の一つが、わたしの書き記す「日記」に他ならない。さりげなく書かれている「日記」という媒体を基に「書く」という行為を通して「わたし」は一日を振り返る。それに続く「熊の神とはどのようなものなのか、想像してみたが、見当がつかなかった。悪くない一日だった」という表現は、「日記」に記載された内容であるとは断言できないが、少なくとも一日の終焉を迎えるにあたって、「熊の神」が想像力の射程圏外であることと、くまとの散歩に対するわたしの感慨が一日を振り返る形で吐露されたものと考えられる。

四　時間という観点からの読み解き
～刹那的な時間と超‐人類史的な時間～

「文学国語」〔思考力・判断力・表現力等〕「B　読むこと」「ア　文章の種類を踏まえて、内容や構成、展開、描写の仕方などを的確に捉えること」に関する「解説」には、「内容や構成、展開とは、特に散文において、時系列に沿って出来事が述べられているもの、冒頭に配置された結部から時間を遡って出来事が述べられるもの、プロローグとエピローグに本編が挟まれているもの、などが考えられる。この事項では、文学的な文章のそのような構成や展開の仕方の特徴を的確に捉えながら読むことを求めている。例えば、小説の伏線に気づいてそれを作品の理解に役立てていくことなどが、構成や展開の仕方を的確に捉えることになる」という説明が付されている[15]。

本教材を読むときに、時間を視座に据えて考えることも有効な方法である。そして、このことについて考察する時に問題になるのは、『神様2011』と『神様』との間にある十年以上の懸隔と『神様2011』が書かれた経緯である。東日本大震災はこれまでの大地震だけでなく、原発事故を併発したということから未曾有の災害として、単なる災害とは一線を画す《人類史》に残るものとなった。とりわけ、日常が根底から崩壊し、〈存在する〉ことが拒否され、禁止され、居住地に〈帰還〉することが〈困難〉とされる地域として再編されるという前代未聞の事態が引き起こされたことに特徴がある。とりわけ原子力に関する知見において、一般の人を驚かせたのは、原子力に関する〈時間スパン〉の桁が人知を超えたスケールで展開されているという事態そのものである。

川原までの道は元水田だった地帯に沿っている。土壌の除染のために、ほとんどの水田は掘り返され、つやつやとした土がもりあがっている。作業をしている人たちは、この暑いのに防護服に防塵マスク、腰まである長靴に身をかためている。「あのこと」の後は、いっさいの立ち入りができなくて、震災による地割れがいつまでも残っていた水田沿いの道だが、少し前に完全に舗装がほどこされた。「あのこと」のゼロ地点にずいぶん近いこのあたりでも、車は存外走っている。

旧来の災害において一般的に復旧と称する時間スケールは数週間から始まり、数か月、長くて数年単位であった。しかし、原発事故に係る事態の収束については、数十年どころか、数千年を超えて数万年を閲するという。一人の人間の人生の時間はもとより、世代単位あるいは年号、世紀などを超えて文明スケールにおいて時間の経過が予測されていることに、ある意味呆然として佇むしかないという現実を突きつけられたのである。(16)

したがって、核廃棄物などを貯蔵するにしても、〈中間〉貯蔵という形を取らざるを得ない。〈中間〉という表現は人類史の中では〈瞬時〉でしかなく、〈永遠〉ともいえる核の半減期に比較したときには、海辺の一つの砂が出来上がるまで、あるいは、生物が進化した過程をそのまま超越的な視座に立って眺めるいわば〈神の視点〉をもって見つめるしか術のない状態に置かれてしまったという状況認識に迫られている。

『神様２０１１』は、東日本大震災によって顕在化した時間に関する知見の持つ脆弱さ、人間的なスケールから逸脱した超越的・絶対的な時間の在り方との相違や懸隔などの時間意識に裏打ちされているとみるべきである。多くの言説が飛び交った東日本大震災後の世界において、川上弘美の『神様』から『神様２０１１』への視線は、そうした時間認識を潜っている。実際に、当時の様子を伝えている『ふくしまは負けない』（2016・福島民報社）によれば、地震から4日後の3月15日には、「飯舘村の放射線量が４４・７マイクロシーベルトを記録。県は『健康に影響を与える範囲でない』と説明」との記載がある一方、「福島第一原発の正門前で毎時８２１７マイクロシーベルトの放射線量を検出と東電。３号機付近は10時22分に毎時４００ミリシーベルトで、一般人の年間被ばく線量限度の４００倍」との記載がある。[17] 東日本大震災後に「変化した日常」については、原発事故によって放たれた放射性物質によって汚染された地域には人が「当座は」住むことができなくなってしまったという〈事実〉が如実に反映されている。いわば、パンドラの箱は開けられてしまったのである。大人に比して人生の〈余命〉が長い子供にとって、放射性物質の影響への危惧から空間的に〈中心＝ゼロ地点〉から遠方の地に移動することが放射性物質を避ける唯一の手段となる。『神様』において登場していた「邪気」のない「子供」は『神様２０１１』においては姿を消しており、川原の風景は次のように示されている。

　遠くに聞こえはじめた水の音がやがて高くなり、わたしたちは川原に到着した。誰もいないかと思っていたが、二人の男が水辺にたたずんでいる。「あのこと」の前は、川辺ではいつもたくさんの人が泳いだり釣りをしたりしていたし、家族づれも多かった。今は、この地域には、子供は一人もいない。

当初、「誰も」いないことを想定していたこと自体が『神様』における状況との差異を示しており、さらに、「今は」と限定した状況の中で「あのこと」を境に激変した状況が描かれる。しかも、「この地域」という表現からは、わたしの認識において「川辺」のみならず「地域」そのものの広がりとしての変化の度合いが示されている。こうした変化はくまとわたしとの間にある関係にも影響を与えており、『神様』から『神様２０１１』までの径庭は極めて大きいと言わざるを得ない。つまり、『神様』におけるくまとわたしとを包み込む現実世界が、日常と非日常とのあわいに存在しているとすると、『神様２０１１』における現実世界は、それらをさらに包み込んで、日常世界が突如崩壊し、非日常世界へと転化するとともに、時間スケール自体が日常を象った〈朝―昼―夜〉などの時間サイクルを超越した〈事故以前―事故―事故直後―事故後〉、さらにそれを具体的に言えば〈汚染前―汚染―汚染除去過程―汚染除去終了〉という二重構造になっているとともに、人間にとって現実認識ができない《超―人類史的》な時間スパンの中に取り込まれてしまった現実がある。

ここで注目したいのは、作者が『神様２０１１』の「あとがき」に書き記している「ウランの神様」という表現である。当初想定されていた「人間対自然」あるいは、「人間対神様」という時間軸における対比が、「くまの神様」と「ウランの神様」との対比に繋がっていく。作者は、「あとがき」で、「いったいぜんたい、ウランの神様は、こうやってわたしたち人間がウラン２３５たちを使役することを、どう感じているのだろうか。日々伝えられる、原発の「爆発的事象」や「危機的」ニュースを見聞きするたびに、わたしは思っていました。（中略）ウランの神様がもしこの世にいるとすれば、いったいそのことをどう感じているのか。やおよろずの神様を、矩を越えて人間が利用した時に、昔話ではいったいどういうことが起こるのか[18]」と述べている。

ここでは、〈人間〉〈くま〉〈神様〉が三者三竦みの状態に相を変えるとともに、三者の相互の関係が、序列の比較的緩やかな水平的な関係から超越的な存在を頂点とする垂直的な関係へと階層的な関係へと再構成される。「ウランの神様」の怒りを買った人類にとって逃れるべき《地》はない。仮に逃れるとしても、それは一時的でしかなく、時間的にも空間的にも確実に逃れ去る術を人類は有していないという現実から、「ウランの神様」からの永遠の追放宣言を受けることとなる。そして、人々が逃れ去った地は、不毛の地として時が停止した状態を余儀なくされる。

ここに描かれているのは絵空事ではない。現に、平成三十（二〇一八）年七月時点においても、福島県内外での避難者が四万人を超えているという紛れもない事実が影響の大きさを物語っている[19]。ここでは、むしろ現実が想像世界を凌駕し、超越しており、現実が寓意に接近するという転倒が行われている。現実が現実を超えているがゆえに、その現実の実体すら我々は真に「知る」ことができず、廃炉に向けた取組みの全体は計画の端緒に辿り着いたにすぎず、中間貯蔵施設は永遠ともいえる時間の中で《中間》という時間を人類史の中で継続せざるを得ないという過酷な現実をその言葉に含ませながら、永遠に向けて「先延ばし」するしかない現実がここに横たわっている[20]。

『神様2011』における時間軸は、したがって、『神様』とは大きく相を異にしている。かたや緩やかな時間の流れのなかで描かれた牧歌的な時間の流れがあり、かたや原発事故による急激な変化とその変化が不可逆的な切迫感を持って迫る時間が日常生活に直接的に嵌入してきている。原発事故の終息及び廃炉に向けた長い工程から伺うことができるように、人間の時間を遥かに超えた数十・数百年、あるいはそれ以上の途方もない年月を要するとされるスパンにおいてこの現実と向き合わなければならない事態に陥っている。

作品を支える背景としてはこのような切迫した現実があるが、作品にはそうした緊迫感とは別に、危機的な状況下での日常生活が違和感なく描かれていることにも留意する必要がある。確かに子どもたちが去り、くまとわたしが居を構えているアパートからも住人がいなくなっているが、少なくともわたしはアパートを去ることなく、《この地》に生活しており、この地に残ることを主体的に選択している。つまり、わたしはここで〈異なる時間〉を共に生きている。直ちに居を異動させなければならない切迫感を有している多くの人々がいるという現実と並行して《この地》に残るという道を選択した者としてのわたしという存在が際立つのは、自分を取り巻く世界の危機にあっても、日常を継続し続ける意志を明確にしている存在がここにいるということである。そして、《この地》に住むわたしに随伴する形をとって、今、くまが存在している。『神様２０１１』における時間は、日常に流れている時間とそれを包み込みながら日常を支える時間と、それらを人類史的な規模で包み込む時間という層構造をなしている。

五　「今日」という一日の持つ意味
～卵型の時間、「行って／帰る」時間～

『神様２０１１』における時間表現として「一日」の持つ意味を考える時に、川上弘美がインタビューに際して語っている「『神様』は日記文体ですが、『椰子・椰子』を書くことで日記文体を発見したわけです。そういう意味で、『椰子・椰子』は私の原点です[21]」という言葉は、重要な示唆を与えてくれる。日記体によって締めくくられているように、作品そのものが一日を描いていることは勿論であるが、その一日が「永遠」ともいえる日常生活と対比されていることに着目したい。

「今日はほんとうに楽しかったです。遠くへ旅行して帰ってきたような気持ちです。熊の神様のお恵みがあなたの上にも降り注ぎますように。それから干し魚はあまりもちませんから、めしあがらないなら明日じゅうに捨てるほうがいいと思います」

くまの言葉を直接引用したこの一節には、「今日一日」を総括する意識が伺える。また、わたし自身、「今日の推定外部被曝線量・30μSv」と表現するとともに、作品最後に「悪くない一日だった」と締めくくっている。つまり、この作品は「一日」の中に凝縮された時間が凍結されて表現されている印象を読者に与える。「明日じゅうに」という注釈を加えているくまの言葉には、昨日、今日、明日という日常の時間の流れが確かに存在している。

くまが「いい散歩でした」と総括し、「遠くへ旅行して帰ってきたような気持ち」と表現している行為を、わたしは「散歩のようなハイキングのようなこと」と表現している。マンションの一室から出発し、帰ってきたというこの一連の動きは、「行って／帰る」という日常的・社会的な時間の在り方とともに、昨日、今日、明日というダイクシス表現で示されている時間的な原点で生活している「わたし」の位置を提示している。そして、わたしが感じ取るくまとの時間は、かけがえのない時間として凝縮され、眠る前に少し「日記」を書くことになる。日記に何が書かれたかは一切言及されていないが、重要なことは、作品の枠組みそのものとも通底するように、わたしが《書くこと》によって自らの存在と自らの生そのものを確認する行為がここには認められるということである。くまとの出来事も日記に中に存在し続ける。ここには、「悪くない一日だった」としてわたしが総括する時間がある。わたしとくまとの「あるか無しかわからぬような繋がり」である関係の中で、柔らかに包まれながらも固い殻を持ち外界と一定の隔てを有している二重構造を持った《卵型の時間》が形成されている。

くまの意識の中には「あのこと」によって変化を蒙った人間世界とは一線を画した世界観によって生きている実感がある。それは、人間世界の日常を前景としたときには、見えづらく様相を異にした曖昧なものである。しかし、「あのこと」によって分断された土地や時間という社会生活が後景に退いていくにつれて、逆にその地平そのものが明らかになっていくものとして表現されている。両者は可能態としての世界を表象するパラレルワールドとしての地平を共有している。

実感を伴って「今日はほんとうに楽しかったです」と口にするくまの時間意識は、今日という時間の中で自己充足された時間の内にあると言える。そして、その《卵型の時間》は内部に流れ出す時間を内包しており、それらが流れ出すことによって再度一つの世界が現出する。くまが言う「遠くへ旅行して」「帰ってきた」ような気持ちを喚起するのは、二人による「小旅行」であり、それが「散歩のようなハイキングのようなこと」としてわたしには捉えられている。この作品自体が一つの「旅」として把握されていることは重要な点であり、わたしとくまとの両者の邂逅と、後日譚として位置付けられる「草上の昼食」において描かれる別離とが一つの世界として提示されているといえる。荒木奈美（2011）は、「神様」と「草上の昼食」とに見られる「生きづらさ」について、「『くま』の生きづらさは、同時に『わたし』の生きづらさでもあり、さらにまた読み手の生きづらさにも通じるもの」とし、この二つの作品を「社会が変容し、誰もが人との関わりにおいて共通のコードを持たない時代に窮屈さを抱えて生きる、人間社会のあり方の一側面を浮き彫りにしている作品」と捉えている。[22]「神様」は、「草上の昼食」と併せて『神様』に収められ、「神様２０１１」とともに、『神様２０１１』に収められることになる。そして、『神様２０１１』は、「あのこと」を経た後のわたしとくまとの別れを描くであろう「草上の昼食２０１１」を予兆として準備していると言える。

　人間の寿命がおおよそ百年であることを考えると、世代や世紀を越えて、繋がり続けるものを支える〈時間〉がくまに化身しているとも捉えることが可能である。時間から超越しつつも、人間世界を支え続け、今後の世界を見続ける存在が、これら三つの作品における「くま」に凝縮されている。作品の読みを通して、〈今〉がいかに危機に瀕しているか、そして、東日本大震災〈以前〉と〈以後〉との世界の狭間で生きるものへのメッセージが発せられているかを静かに問い返す〈時間〉を体感することが本教材を読む意義の一つである。

六　おわりに

新しい科目「文学国語」は、「解説」に示されているとおり、共通必履修科目としての「現代の国語」及び「言語文化」により育成された資質・能力を基盤とし、主として「思考力、判断力、表現力等」の感性・情緒の側面の力を育成する科目として、深く共感したり豊かに想像したりして、書いたり読んだりする資質・能力の育成を重視している科目である。そして、この科目では、読み手の関心が得られるような、独創的な文学的な文章を創作するなどの指導事項、文学的文章について評価したりその解釈の多様性について考察したりして自分のものの見方、感じ方、考え方を深めるなどの指導事項を設けるとともに、課題を自ら設定して探究する指導事項を設けていることに特徴がある。

こうしたねらいを持った科目を学習する上で、川上弘美の『神様２０１１』は、『神様』を基盤にしながら、東日本大震災〈以後〉の世界を描くことによって、〈以後〉を生きる我々の日常の在り様を東日本大震災〈以前〉との対比の中で描き、豊かな想像力を基にした作品と言える。そして、『神様２０１１』の作品解釈においては、『神様』の変奏曲の一つとして捉えるとともに、いったん書き上げた作品に一種の上書きをして新たな作品を誕生させたという意味で、ジェラール・ジュネット(1995)『パランプセスト—第二次の文学』(和泉涼一訳　水声社)の「テクスト的関係の次元におけるこういう対象の二重性は、パランプセストの古いイメージによって表すことができる—つまり、同じ羊皮紙上で、あるテクストが別のテクストの上に重なっているのだが、といってそれは下のテクストを完全に隠すには至っておらず、下のテクストは透けてみえている」という表現と呼応する。[23]

なお、川上弘美には「おめでとう」(2000『おめでとう』所収新潮社)という作品がある。文庫版にして五ページ足らずの長さで、「西暦三千年一月一日のわたしたちへ」というエピグラフに伴われた掌編は、『神様２０１１』で描かれている世界のさらに後の「アフターストーリー」とも言うべき世

界である。(24)

寒いです。ゆうべはずいぶん風が吹いたので、今朝も少し波が高い。風は、こわいです。風が吹くと、いろいろな音がくる。ボウボウボウボウ。ざんざんざん。ルルルル。ゆんゆん。いつもない音が、どこからかやってくる。いつもないものは、こわい。（中略）少し寒いです。今日は新しい年なんだとあなたが言いました。新しい年は、ときどきくる。寒くなると、くる。おめでとう、とあなたは言いました。おめでとう。まねして言いました。それからまた少しぎゅっとしました。

人称も性別も明らかにはされないが、ここには人と人との〈ぬくもり〉を求め続ける〈人たち〉の営みが活写されている。「トウキョウタワー」は「ぼろぼろ」で、「誰もいなくて、さびしい場所」とされる。「この島には昔はもっともっとたくさんの誰かが住んで」いたが、「今は少ししか」いないというこの場所にいる〈わたし〉の思いが、西暦三千年の元日に生きる〈わたしたち〉に向けられている。

この作品は、『神様２０１１』以前に書かれた作品でありながら、『神様２０１１』を超えた世界を描いているという点において、『神様』『神様２０１１』からの系譜を受け継いでいるものと考えられ、『神様２０１１』の教材としての意味を深める上でも参考に値する作品と言える。そして、それは、「文学国語」における学習において、「解釈の多様性について考察し、読み手や、読み手の置かれた状況などによって解釈が異なることを学ぶことは、文学的文章を通じて、読み手同士が互いの解釈を理解しながら相互に関わり合うことであり、人生を豊かにするための大切な思いや考えを学ぶことにつながる」(25)ことと通底している。

《註》

（1）文部科学省（2018）『高等学校学習指導要領（平成30年告示）解説 国語編』1-2.

（2）中村和弘編著（2018）『見方・考え方［国語科編］』13-14.

（3）中村和弘編著（2018）『見方・考え方［国語科編］』15.

（4）文部科学省（2018）『高等学校学習指導要領（平成30年告示）解説 国語編』179-181.

（5）川上弘美（2011）『神様２０１１』（講談社）39-44. なお、文部科学省検定済教科書に採録されている川上弘美の作品については、「神様２０１１」（教育出版『現代文B』）、「神様」（筑摩書房『改訂版 国語総合』、東京書籍『国語総合 現代文編』、桐原書店『新 探究 国語総合 現代文・表現編』）、「水かまきり」（筑摩書房『精選 現代文B 改訂版』、三省堂『明解 現代文B 改訂版』、明治書院『新高等学校 国語総合』、大修館書店『新編 国語総合 改訂版』）、「離さない」（大修館書店『現代文B 改訂版 下巻』）、「ほねとたね」（教育出版『新編 国語総合』）、「真面目な二人」（東京書籍『現代文A』）、「境目」（筑摩書房『精選 国語総合 現代文編 改訂版』、三省堂『現代文A』）、「立ってくる春」（数研出版『新編 国語総合』）、「月火水木金土日」（三省堂『精選 現代文B 改訂版』）、「排球、そして千利休」（大修館書店『現代文A』）などがある。本稿においては、井口時男編（2014）『現代文B』（教育出版）を適宜参照した。

（6）鈴木愛理（2012）「現代小説の教材価値に関する研究―川上弘美『神様』『神様２０１１』を中心として」（『広島大学大学院教育学研究科紀要第61号』）130-132.

（7）川上弘美（2015）『神様２０１１』44.

（8）高橋源一郎（2011）『恋する原発』（講談社）208-212.

（9）加藤典洋（2016）『世界をわからないものに育てること―文学・思想論集』（岩波書店）92.

（10）辻幸夫編（2013）『新編認知言語学キーワード事典』（研究社）235. なお、『応用言語学事典』（2003）によれば、「直示体系（deixis system）」について、次の説明がなされている。「『直示』とは、談話の中に出てくる人、物、出来事などを、発話が起こった場所や時間に関連させて指示したり、特定したりする言語表現の特性のことである。（中略）直示は、人称直示（person deixis）、時間直示（time deixis）、場所直示（place deixis）、談話直示（discourse deixis）、社会直示（social deixis）などに分類することができる」

（11）木村朗子（2018）『その後の震災後文学論』（青土社）200-201.

なお、下記に示したのは、東日本大震災後の英字新聞『The Japan Times』の一面記事の一部である。

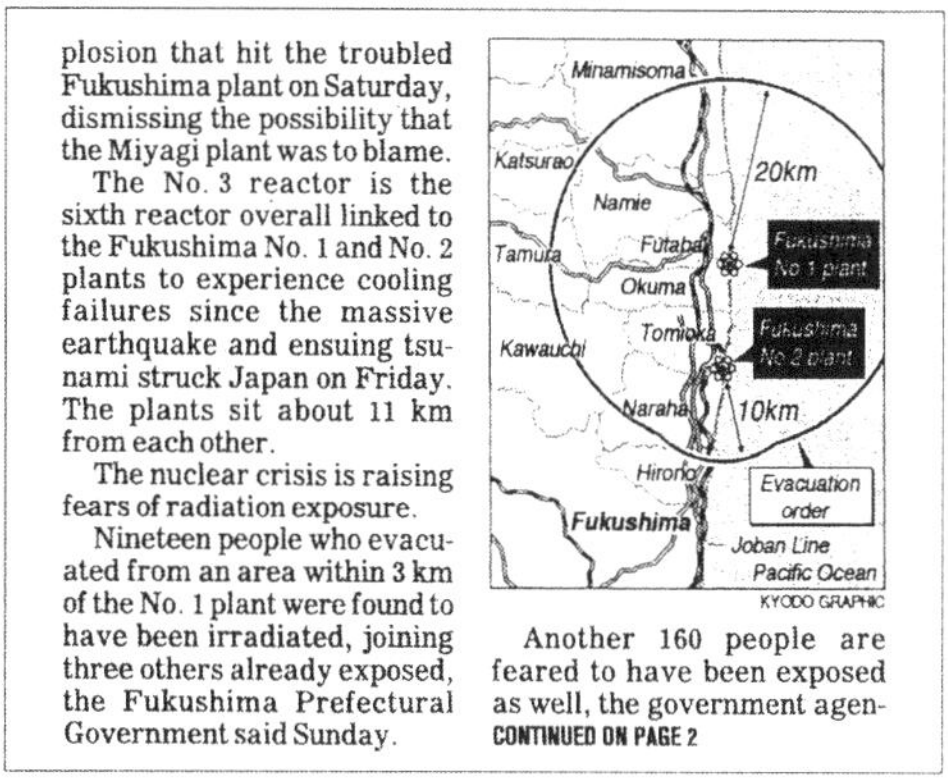

plosion that hit the troubled Fukushima plant on Saturday, dismissing the possibility that the Miyagi plant was to blame.

The No. 3 reactor is the sixth reactor overall linked to the Fukushima No. 1 and No. 2 plants to experience cooling failures since the massive earthquake and ensuing tsunami struck Japan on Friday. The plants sit about 11 km from each other.

The nuclear crisis is raising fears of radiation exposure.

Nineteen people who evacuated from an area within 3 km of the No. 1 plant were found to have been irradiated, joining three others already exposed, the Fukushima Prefectural Government said Sunday.

Another 160 people are feared to have been exposed as well, the government agen-

CONTINUED ON PAGE 2

『The Japan Times』Monday、March 14、2011、4th EDITION

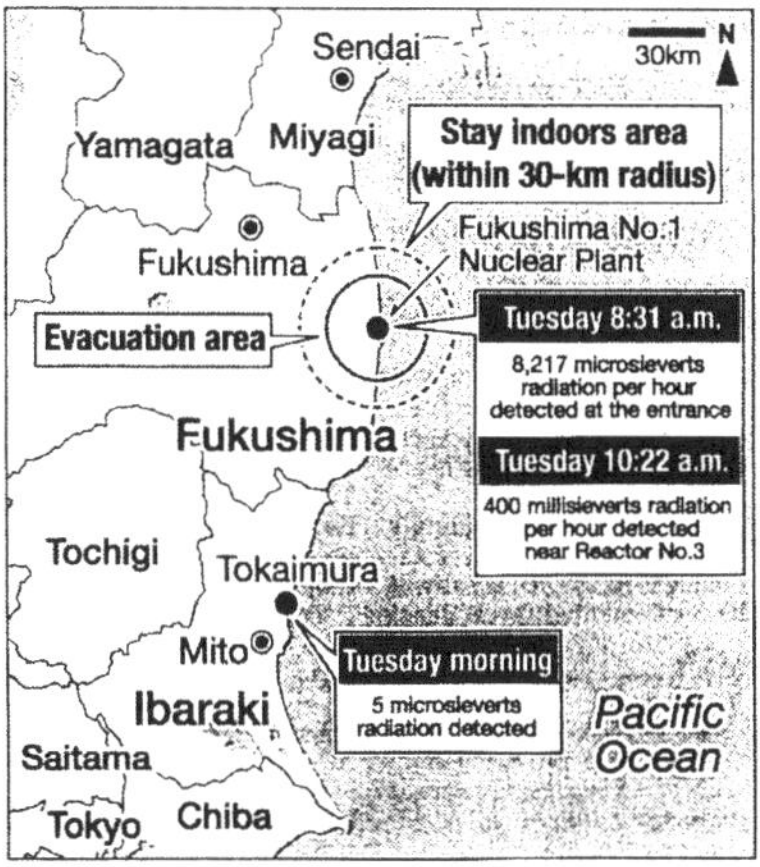

『The Japan Times』Wednesday、March 16、2011、4th EDITION

（12）山口治彦（2011）「英語との対照」（益岡隆志編著『はじめて学ぶ日本語学―ことばの奥深さを知る15章―』ミネルヴァ書房）213-214.

（13）木村朗子（2013）『震災後文学論』（青土社）91-92.

（14）小森陽一（2014）「『神様２０１１』が示すもの」（『死者の声、生者の言葉―文学で問う原発の日本』新日本出版社）80-81.

(15) 文部科学省（2018）『高等学校学習指導要領（平成30年告示）解説 国語編』196-197.
(16) 東嶋和子（2006）『放射線利用の基礎知識』43.
(17) 福島民報社（2016）『東日本大震災　原発事故から5年　ふくしまは負けない　2011～2016』（福島民報社）38-39.
(18) 川上弘美（2015）『神様２０１１』（講談社）41-44.
(19) 福島県ふくしま復興ステーション復興情報ポータルサイト　http://www.pref.fukushima.lg.jp/uploaded/attachment/254477.pdf（平成30年9月27日確認）
(20) 清水良典（2016）「くまと『わたし』の分際」（『デビュー小説論―新時代を創った作家たち』講談社）233-234.
(21) 清水良典（2016）「くまと『わたし』の分際」（『デビュー小説論―新時代を創った作家たち』講談社）216.
(22) 荒木奈美（2011）「川上弘美『神様』『草上の昼食』論―『くま』の生きづらさを通して見えてくるもの―」（『札幌大学総合論叢』）218.
(23) ジェラール・ジュネット（1995）『パランプセスト―第二次の文学』（和泉涼一訳　水声社）655.
(24) 川上弘美（2003）『おめでとう』（新潮文庫）199-203.
(25) 文部科学省（2018）『高等学校学習指導要領（平成30年告示）解説　国語編』198.

《参考文献》

荒木奈美（2011）「川上弘美『神様』『草上の昼食』論―『くま』の生きづらさを通して見えてくるもの―」（『札幌大学総合論叢』）
彩瀬まる（2016）『やがて海へと届く』（講談社）
今福龍太・鵜飼哲（2012）『津波の後の第一講』（岩波書店）
岩澤勝彦（2007）「感情的ダイクシスと指示性」（溝越彰他編『英語と文法と―鈴木英一教授還暦記念論文集―』開拓社）
加藤典洋（2004）「『先生』から『センセイ』へ―川上弘美『センセイの鞄』」（『小説の未来』朝日新聞社）
加藤典洋（2016）『世界をわからないものに育てること―文学・思想論集』（岩波書店）
川上弘美（2001）『神様』（中公文庫版）
川上弘美（2002）『椰子・椰子』（新潮文庫版）
川上弘美（2003）「川上弘美全作品を語る」（『文藝』2003秋　河出書房新社）
川上弘美（2008）『おめでとう』（文春文庫版）
川上弘美（2010）『蛇を踏む』（文春文庫版）
川上弘美（2011）『あるようなないような』（中公文庫版）
川上弘美（2015）『神様２０１１』（講談社）
環境省（2018）『放射線による健康影響等に関する統一的な基礎資料 Q&A』（環境省放射線健康管理担当参事官

室、国立研究開発法人量子科学技術研究開発機構放射線医学総合研究所）
岸睦子（2005）「『神様』と『草上の昼食』そして『海馬』へ―〈くま〉と〈わたし〉の勘違い―」（『現代女性作家読本①川上弘美』鼎書房）
木村朗子（2013）『震災後文学論』（青土社）
木村朗子（2018）『その後の震災後文学論』（青土社）
金水敏他著（1989）『日本語文法セルフマスターシリーズ4　指示詞』（くろしお出版）
小池生夫編（2003）『応用言語学事典』（研究社）
国立国語研究所（1984）『日本語の指示詞』（大蔵省印刷局）
小森陽一（2014）「『神様２０１１』が示すもの」（『死者の声、生者の言葉―文学で問う原発の日本』新日本出版社）
小谷野敦（2003）「ペニスなき身体との交歓」（『ユリイカ9月臨時増刊号第35巻第13号総特集川上弘美読本』青土社）
清水良典（2016）「くまと『わたし』の分際」（『デビュー小説論―新時代を創った作家たち』講談社）
ジェラール・ジュネット（1995）『パランプセスト―第二次の文学』（和泉涼一訳　水声社）
鈴木愛理（2012）「現代小説の教材価値に関する研究―川上弘美『神様』『神様２０１１』を中心として」（『広島大学大学院教育学研究科紀要第61号』）
瀬戸賢一（2017）『時間の言語学―メタファーから読みとく』（筑摩書房）
高根沢紀子（2005）「『神様』―〈名前〉のない〈わたし〉―」（『現代女性作家読本①川上弘美』鼎書房）
高橋源一郎（2011）『恋する原発』（講談社）
髙橋正人（2016）「『夢十夜』における時間構造について―時制と相（アスペクト）をめぐって―」（『解釈』第62巻第7・8号第691集）
髙橋正人（2018）「『海のいのち』における時間構造と海の意味に関する考察～重層的な時間と母の子宮をめぐって～」（『福島大学人間発達文化学類論集』第27号）
田崎晴明（2012）『やっかいな放射線と向き合って暮らしていくための基礎知識』（朝日出版社）
辻幸夫編（2013）『新編認知言語学キーワード事典』（研究社）
東嶋和子（2011）『放射線利用の基礎知識』（講談社）
中村和弘編著（2018）『見方・考え方［国語科編］』
西田谷洋（2010）『認知物語論キーワード』（和泉書院）
橋本陽介（2017）『物語論 基礎と応用』（講談社）
福島民報社（2016）『東日本大震災　原発事故から5年ふくしまは負けない 2011～2016』（福島民報社）
藤田直哉（2017）「同時代としての震災後」（『東日本大震災後文学論』南雲堂）

本多啓（2003）「共同注意の統語論」（『認知言語学論考No.2』ひつじ書房）
松本和也（2013）『川上弘美を読む』（水声社）
吉田久恭編（2003）『文藝 秋号 特集川上弘美』（河出書房新社）
渡辺伸治（2007）「ダイクシスを捉える枠組み」（『「言語」セレクション』大修館書店2012）
渡辺伸治（2009）「ダイクシスの定義と下位分類」（『大阪大学言語文化研究』）

《謝辞》

本稿作成に当たり、平成25年（２０１３年）7月に開所した福島大学環境放射能研究所から環境放射能に関する基礎的な資料を頂戴するとともに、懇切丁寧な説明をいただいたことに対して深く感謝申し上げます。

《附記》

本稿は、平成27年～30年度日本学術振興会科学研究費助成事業（基礎研究C）「東日本大震災後の福島における国語科教育モデルの構築」（研究課題番号：15K04403 代表者：佐藤佐敏）に係る佐藤佐敏教授主催の「福島国語の会（中学校部会・高等学校部会）」における意見交換に示唆を受けていることを附記し、同会参加者に深甚なる感謝の意を表します。

また、併せて、平成29年度及び平成30年度福島大学人間発達文化学類「国語科教育法」受講学生の皆さんに感謝申し上げます。

A Study on the Possibility of Reading to Realize the Deep Learning in "Literature Language": About the Meaning of Ano-koto（That Thing）in Kami-sama 2011 Written by Hiromi Kawakami

TAKAHASHI Masato

After the revision of the Course of Study, which puts emphasis on independent approach and substantial dialogue, high-quality "Deep Learning" based on the ways of appreciation and thinking is required in Japanese Language even in senior high school. In this study, we analyze the way of learning in a new subject of Literature Language. Picking up Kami-sama 2011 written by Hiromi Kawakami, we mainly focus on "Ano-koto（That Thing）as a deictic expression and notice the complex consciousness that includes the sense of distance to the target in terms of time, space, and mentality as well as self-concealment. Then, we add further analysis to the "Deep Learning" in the next stage.

小津安二郎監督『東京物語』の教材化に関する研究
～高等学校「文学国語」における映像作品の可能性をめぐって～

要旨

学習指導要領の改訂を受け、「主体的・対話的で深い学び」が求められ、「見方・考え方」を働かせた質の高い深い学びが高等学校国語においても求められる。本研究は、高等学校「文学国語」における「読むこと」の学習を深めるため、小津安二郎監督作品『東京物語』を基にして、映像を用いた教材の価値とその可能性について検討を加えるとともに、映像作品における表現とその解釈について考察し、高等学校国語科における教材の新たな可能性について研究することを目的とする。

一　はじめに　～映画作品を基にした教材について～

町田（2015:53-54）は、映像の教材化について、浜本（2006:32-33）の「言語化能力」という語を援用しつつ、「映像を教材化する際に、『言語化能力』の育成という目標を授業の中心に位置付ける」とともに、「映像から発信されるイメージやメッセージを、ことばによって理解しかつ表現するという活動を通して、『言語化能力』の育成を図る」ことを企図している。そして、映像を導入して効果的な授業を展開するため、国語教育において映像をどのように使用するかについて、①教材の理解を深めるための補助教材としての方向、②学習者の興味・関心を喚起するという方向に加え、③映像を補助教材ではなく本教材として活用するという方向性について言及し、物語の創作、映像に台詞を入れる活動、映像に関するテーマを基にしたディベート、映像の続きを考える授業などを示した上で、「補助教材としての位置に安住させるのではなく、今後はこのような本教材としての方向性も積極的に開拓する必要がある（町田 2015:115-117）」と指摘している。

さらに、町田（2015:117-120）は、高等学校国語科教科書における映画教材の扱いとして、①映画化された文学作品の紹介、②映画に関する論説文の採録、③小説と映画の読み比べ、④演劇に関連させ脚本を書くという四つの活動をあげながら、「いずれも、映画を直接本教材として位置付けるまでには至っていない」と結論付けた上で、国語科の教材として映画を用いる際の留意点として、①全編を上映する場合は特に長さが短い映画、②人物や物語の設定が分かりやすく、それでいて想像する余地がある映画の二点を指摘し実践例を提示している。

文部科学省（2019:178）では、「文学国語」が新設され、「1性格」には、「この科目では、読み手の関心が得られるような、独創的な文学的な文章を創作するなどの指導事項、文学的文章について評価したりその解釈の多様性について考察したりして自分のものの見方、感じ方、考え方を深めるなどの指導事項を設けるとともに、課題を自ら設定して探究する指導事項を設けている」との説明が付されている。ここで着目したいのは、文部科学省（2019:194-195）「3　内容」における〔思考力・判断力・表現力等〕「B　読むこと」に関する言語活動である。

ア　作品の内容や形式について、書評を書いたり、自分の解釈や見解を基に議論したりする活動。

イ　作品の内容や形式に対する評価について、評論や解説を参考にしながら、論述したり討論したりする活動。
ウ　小説を、脚本や絵本などの他の形式の作品に書き換える活動。
エ　演劇や映画の作品と基になった作品とを比較して、批評文や紹介文などをまとめる活動。
オ　テーマを立てて詩文を集め、アンソロジーを作成して発表し合い、互いに批評する活動。
カ　作品に関連のある事柄について様々な資料を調べ、その成果を発表したり短い論文などにまとめたりする活動。

ここで示されているように、「読むこと」においても、書評、議論、論述、討論、書き換え、批評文、紹介文、アンソロジー作成、相互批評、発表、論文作成など、作品を基にした受容のみならず、創造的な言語活動を通して思考力・判断力・表現力を育成することが求められている。

また、文部科学省（2019:203-204）「エ　演劇や映画の作品と基になった作品とを比較して、批評文や紹介文などをまとめる活動」では、次の説明が加えられている。

ある文学作品が映画化されたり、ドラマ化されたりすることは少なくない。主に文章で表現された作品と、それが脚色されて演劇や映画などになった作品とを比較することによって、原作の特徴をより鮮明にしたり、脚色するに当たって原作のなかで強調された部分や省略された部分に気付いたり、脚色した人の原作の解釈の特徴を明らかにしたりすることが考えられる。
脚色された作品の場合、原作が言葉によって表現したところを、独自の表現法によって置き換えたり、原作では表現されていない登場人物の心理などを映像で表現したりしている。そのようなところに気付くことは、原作の言葉による表現の独自性を考察することにもつながる。

比較することによって気付いたことや考えたことを基にして、映像化された作品と基になった文学作品との双方についての批評文を書くことで、映像と言葉との関係を深く考えることにつながる。なお、「批評」とはここでは、対象とするものの「大切なところを見極める」ことが中心で、その上で論評することが含まれる行為である。

また、それぞれの特色を分かりやすく伝える紹介文を書くことによって、各自が受容した作品像を具体化することが可能になり、それぞれの作品についての理解を深めることにつながる。

また、映像、音声、言語等の複数の表現様式によって構成される作品を取り上げることも可能である。多様なメディアが生み出され、使われる時代における読書の意義を考える活動になると考えられる。なお、批評文や紹介文のほかには、ポスターセッションの発表資料として用いるポスターやプレゼンテーションのスライド資料のような文書、資料、記録、音声、映像が考えられる。

ここで、「主に文章で表現された作品と、それが脚色されて演劇や映画などになった作品とを比較する」という活動では、「文章で表現された作品」と「それが脚色された演劇や映画作品」との相互関連を意識することが重要になる。文部科学省（2010:61）の現行学習指導要領「現代文B」における言語活動においても、「伝えたい情報を表現するためのメディアとしての文字、音声、画像などの特色をとらえて、目的に応じた表現の仕方を考えたり創作的な活動を行ったりすること」が示されており、映画についても言及されている。

併せて、文部科学省（2019:206-207）における「文学国語」「4　内容の取扱い」「（3）教材について」「ア　内容の〔思考力・判断力・表現力等〕」「B　読むこと」の教材に関連して、「演劇や映画の作品については、戯曲や脚本などを読むだけではなく、映像作品を視聴することを考慮している。なお、映像作品を用いる際には、言語の教育を目指す国語科の性格を踏まえ、映像と言葉とを結び付けた指導となるよう留意する必要がある」との解説が加えられている。

このように「文学国語」においては、言葉による作品はもとより、映像作品を用いることにより言葉の持つ力、映像の独自性、そして、言葉と映像との相互性を深めることが企図されている。

二　言葉と映像
～メディア・リテラシーの観点から～

植条（1998:236-237）は、映像情報について、図1のように、「曖昧―明快、複雑―単純」という二つの軸を直交させた四つの象限によって位置付けている。

国語科教育における映像に関して、浮橋（1988:3-11）は、絵画が額縁の内部で求心的構造に構成されているのに対し、映像はフレイムの外側との関わりを予想させることを前提とした使用法であり、「映像を国語教育のための視覚材として活用するためには、映像による想像力の遠心的なはたらき（傍点原文）と、それにともなうフレイムの虚構の機能について、自覚的に取扱う

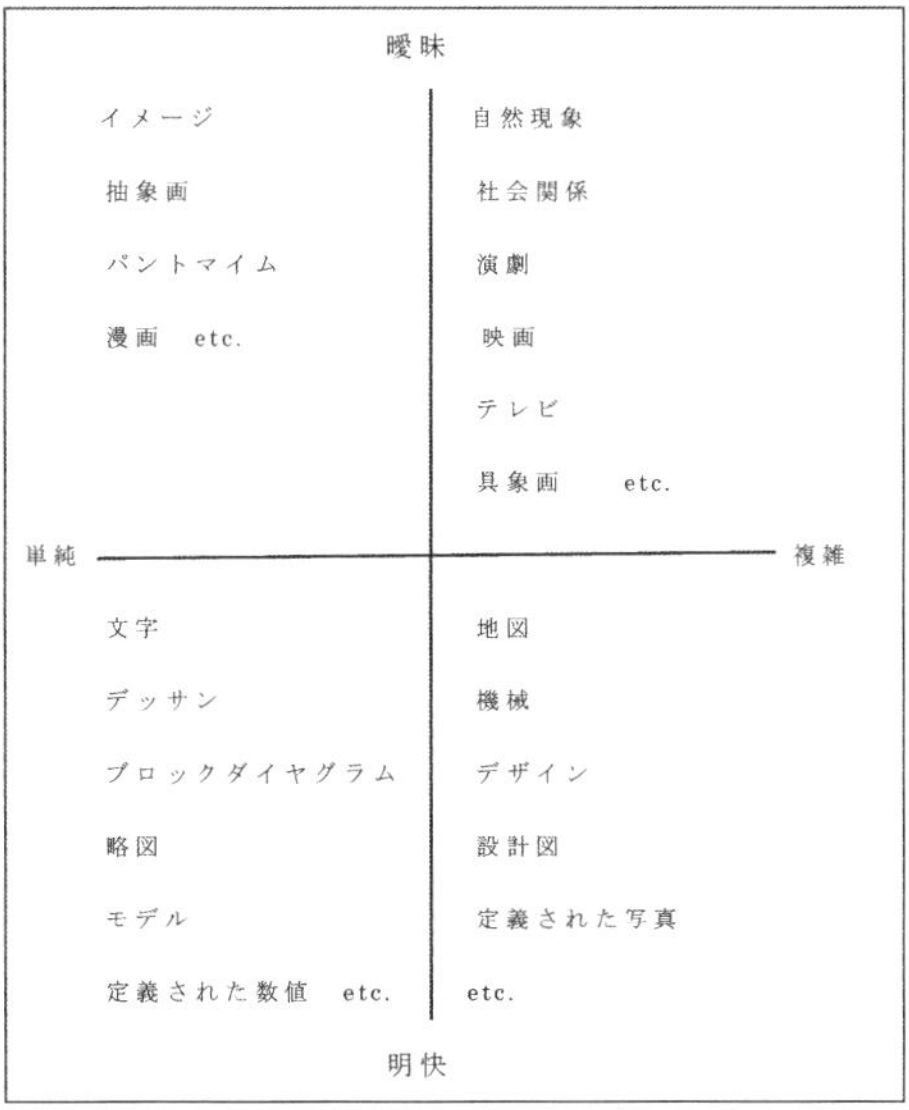

図1　映像情報の位置
（植条則夫『映像学原論』1995:236-237）

ことを忘れてはならない」と指摘しており示唆的である。

多くの高校生が日々の生活の中で映像的なソースに接している反面、そうした氾濫状態ともいえる映像メディアに対するリテラシーに関しては、基礎的・基本的な指導が体系的になされているとは言えない状況が一方に存在する。情報メディアが日々進化・進展している状況はここ数十年の間に飛躍的に進んでおり、すでに早くから藤森（2003:18-25）が指摘しているように、「学習者の生活環境は、映像メディアとのかかわりなしに成り立たない状況」はむしろ加速化していると言える。藤森は、さらに、国語科教育として映像メディアが担う教育内容に関して、視覚的な情報伝達における非言語的な記号とシンボルのシステムを「映像メディア」と定義付けた上で、「『当該映像に付託された認知効果や影響を言語化してとらえる』といった目標設定が浮かび上がる。こうした目標設定と評価規準を体系化し得ない限り、国語科における映像メディアの位置付けは、依然として曖昧な状態を脱し得ない」と指摘しており、国語科教育におけるメディア・リテラシーとそれを支える言語能力の育成について言及している（藤森 2003:20）。

田近・井上・中村（2018:236-237）は、メディアについて「マスメディアや、インターネットなどのニューメディアに限定されない。原始的な狼煙、身振り手振り、音声言語、文字言語、各種印刷物まで、あらゆるコミュニケーション媒体が含まれる」と定義し、「メディア・リテラシーという新たなリテラシーは、範囲を言語からメディア一般へ拡張し、批判的な理解を強調したところに特徴がある」と指摘しているが、二十一世紀を生きる高校生に対するメディア・リテラシーを国語科の教育内容に位置付けるとともに、映像メディアを含め、文字情報のみならず、映像全体に対するリテラシーを高めることは、喫緊の課題の一つと言えよう。

また、松山（2005:11）は、子どもの日常的言語環境としての「音声言語メディア・活字メディア・

映像メディア（静止画ならびに動画）・マルチメディアなど、子どもに向かって『語りだされたもの』としてメディアを包括的に取りあげる」中で、「メディアとしての自分自身を語る〈ことば〉の獲得をめざしたメディア教育」の実践を具体的な事例を基に論じており示唆に富む。

さらに、井上・中村（2002:209-210）は、メディア・リテラシーとは「表現／理解活動にあって、意味づけ／解釈の過程に対して自覚的に目を向け、対象がどう伝えられ／とらえられているかを批判的（クリティカル）に考える活動」であると指摘しており、今後の授業実践にも重要な視座を与えている。

併せて、奥泉（2018:3-4）は、国語科教育におけるヴィジュアル・リテラシーの必要性について、「『多様な背景を持つ人々の思考や感情をより効果的に駆り立てるよう』『視覚化』したテクストの学習は、現代の知識基盤社会を背景とした国語科教育において、取り組むべき重要な学習」であると指摘し、そのカバーする領域について、図2のように、文字テクスト、映像テクスト（図像テクストと動画テクストを統合して称する場合）、マルチモーダル・テクスト（映像テクストにキャプションやタイトル等の言葉で書かれたテクストを統合して扱う場合）、混成型テクスト（マルチモーダル・テクストの内、図像テクストと文章との統合的なテクスト）とカテゴリー分けをしている。

映画を基にした高等学校国語科における教材化に当たっ

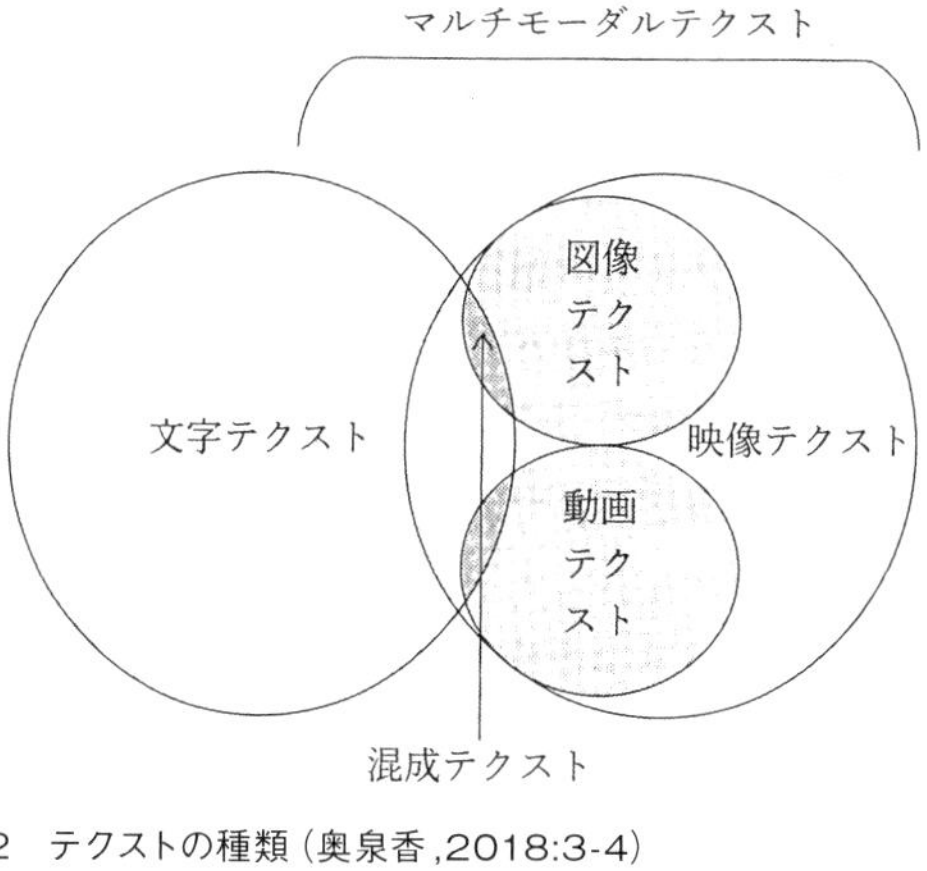

図２　テクストの種類（奥泉香，2018:3-4）

ては、映画そのものを教材とする方法、映画と脚本との相互の関連性を考察する方法、映画の訴求性について考察する方法、映画に関する評論を比較検討する方法などが考えられる。いずれにしても、言葉と映像との関連を意識した教育活動を展開することを中心として教材化を図ることが重要である。

三 『東京物語』に含まれるテーマ群と探究的なテーマ群 ～重層的なテーマ群と探究的な学び～

国語科における映画を基にした学習について、中洌・岩崎他（2013:402-405）では、「表現と実用の文章」「脚本の世界―創作」において、井伏鱒二の「黒い雨」を基に、小説と映画脚本との比べ読みを教材化している。同書においては、「小説と脚本、文学の表現と映画の表現はそれぞれ独立した別のものである。それぞれの表現形式を比較したり、その特徴を確認したりすることは、言葉の力やその限界を考える上で大切なことである」と指摘しており、言葉の持つ可能性に言及していることも今後の多様なメディアを基にした国語科教育の在り方に示唆を与えている。

また、浜本監修・奥泉編（2015:239-260）では、町田による「映画を扱った授業実践」が紹介されている。こうした取組みを踏まえて、「文学国語」における教材の一つとして、小津安二郎監督作品である『東京物語』を取りあげる。『東京物語』を選択したのは、作品の主題、表現及びその完成度の高さとともに、作品に関する多くの言説が付され、総合的・複合的なテキストとしての豊かな価値が含まれることによる。また、映像作品を取り巻く多くの批評、評論、解説の言葉との比較を通して見方・考え方を働かせることが可能となり、新学習指導要領で求められている深い学びに資すると考えられるからである。

小津安二郎生誕90年フェア事務局編（1993:90-91）によれば、『東京物語』は昭和二十八年（一九五三年）十一月三日に公開された作品であり、ドナルド・リチー（1993:387-388）では、「日本映画史上で最も優れた一作品」であり、「この映画は実に的確に真実を描いており、また実に多くのことを観客に求めるゆえに、忘れがたい作品になっているのである。小津作品にはいかなるごまかしもめったにないが、この作品ではそれは皆無である。親と子の二つの世代、すべての登場人物全員の居場所を入れかえさせる単純なストーリー、全編にゆきとどいている盛夏の描写、作品のスタイルの幻惑的な単純さ——すべてこれらが結合されて、非常に日本的な映画を作り出している」との指摘がなされている。

作品の豊かな世界をどのように受容するかについては、様々な可能性があり一義に収斂するわけではないが、表1に網羅的にその一部を示したように、作品を受け止める豊かさが作品そのものの可能性を示している。これらのテーマを切り口にしながら、国語科として言葉に着目しつつ、映像表現を踏まえた言語活動を通して言葉による創造的な活動と結び付けることが今後の「文学国語」の授業の深さに結びついていくものと考えられる。

表1　『東京物語』をめぐるテーマ群

	『東京物語』をめぐるテーマ群
学校	戦後における教科書、実の読む英語教科書（NEW TSUDA READERS）と音読する様子（漱石『明暗』におけるフランス語読本との関連）、学びの場、職業（父の教育課長時代）と末娘の職業としての小学校教師、当時の学習環境としての教室の構造、子どもたちの登校シーンと教室に流れる唱歌「夕の鐘」、児童が歩くこと／走ること、制度としての学校、実の居場所としての勉強机と居場所（代替としての診察用椅子との関連）　等

時間と空間
空間の移動、時間の推移、尾道と東京との地理的感覚（当時の「時刻表」からの距離感と現在の「時刻表」との差異）、距離と時間との相互性、都会と地方との距離感（会うことと死の予感、遠方の地への思い、遠心性／求心性）、子どもたちの成長と生活（独り立ちすること／親の心的距離、育つこと／育てること）、成長と老衰（子の時間／孫の時間／祖父母の時間）、日常の時間と眠りの時間（忘却することへの抵抗と諦め、忘却と日常の時間）、終戦後八年の時の経過（過去の桎梏と係留及び飛翔）、現在と未来との架橋（今の生活と未来の可能性との振れ幅）、生と死（両極と相互浸透性及び死者への眼差し）、写真の持つ意味（時空を超えるもの／時空を司るもの、見守るものとしての死者、死後と戦後、レクイエム、鎮魂、鎮め、始源／終焉）、時計の持つ意味（形見の時計、列車の時刻、前進／後退、両義性）、二つの時間（可逆／不可逆、自然／人工、循環／直線、朝／夕、都市／周辺、大人／子ども、日常／非日常）、眠りの時間（部屋の持つ意味の多重性、アリアドネの糸の比喩、空間における漂流感覚）、世界の拡大と縮小（空間把握の困難性、迷うこと、迷宮、日常と非日常の境界、越境）、堤という場所（孫との語らいの場、熱海での語らいの場、対称性／相似形／反復）、尾道の家と紀子のアパート（開放性／閉鎖性）、隣家の存在（尾道の家の隣人、次男の嫁・紀子の隣人）、土地の持つイメージ群（瀬戸内海、墓地、燈籠、機関車、線路、煙、トンネル、駅）、日常の部屋と異空間としての階上、遅れることの意味（母の死に際と三男の遅延）、葬儀場の空間と支配する音　等

身体	演技する身体、眠りの様相、眠りの力学、二軸性（横たわること／立つこと、歩行／停止／逍遥、垂直性／水平性、相似形／シンメトリ、唱歌／艶歌）、熱海の夜（眠れない夜／都会の喧騒／若者／老人）、歌謡曲／軍歌、歌への身体反応、唱歌の世界、学ぶことの身体性、刻むこと、木魚の音への身体反応、眠ること／生きること、不在性、視線（懐中時計に寄せる視線、死者への眼差し、死者を囲む視線、横たわる母、死者を見下ろす行為）、生と死の境界と身体の脆弱性、生と死の反転、アパートにおける動作、眠ること　等
物語	「物語」としての深層と構造、行くこと／帰ること、尾道から東京へ／東京から尾道へ、途中下車（熱海、大阪）、二軸構造（循環的時間／直線的時間）、対比構造（都市／地方、親／子、生／死）、物語構造（往／還）、形見としての時計、伝達の不可能性、物語言語としての尾道方言（地域特性、東京との距離感、アクセント、コミュニケーションツール）
映像	映像表現技法と効果、創作、映像の文法、カメラワーク（ローアングル、切り返しショット、クローズアップ、デゾルブ、イマジナリー・ライン、カットバック、モンタージュ等）、風物と描写（瀬戸内海の風物、東京の煙突、シーンの変換）、日常の生活（食事、挨拶、子ども、通学路、煙突、看板、艀、燈籠など）、視線の交錯（対話する顔とその相互関係）、効果音と沈黙（ポンポン船、列車の轟音、汽笛、雑踏、葬儀）、背景としての肖像写真（戦争の点描）　等

映像に含まれるこれらのテーマ群は複合的な形で相互に関連し合い、映画の持つ総合的な世界を読み解く上で一つの入り口となる。そして、それは文章表現によるものとの対比を通してより深めることが期待されるものでもある。作品には豊かな映像表現があり、それらを総合的に考察することが作品理解に資する。

例えば、地理という観点から、東京の持つ意味を考察することや、対話における視線の交錯、あるいは、インデックス機能としての映像情報、語りと視線の関連性、映像創作者の側からの揺れ動く視線、人物相互の位置関係、撮る者と撮られるものとの間にある緊張感や距離感、映画における撮影者の位置と小説における語りの位置、不在のシーンの持つ意味、さらには、身体及びその表現効果などをあげることができる。『東京物語』におけるローアングルからの撮影手法とともに、坐ること（熱海の堤防における二人の後ろ姿）、しゃがむこと（勇とともに堤で独り言を言う姿）、座り込むこと／立ち上がること（上野公園での二人の様子）、横たわること（尾道におけるとみの死の床）、見つめること（クローズアップによる顔の表情とカットバック）、紀子の号泣など身体に関わる多くの表象それ自体が、多義的かつ生成的なテクストとしての有機的な意味群を構成している。身体に関する視点から紀子の振舞いや身振りの意味するところと表現効果を考察することも、文学的な文章を読むこととの関連を深めることになる。

例えば、図3は、紀子が義父からの言葉により泣き崩

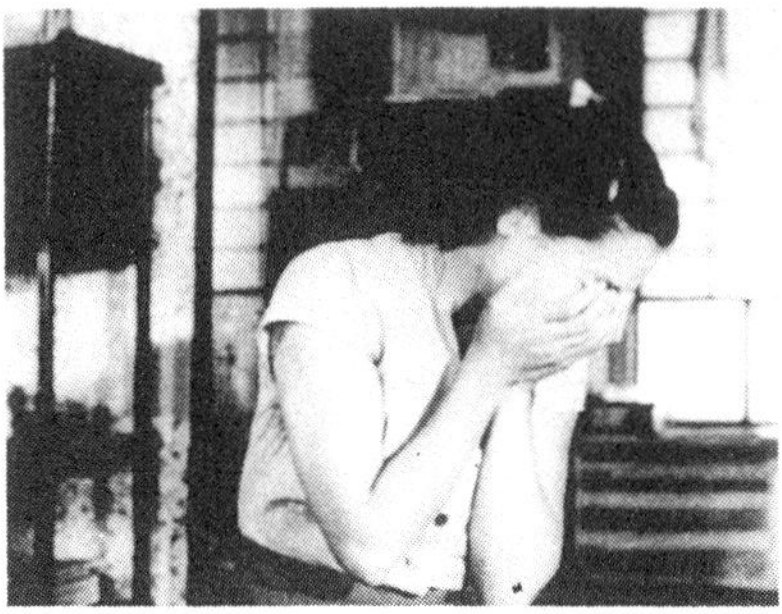

♪ 児童の合唱でフォスターの「ゆうべのかね」が入る（757-1まで）。

♪……むかしの人　いまはいずこ

図３　紀子の泣き崩れるシーン
（『小津安二郎　東京物語』1984:221）

れるシーンであり、身体の所作から感情の起伏が表現されている。

なお、映像の手法に関しては、リチー（1993:270-272）がショットと主題（「家庭の崩壊、この世の無常、この人生の幻滅」）との密接な関連を指摘しているが、映画特有の「文法」を知ることは、作品理解にとって重要なものである。田中・黒橋（2018:158-185）は、伝えたい映像の情報を理解しやすい形で表現するための「映像文法」として、場の情報を知らせるための「エスタブリッシング・ショット（establishing shot）」、大事なものにフォーカスを合わせる「アイリスアウト（iris-out）」や「シャローフォーカス(shallow focus)」、客観的な視点とは対照的な「ＰＯＶショット(point-of-view shot)主観ショット」などを挙げており、映画固有の解読において重要な視座を与えている。

以下、テーマ群を基に探究的な学びについて疑問を基に複合的な視点から考察を加えていく授業展開の可能性について考察したい。まず、東京に住む次男の嫁・紀子のアパートの部屋に焦点を当てた分析例を基に検討を加えたい。

四　教材化の試み―
～テーマを基にした探究的な学習～

『東京物語』において注目したいのが次男の嫁・紀子の東京におけるアパートの一室である。紀子のアパートの一室は共同生活によって成り立つ戦後の生活様式の一

周吉　そう。
とみ　いつごろ？

図４　紀子のアパートを訪ねた周吉ととみ
（『小津安二郎　東京物語』1984:81）

つとして提示されている。その部屋の中で紀子は戦争未亡人の一人として生きる。すでに戦争が終わって八年が過ぎようとしているが、日々の生活に追われている姿が描かれている。図4に示すのは、周吉ととみが紀子のアパートを訪ねたシーンである。

また、次に示すのは、井上編（2003:197）による『東京物語』の脚本である。

70　紀子の部屋

周吉夫婦が棚の上の昌二（戦死した次男 紀子の亡夫）の写真を見ている。紀子が這入ってくる。

周吉「ああ、この昌二の写真、どこで撮ったんじゃろう」

紀子「鎌倉です。お友達が撮って下すって……」

とみ「いつごろ？」

紀子「戦争にいく前の年です」

とみ「そう――（そして周吉に）まばいそうな顔をして……」

周吉「ウーム……これも首うまげとるなあ」

とみ「あの子の癖でしたなあ」

周吉「ウーム」

その写真――

紀子のアパートには、世の中とは隔絶した八年の年月が停止したまま存在している。不在の亡夫を戦争の時間の中に留め、繋留する場としての一面をアパートの一室は担っている。遺影として飾られている息子の写真を前に、周吉もとみも繰り返し良縁があれば先の夫には義理立てすることなく新たな家庭を築いてほしいと懇願するが、紀子にとってその写真は、未来に向かって歩む一歩となるよりむしろ過去に自分を引き留め係留する錨として機能している。

アパートの一室は、個人としての生活、共同体の一員としての日常、生の営みはもとより、政治、経済、社会など戦後の様々な時代背景を総括的に包含する複合的な空間の一つとして提示されている。とりわけ、一間に凝縮されているアパートの昌二の写真によって支配されている箪笥の上の場所は、単なる二人の思い出を喚起する記憶の場としてだけではなく、一人になった紀子の思索の場であり、祈りの場であり、鎮魂の場である。アパートは、戦後という混乱から秩序に向かう一つの時代の中で生きる一女性にとって、心の支えとなる中核であり、身を守るシェルターの働きを有している。一方、周吉ととみにとって、紀子のアパートは、最初の訪問の後に、長男及び長女の家から疎まれて居場所のなくなった末に母とみが再度訪れるいわば癒しの場としての機能を有している。（井上 2003:205-206）

103　紀子の部屋

とみ「昌二のう、死んでからもう八年にもなるのに、あんたがまだああして写真なんか飾っとるのを見ると、わたしゃなんやらあんたが気の毒で……」
紀子（笑顔で）「どうしてなんですの？」
とみ「でも、あんたまだ若いんじゃし……」
紀子（笑って）「もう若かありませんわ……」
とみ「いいえ、ほんとうよ。あたしゃ、あんたにすまん思うて……時々お父さんとも話すんじゃけーど、ええ人があったら、あんた、いつでも気兼ねなしにお嫁に行ってつかわさいよ」

紀子「…………」（笑っている）

とみ「ほんとうよ、そうして貰わんと、わたしらもほんとにつらいんじゃけ」

紀子（笑って）「じゃ、いいとこがありましたら……」

とみ「あるよ、ありますとも、あんたなら屹度ありまさあ」

紀子「そうでしょうか」

とみ「……あんたにゃ今まで苦労のさせ通しで、このままじゃ、わたしすまんすまん思うて……」

紀子「いいの、お母さま、あたし勝手にこうしてますの」

とみ「でもあんた、それじゃァあんまりのう」

紀子「いいえ、いいんですの。あたし、この方が気楽なんですの」

とみ「でもなあ、今はそうでも、だんだん年でもとってくると、やっぱり一人じゃ淋しいけーのう」

紀子「いいんです、あたし年取らないことにきめてますから」

とみ（感動して涙ぐみ）「―ええ人じゃのう……あんたァ……」

紀子（淡々と）「じゃ、おやすみなさい」

と、立って電燈を消し、蒲団に這入るが、やがてその紀子の眼にジンワリと涙がにじんでくる。

アパートの一室を訪れたとみは、新たな出発としての再婚を紀子に促す。その時発せられたのが「あ

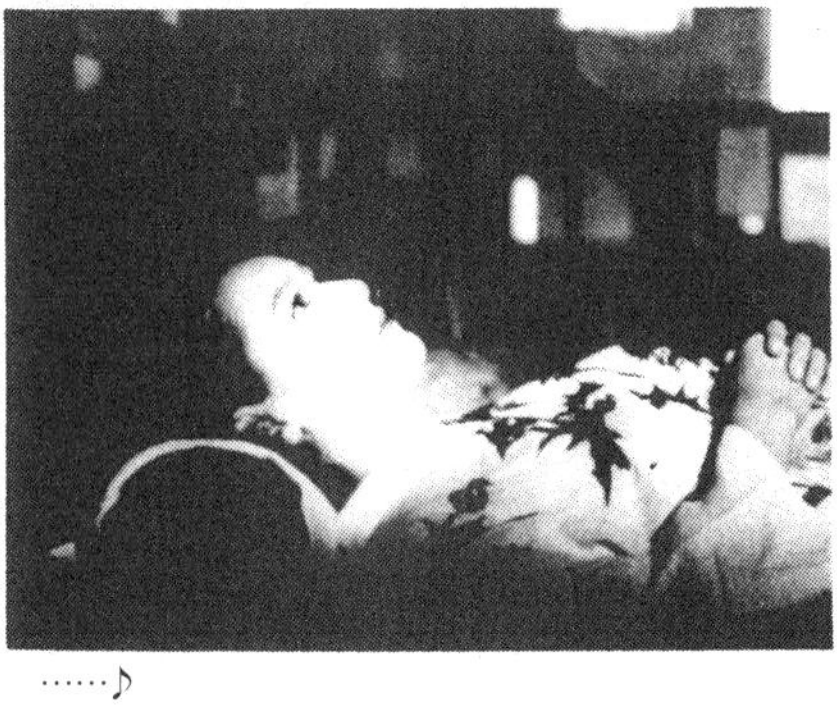

……♪

（とみのすすり泣き）　（♪音楽終る）

図５　天井を見つめるシーン
（『小津安二郎　東京物語』1984:133）

たし年取らないことにきめてますから」という紀子の言葉である。ここでは、年齢を超越し、一度嫁した家族への律儀なまでの帰属意識とともに、新たな世界や関係を構築することへの躊躇が宿っている。当時の戦争未亡人の一つの姿として描かれている紀子の姿は、他の生き方の可能性を容認しながらも、自らはそのことへ踏み切ることのできない一つの生き方を我々に示している。

また、紀子の部屋においては、内部の時間としての昌二との時間と日常生活の延長としての外界の時間とが並行して存在している。紀子にとって、アパートの一室にいる時間は、過去に向かう鎮魂の場であるとともに、未来の自己の生活のあり様を期待する祈りの場でもある。図5は、天井を見つめる紀子の姿がとらえられているシーンである。

紀子の眠りの折の天井の持つ意味を考える時、身体的な仰臥により視線は垂直性として現れてくる。立っている時に天井は視角から消え、天井の存在そのものは厳然として存在しても、意識から消えている。就眠の姿勢に伴い、天井が顕現し、水平的な視線から垂直的な視線へと移行する。その時に、身体の横臥という姿勢の変化に伴う視線の移動とともに自己の内面に向けられる眼差しが起動する。図6に示したのは、紀子のアパートにおける視線の水平性と垂直性と、時間と空間との関連について模式的に示したものである。

家屋における「戸」とともに、「窓」に典型的に見られるのは、水平性として社会を受け入れるための情報収集の機能であり、一方、入口／出口という外部との相互往還の場とし

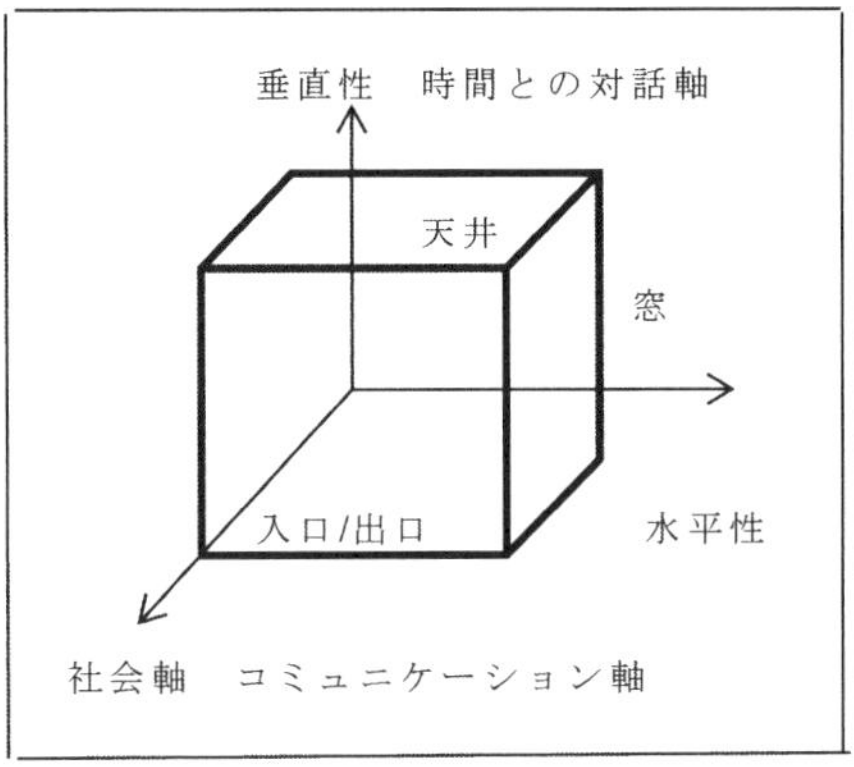

図６　紀子のアパートにおける視線の垂直性と水平性

ての機能を有する出入口は社会と近接しており、自身の身体的な空間の移動を基に相互関連性が保持される。しかも、ドアによる開け閉めは自身の意志によることが可能であり、閉鎖時にも開放時にも、出入口の機能は意志の支配下に置かれている。

これらの水平的な関係に対して、天井を見つめるときに生じる視線の垂直性には、アパートの一室を超える視野、すなわち、現在という時を突き抜けて、時空を形成する働きが生じる。自身の置かれている社会性が水平性に包含されるとしたら、垂直性によって示されるのは、過去から現在、そして未来にわたる時間軸によって表象されるものであり、紀子が見つめる天井には、昌二との結婚、昌二の戦死、終戦、戦後の生活、現在の会社員としての生活、今後の生活に対する不安や複合的な思いなど、時の推移に伴う心情が惹起される。紀子にとって、アパートの一室の天井とは、自らの過去から未来を映す鏡像でもある。しかも、アパートの隣人である夫婦とは異なり、昌二と紀子との間には子供はいない。紀子の部屋は、この「尾道の時間」と「東京の時間」との二つの軸の交錯する空間であるとともに、「戦前」と「戦後」という二つの時の狭間で揺れ動く紀子の「今」を表象しているものとして位置付けられる。

なお、ここで想起しておきたいことは、母・とみが長男幸一の息子である勇と交わす会話である。（井上 2003:194）

51　空き地
とみと、勇――

……♪

図７　幸一の家のそばの堤におけるシーン
（『小津安二郎　東京物語』1984:64）

とみ「勇ちゃん、あんた、大きうなったら何になるん？」
勇、答えず、遊んでいる。
とみ「あんたもお父さんみたいにお医者さんか？
―あんたがのうお医者さんになるこらあ、お祖母ちゃんおるかのう……」

図7及び図8は、二人の様子を遠景として捉えたシーンと、とみに接近して近景として捉えたショットである。

ここには、自分の生が限られており、終末を有していることの真正な吐露がある。作品の中で、父と母とは一対の寄り添い合う存在として描かれているが、成長することを知らない者と、成長した後の世界に自分は存在しないであろうことを予感し予見している母の存在がここにある。母の語りかけは相手としての孫を想定しているというより、むしろ孫に語りかけながらもその視線は中途で途切れ定まらないまま宙にさまよい、不在者の遺言として空に向かって放たれており、生の不安定さとともに、圧倒的な時の力がこの場面の主題となっている。作品において通奏低音のように奏でられる母の言葉は、自身の死の予感とそれに連なる父の孤独な時そのものを予感させる。

一方、子から孫へと連綿と継続する絆やバトンは、紀子の中では中断されたまま宙づりになっていたが、とみの死と葬儀の後、尾道から紀子が帰京する場面には、新たな時が始動する予感が形見の時計をもとに描かれることになる。次に示すのは、井上（2003:218-219）による脚本である。

……♪
とみ　あんたもお父さんみたいにお医者さんか？
――あんたがのう、お医者さんになるころァ、お祖母ちゃんおるかのう……。

図８　孫・勇に向かって語りかけるシーン
（『小津安二郎　東京物語』1984:64）

164　部屋

紀子「お母さま、あたくしを買いかぶってらしったんですわ」
周吉「買いかぶっとりゃせんよ」
紀子「いいえ、あたくし、そんなおっしゃるほどのいい人間じゃありません。お父さまにまでそんな風に思って頂いてたら、あたくしの方こそ却って心苦しくって……」
周吉「いやァ、そんなこたあない」
紀子「いいえ、そうなんです。あたくし猾いんです。お父さまやお母さまが思ってらっしゃるほど、そういつもいつも昌二さんのことばっかり考えてるわけじゃありません」
周吉「いやァ、忘れてくれてええんじゃよ」
紀子「でもこのごろ、思い出さない日さえあるんです。忘れてる日が多いんです。あたくし、いつまでもこのままじゃいられないような気もするんです。このままこうして一人でいたら、一体どうなるんだろうなんて、ふっと夜中に考えたりすることがあるんです。一日一日が何事もなく過ぎてゆくのがとても寂しいんです。どこか心の隅で何かを待ってるんです――猾いんです」
周吉「いやァ、猾うはない」
紀子「いいえ、猾いんです。そういうことお母さまには申し上げられなかったんです」
周吉「――ええんじゃよ。それで――やっぱりあんたはええ人じゃよ、正直で……」
紀子「とんでもない」
周吉「いやァ……」

と立上って仏壇の抽出しから女持ちの時計を出して、持ってくる。

周吉「これァお母さんの時計じゃけえどなあ—今じゃこんなもの流行るまいが、お母さんが恰度あんたぐらいの時から持っとったんじゃ。形見に貰うてやっておくれ」

紀子「でも、そんな……」

周吉「ええんじゃよ、貰うといておくれ。（と渡して）あんたに使て貰やあ、お母さんも屹度よろこぶ」

紀子（悲しく顔を伏せて）「……すみません……」

周吉「いやァ……お父さん、ほんとにあんたが気兼ねのう先々幸せになってくれることを祈っとるよ—ほんとじゃよ」

紀子、胸迫って顔を蔽う。

周吉「妙なもんじゃ……自分が育てた子供より、言わば他人のあんたの方が、よっぽどわしらにようしてくれた……いやァ、ありがとう」

と憮然として頭を下げる。

紀子、涙を呑む。

165　小学校の校舎

唱歌が聞こえている。

これまで見てきたように、『東京物語』の底に流れているのは、「家族」の物語としての変化して止まない変転する人生そのものへの視座とともに、人にとって不可逆的な「老い」に象徴される「時」を見つめる眼差しである。そういう意味で、ラストシーンで東京に向かう列車の中で紀子が形見として受け取った母の懐中時計を手に包み込む仕草は象徴的である。そこには、父が母と生きた時間が凝縮されており、失われた時そのものがタイムカプセルとして保存されている。図9が実際のシーンである。

末延（2014:215-216）は、『東京物語』における時間について、東京に流れる「現代的で、人工的時間」と尾道に流れる「滅びゆく自然的時間」とを対比的に述べるとともに、母とみの死を「自然的時間共同体の崩壊・滅亡」と捉え、「笠智衆（父）が妻の形見にと原節子（次男の嫁）に手渡した時計は、妻が生き、そして自分も生き、やがてそこに殉じていくことになる、古き良き『幸福』なる時代とそこに流れる自然的時間のシンボルであった。笠智衆は、死んだ妻や息子と同化することによって自らの存在を時計と化し、その時計を原節子に手渡すことで、人間が人間として美しく、調和を奏でて生きていくことを可能にする、大いなる時間の共同体は崩壊・終焉し、失われてしまったという、小津の思想を極めてシンボリックに、美しく表出したのである」と指摘している。

『東京物語』は、「東京」を座標の中心として据えたとき、「東京に向かう物語」と「東京を去る物語」という二つの方向性を有した作品として捉えることができる。前者を中心にした物語が前景化するのは父と母が家庭を持った長男、長女を訪ねる場面であり、同時に義母の葬儀を終えて東京に帰る紀子を乗せた列車が向かう場面である。一方、後者を中心にした物語が前景化するのは熱海の夜を経て上野の森を去り、地方へと回帰する父と母の姿をともに、母親の死を知らされた長男たちが故郷

（汽笛）　（列車の音、消える）

図９　形見の時計を手に持つ紀子
（『小津安二郎　東京物語』1984:223）

尾道に向かう場面である。東京は、終着駅として機能する「ターミナル」という意味もまた付与される。いずれにしても、東京の持つ磁場は人を引き付ける力を有しており、そこで動いている時間もまた、東京以外の場所とは異質なものを持っている。

作品は、武田（2017:137-138）が「もっとも普遍的かつ原型的な物語構造」と指摘するように、尾道から東京に「行って」、大阪経由で子どもたちへの挨拶をすべて終えて尾道に「帰ってくる」という「行きて帰りし物語」の型を踏まえており、尾道—東京、東京—（熱海）—大阪尾道という対照的な往還運動が作品の大枠を決定づけている。しかも、空間の往還の中で、母の生と死という時間的な往還も枠取られている。時の持ついわば〈魔力〉からの脱出には母・とみの死という対価が払われなければならない。東京の持つ広がりと人間関係の希薄さによって、父も母も自らの存在基盤そのものを消滅させていく。そういう意味で、熱海の夜は、東京と尾道との中間点に位置付けられたいわば追放の地であり、漂泊とを余儀なくされた放浪の地でもある。

また、『東京物語』における時間構造について、梶村（2013:198-199）は、「あらためて振り返ってみれば、通り過ぎていくもののイメージに覆われた映画である。夏が終わり、気がついてみれば人生のある時期が静かに終わりを告げていた。夏がいつの間にか静かに通り過ぎていくように一人の人間が生を終え、淡々と通り過ぎていった。『東京物語』は、言ってみれば、それだけの映画である。映画の始まりと終わりに配された瀬戸内の風景は何も変わらない。時とともに通り過ぎていったのは人間に他ならない。一時滞在者。『東京物語』では、そんな視点で人間が見つめられていることに気づく。人はこの世に生まれ、生き、老い、やがて退場していく。人はこの世にひととき滞在し、通過していく一時滞在者にすぎない。[……]通過していく一時滞在者にとってすべての出来事はかりそめであるがゆえに滑稽で可憐で、同時にその時間や機会は二度と訪れないがゆえにいとおしく、痛切だ。小津は、透徹した目で突き放しつつ、寄り添うように一時滞在者たちの苦しみを見つめた」と指摘している。

さらに、熊本（2016:101-114）は、作品における時間を「反復的時間（le temps réitératif）」と「不可逆的時間（le temps irréversible）」との対比を通して作品を分析している。

次に示すのは、テーマ群に含まれるいくつかの課題を基に、探究を重ねることを企図した「文学国語」における授業構想試案である。なお、中村（2002:169-181）の映画に関する種々のカメラワーク等の手法を踏まえた授業展開を参考にしている。

【授業のねらい】
『東京物語』に関して、自分で考えたテーマを基にして映像作品とシナリオ及び作品に関する評論を併せて読むことにより探究を深める。

【第一次】映画の視聴と映画の内容と表現についての整理（2時間配当）
・映画『東京物語』を視聴した後に、印象に残った場面や表現について考える。
・作品の中から考えたテーマを基に自分の考えをまとめる。

【第二次】映像と言葉との関連性についての考察（2時間配当）
・『東京物語』及びシナリオを基に、作品における中心テーマについて考察を加えるとともに、グループによる論究を行う。

【第三次】テーマに関する論究の発表及び相互批正（2時間配当）
・テーマに沿った論究をプレゼンテーションソフトにより発表する。
・論の妥当性を相互に検討するとともに、作品創造への意欲を喚起する。

◇探究型授業構想◇（第三次、2時間目／全2時間）

【本時のねらい】第三次の全2時間中の2時間目を想定 『東京物語』の全体を踏まえて、各自のテーマに沿ったプレゼンテーションを行うとともに、相互批正を行い考察を深める。			
	学習内容・活動	時	◇指導上の留意点／ ◆評価規準
導入	1『東京物語』を基にしたテーマに関する論究を確認する。各自のテーマの発表・考察。	5	◇あらかじめ着目するテーマについてプレゼンテーション資料を準備する。
展開	2 各自のテーマに沿った発表を行う。 例：『東京物語』の紀子のアパートの一室をめぐる考察／例：『東京物語』における時間に関する考察／例：尾道における部屋の構造と表現効果に関する考察 3 相互交流の中で確認した内容を全体として交流するとともに、映像と言葉について各グループで相互批正を行う。	40	◇各自のテーマに関する考えを基にして発表を行う。 ◆論拠を基にした考察となっているか、また、考察を論理的に構造化しているかについて創意工夫を凝らしている。 【思考・判断・表現】 ◇各プレゼンテーションについて主体的に受けとめ、相互批正がスムーズに行われるように配慮する。
まとめ	4『東京物語』をめぐるテーマを基にした発表を受けて、他のテーマについての可能性について考察する。	5	◇各プレゼンテーションの視座と論究の方法を基に考察をまとめるとともに、発表について振り返る。
資料	『東京物語』（松竹 DVD コレクション）、『東京物語』シナリオ、『東京物語』関連書籍（『小津安二郎の美学』『原節子、号泣す』『監督小津安二郎』『『東京物語』と小津安二郎』『殉愛』『小津安二郎』等）		

評価に当たっては、テーマ設定までの探究過程、テーマについての情報収集の内容、発表資料の作成及びプレゼンテーションの内容、相互の意見交換による共有による考察の深まりなどを「学校教育法」第三十条第二項において規定されている三つの柱（知識・技能、思考・判断・表現、主体的に学

習に取り組む態度）によって評価することとする。

知識・技能	思考・判断・表現	主体的に学習に取り組む態度
作品に関する基本的な背景を理解することができる。	設定したテーマについて考察すべき解釈を、根拠や理由を明確にして論じることができる。	主体的に作品に関わり、自ら課題を設定し解決に向けた道筋を立てることができる。

なお、指導に当たっては、作品に関する資料の収集、成果の発表、短い論文でのまとめ、批評文や紹介文、書評を書くことなど複数の言語活動を組み合わせることにより、生徒一人一人が自分の思考を深めることができるよう留意することが重要である。

五　教材化の試みⅡ　～作品に関する複数の論考の比較検討～

テーマを基に考察を深めるとともに、異なる論を基に比較・対照することにより思考を深めることも今後の学習活動においては重要になる。

文部科学省（2019:178）にあるように、「解釈の多様性について考察」することは極めて重要な学習活動である。文学作品は必ずしも一つの解釈に収斂・統一されるものではなく、様々な解釈の可能性を有したものであり、それらを多面的・多角的な視点から捉えていくことが「文学国語」を学ぶ重要な視点の一つとして提示されていると言える。

また、文部科学省（2019:202）における、「文学国語」「3　内容」〔思考力・判断力・表現力等〕「B

読むこと」の言語活動例「イ　作品の内容や形式に対する評価について、評論や解説を参考にしながら、論述したり討論したりする活動」について、次の解説が付されている。

評価したことを論述したり討論したりする際には、作品の中で書き手によって設定され、表現された人物や情景などを的確に捉え、文章に表れているものの見方、感じ方、考え方を理解することが大切である。ここでは、その上で、作品の内容や形式に対して生徒が評価したことについて、論述したり討論したりすることを指している。

参考の対象となる評論や解説には、文学的な文章の解釈などについて広く論じた文章や、特定の作品について論じた研究論文などが考えられる。また、文庫本の解説のような文章もこれに含むことができる。これまでの研究の成果として確立している文学理論や、特定の作家について研究している研究者による文章を読むことで、生徒は自分の読みを相対化することができ、自分はどうして最初にこのような読みをしたのか、どうしてこのような読みができるのかといった疑問を持つことで新たな視点を獲得することができる。

論述したり討論したりする際には、必ず具体的な相手が存在し、その相手に向かって言語活動を行うことになる。その際には、相手の立場や状況なども把握して、自分の考えを分かりやすく伝えることができるよう工夫することが必要である。

ここに示されているように、作品の内容や形式に関する書評や、自分の解釈や見解を基にした議論、さらには、評論や解説を参考にしながらの論述や討論などの発信型・交流型の言語活動が組織されていることに留意したい。

『東京物語』を基にした教材化に当たり、複数の論者による論考を比較しながら考察し、それぞれの見方・考え方・感じ方の違いを分析することは、今後の「文学国語」においても重要な学習活動であるとともに、新設された「総合的な探究の時間」と関連付けることにより深い学びに資すると言える。以下に、『東京物語』の一つのシーンとそれを基にした論考について比較検討する教材化について示す。図10は、母とみが亡くなった朝方のシーンがある。

井上（2003:215）では、脚本が次のように表現されている。

148 表

紀子、出てきて、あちこち見廻し、探しに行く。

149 街と海を見下す崖上の空地

そこに周吉がポツンと佇んでいる。

紀子が来る。

紀子「お父さま——」

周吉「（振返って）「ああ……」

紀子「敬三さんいらっしゃいました」

周吉「アア、そうか……（感慨深く）ああ、綺麗な夜明けじゃった」

紀子「…………」（ふッと胸がつまり、目を落す）

周吉「——今日も暑うなるぞ……」

そして、静かに引返してゆく。紀子もしんみり項垂れて

周吉　ああ、……きれいな夜明だったァ……。ああ……今日も暑うなるぞ……。

図10　母の亡くなった朝方のシーン
（『小津安二郎　東京物語』1984:189）

つづく。

このシーンについて、吉田（2013:130-131）には次の叙述がある（論A）。

それは妻の臨終を看取った老いた夫、笠智衆がひとり高台にある寺の境内に行き、夜明けの海を眺める場面だが、その背後に戦死した息子の嫁、原節子が近づき、静かに「お父さま」と呼びかけるのである。この嫁の慰めるような言葉づかいに、妻を亡くしたばかりの老人は答えるでもなく、ただ呟くように「ああ、綺麗な夜明けだったァ……今日も暑うなるぞ……」と言うだけであった。おそらく「ああ、綺麗な夜明けだったァ……」と夫が呟いたのは、妻の死とはかかわりなく、何事もなかったように夜明けの美しさを語りながら、いわば平凡な日常を反復しているにすぎない自分の存在、その平静さをよそおうことによって、妻の死をまのあたりにして乱れる心を抑え、悲しみに耐えようとしたのである。それに止まらず、さらに「今日も暑うなるぞ……」と夫が言うとき、その日の気候を告げる、平凡きわまりない慣用句を使用することによって、妻の死が決して異常なことではなく、その日の気温の移り変わりと同様に、人間の受け入れなければならない宿命であることを、夫はみずから納得しようとしたのだろう。そして今日のこの暑さを、もはやともにすることのできない妻、その不在を、年老いた夫が重ねあわせて思わず口にしたとすれば、それは声を低めて語られた、なんという悲しみであったことだろう。だが、それと同時に「今日も暑うなるぞ……」という常套句が、あまりにも決まり文句の空虚さ、凡庸さを感じさせるために、それを耳にする観客自身は奇異に感じ、その真意をみずから問いかけざるを得なくなるのである。今日という日がいつもと変わらず、妻の死もまた、人間の変わらぬ宿命として受け入れるべきか、あるいは妻とともに今日の暑さをもはや語り得ない、その悲しみを思わず口にしたと理解すべきなのか、こうした迷う両義性こそ、まぎれもなく小津さんの映画であることの証しにほかならなかった。

一方、蓮實（2016:224-225）は、このシーンに関連して次のように論じている（論B）。

ところで、妻を失ったばかりの笠智衆は、海を見おろす高みに立って、何かを考えていたわけではないのだ。彼ばかりとは限らないが、小津的な「作品」の登場人物たちには、およそ心理などというものは存在しはしないからだ。笠智衆は、そのとき、自分をとりまく環境にふさわしい晴天と暑さのことを、誰もがそういうであろうように、ふと機械的に口にしてしまっただけなのである。そこには深い意味などこめられてはいない。小津の会話独特の、あの交話的なコミュニケーションが、慎ましい儀式性をもって演じられているにすぎない。そしておそらくは、この庭のかたすみでの笠智衆と原節子との何でもないやりとりの方が、葬儀の終ったあと、家族のものたちが東京に戻ってしまってから、居残った彼女が義父と交わす人生をめぐるいくぶんか内容のある対話より、なおいっそう感動的だといわねばなるまい。小津の登場人物たちが天候に言及する瞬間ほど、メロドラマから遠いものもまたとないからである。それは、何もいわずにおくこととほとんど同じでありながら、それがしばしばあるシークェンスを始めたり終らせたりする説話論的な機能を演じている点は、すでに指摘したとおりである。それはいささかも劇的ではないが、説話論的な持続を変容せしめ、挿話を次の場面に移行せしめる句読点のような役割を演じ、文字通り交話的な機能を演じているのだ。いってみれば、これを契機として、映画が動くのである。

ここでは、長年連れ添ってきた妻の死に際して発せられた父の言葉が、映画全体を貫く主題と密接に繋がり合っているという論Aと、作品の進行を担う機能的な働きを有しているという異なった立場から書かれた論Bを取りあげている。小津安二郎の他の作品との関連から読み解く方法や、映画自体に内在する意味合いから読み解く方法など論者による映画に対する解釈の立脚点の相違など一つのシーンについて、異なる解釈がなされており、解釈の多様性を比較することにより、生徒一人一人が自己の体験を踏まえ、作品世界に描かれている世界をいかに読み取ることができるかを批判的・創造的に考え、自らの思考を深めていくことが可能となる。異なる視座から作品と対峙することにより作品の持つ世界の広がりと深さとを生徒自身が体感することが探究的な学びにつながる。

次に示すのは、『東京物語』に関する異なった論考の比較検討を通して作品の読みを深める授業構想試案である。

【授業のねらい】

『東京物語』に関する異なった論考を比較検討することにより、映像作品についての理解を深めるとともに、自分の見方・考え方・感じ方を深める。

【第一次】映画の視聴と異なる論文の比較検討（2時間配当）

・映画『東京物語』を視聴した後に、異なった論者の論文を読み合う。

【第二次】論の展開と論拠についての考察及び検討（2時間配当）

・『東京物語』に関する論文についてテーマ、表現、意図、論拠等を個人及びグループによる考察と発表を行う。

【第三次】論文を踏まえた考えのまとめと口頭発表（2時間配当）

・自分の考えをまとめるとともに、プレゼンテーションを行う。

◇複数論考の比較検討授業構想◇（第二次、2時間目／全2時間）

【本時のねらい】

『東京物語』に関する論考について、論の展開及び論拠の妥当性などについて、グループによる話し合いを行い発表することで作品理解を深める。

	学習内容・活動	時	◇指導上の留意点／◆評価規準
導入	1『東京物語』に関する複数論考を踏まえ、グループによる意見交換を通して考えを深める。 　複数論考を比較考察する。	5	◇『東京物語』に関する論考を分析する視点を定める。 ◆論考の展開と内容について確認する。【知識・技能】
展開	2『東京物語』の複数論考の主張を根拠とともに分析し、グループによる意見交換を行う。 3 各グループにおける内容について相互評価を行う中で、見方や考え方の価値を確認し合う。	40	◇論考の主張について、どの場面を基に主張を展開しているかについて考察の視座を確認する。 ◆各グループにおける考察について妥当性を検証し、意見交換を基にして作品理解を深める。
まとめ	4『東京物語』に関する論考について、他の作品を分析する上での汎用性について整理する。	5	◇論考の差異を基に、見方・考え方・感じ方について振り返る。
資料	『東京物語』（松竹 DVD コレクション）、『東京物語』に関する学術論文及び各種参考図書による論文。併せて、2005 年度大学入試センター試験「国語Ⅰ・Ⅱ」の吉田喜重『小津安二郎の反映画』「Ⅱただならぬ映画の原風景」「映像 見ることの死—『一人息子』」の一節を参照。		

作品に関する論考の収集に当たっては、学術論文に関する閲覧ソフトなどを適宜参照するとともに、大学などとの連携も視野に入れて行うこととする。併せて、作品に係る論考の独自性・新規性などを分析した上で、他の作品解釈への汎化可能性を踏まえて幅広く資料の収集に当たる。

なお、評価については下記の三つの柱で行う。

知識・技能	思考・判断・表現	主体的に学習に取り組む態度
作品に関する論考の分析を通して立論の方法や論じ方の基本を説明することができる。	論文相互の主張について、根拠と理由を基に的確に論じられているかを考察し、説得力を高めるための工夫を確認することができる。	作品に対して自分の考えを積極的に持とうとするとともに、複数の論拠を基に異なる論じ方ができることを知り、実際に自論を展開しようとする。

指導に当たっては、幅広い観点からの資料の収集の方法、論拠となっている基本的な考えや先行研究の有無について触れるとともに、複数の論考を比較検討及び分析することにより思考の深まりが生まれるよう配慮する。

なお、論の視座及び論の展開に関する分析についてグループによるプレゼンテーションを行う活動などを通して、作品に関する理解を深めるとともに、最終的には、作品について自分自身で分析を加え論考をまとめそれらを発表し合う機会を設けることにより、探究的な学びに結びつけることが重要である。

六　おわりに　～映像作品の教材化に当たって～

映像作品を授業で扱う場合には、育成を目指す資質・能力を明確にするとともに、カリキュラムマネジメントを行う中で、年間指導計画に則って授業構想を位置付けることが肝要である。放課後や長期休業中など一定の時間を確保し、作品全体を鑑賞するとともに、鑑賞後にテーマを基にしたグループによる意見交換の場を持ったり、蓮實・山根・吉田（2004:6-33）のように、各人が探究した内容を基に教室での討論会や校内でのシンポジウムなどを企画したりすることも生徒の探究的な学びの活性化に資する有効な手段である。

なお、映像作品の教材化及び授業実践に当たっては、作品の構造分析はもとより、時代背景、社会・文化的背景、同一監督による複数の作品の比較、作品の影響関係、後世の作品への波及など総合的な視点から考察を加えるとともに、作品分析を通して形成された自分の考えを短い論文にまとめたり、主題を設定して共同で作品制作に取り組んだりする言語活動につなげることも深い学びに資する。

また、例えば、是枝（2015:80-82）には、映画監督や俳優あるいは脚本家との対談が収められているが、西欧における小津の受容や時間論的な構造認識などをこれらの語り合いの中から掬い出すことも探究的な学習に資する。

さらに、「文学国語」と「論理国語」との科目横断的な視座に立ち、例えば清岡（1975:11-14、27-45）の「失われた両腕」と映画『かくも長き不在』との関連を〈手〉をテーマにして関連付けることなども異なるメディアを通した学びを深めることに資すると考えられる。

マスターマン（2010:28-29）は、メディア・リテラシー教育の第一の原則としてメディアは能動的に読み解かれるべき、象徴的（あるいは記号の）システムであり、外在的な現実の、確実で自明な反映などではない（傍点原文）」と端的に指摘している。今後も引き続き、映像メディアの一つとして映画作品の教材としての可能性を探究するとともに、文字テクストと映像テクストとの相互浸透的、相互往還的な在り方について考察を加え、高等学校国語科における教材開発に当たりたい。

《引用・参考文献》
井上和男編（2003）『小津安二郎全集［下］』（新書館）194.197.205-206.218-219.215.
井上尚美・中村敦雄（2002）『メディア・リテラシーを育てる国語の授業』（明治図書）209-210.
今井康雄（2004）『メディアの教育学』（東京大学出版会）
植条則夫（1998）『映像学原論』（ミネルヴァ書房）236-237.
浮橋康彦（1988）「国語教育のための『映像』の基礎論」（『国語科教育』第35集、全国大学国語教育学会）3-11.
奥泉香（2005）「国語科教育で扱うべきビジュアルリテラシーの検討と課題―初等教育段階を中心に―」（『学習院女子大学紀要』）83-94.
奥泉香（2018）『国語科教育に求められるヴィジュアル・リテラシーの探究』（ひつじ書房）3-4.
小津安二郎生誕90年フェア事務局編（1993）『小津安二郎映畫讀本』（フィルムアート社）90-91.
梶村啓二（2013）『『東京物語』と小津安二郎』（平凡社）198-199.
清岡卓行（1975）『手の変幻』（美術出版社）27-45.
熊本哲也（2016）「小津安二郎の『東京物語』における反復的時間と不可逆的時間」（「リベラル・アーツ」10号岩手県立大学高等教育推進センター）101-114.
是枝裕和（2015）『世界といまを考える1』（PHP研究所）80-82.
柴市郎（2008）「尾道の夜明け―小津安二郎『東京物語』に関する断章―」（『日本文学』第57巻日本文学協会）70-76.
陣内秀信（2000）『東京の空間人類学』（筑摩書房）
末延芳晴（2014）『原節子、号泣す』（集英社）215-216.
菅谷明子（2004）『メディア・リテラシー』（岩波書店）
髙橋正人（2018）「『海のいのち』における時間構造と海の意味に関する考察～重層的な時間と母の子宮をめぐって～」（『福島大学人間発達文化学類論集』第27号）
髙橋正人（2018）「文学国語」における深い学びを実現するための読みの可能性に関する研究－川上弘美『神様２０１１』における「あのこと」の持つ意味をめぐって－」（『福島大学人間発達文化学類論集』第28号）
武田悠一（2017）『読むことの可能性―文学理論への招待』（彩流社）137-138.
田近洵一・井上尚美・中村和弘編著（2018）『国語教育指導用語辞典〔第五版〕』（教育出版）236-237.
田中克己・黒橋禎夫編（2018）『情報デザイン』（共立出版）158-185.
富野由悠季（2011）『映像の原則　改訂版』（キネマ旬報

社）
中洌正堯・岩﨑昇一他編著（2013）『高等学校現代文B』（三省堂）402-405.
中村敦雄（2010）「国語科教育学における『メディア』概念」（『全国大学国語教育学会発表要旨集』119）156-157.
中村純子（2002）「映像文法入門」（井上尚美・中村敦雄編『メディア・リテラシーを育てる国語の授業』明治図書）169-181.
奈須正裕（2019）『「資質・能力」と学びのメカニズム』（東洋館出版社）
蓮實重彦、山根貞男、吉田喜重編著（2004）『国際シンポジウム　小津安二郎　生誕１００年記念「OZU 2003」の記録』（朝日新聞社）6-33.
蓮實重彦（2016）『監督小津安二郎〈増補決定版〉』（筑摩書房）224-225.
浜野保樹（1993）『小津安二郎』（岩波書店）
浜本純逸（2006）『国語科教育論改訂版』（渓水社）32-33.
浜本純逸（2015）『メディア・リテラシーの教育・理論と実践の歩み・』（渓水社）239-260.
藤森裕治（2003）「国語科教育における映像メディアの教育内容—メディア・リテラシーの視点から—」（『国語科教育』第53集、全国大学国語教育学会）18-25.20.
藤森裕治（2018）『学力観を問い直す　国語科の資質・能力と見方・考え方』（明治図書）
町田守弘（2015）『「サブカル×国語」で読解力を育む』（岩波書店）53-54.115-117.117-120.
町田守弘他編（2018）『新科目編成とこれからの授業づくり』（東洋館出版社）
松山雅子（2005）『自己認識としてのメディア・リテラシー』（教育出版）11.
水越伸（2014）『改訂版　21世紀メディア論』（放送大学教育振興会）
文部科学省（2010）『高等学校学習指導要領解説国語編』61.
文部科学省（2019）『高等学校学習指導要領（平成30年告示）解説国語編』178-179.202.203-204.206-207.
山元隆春（2005）『文学教育基礎論の構築 – 読者反応を核としたリテラシー実践に向けて—』（渓水社）
吉田喜重（1998）『小津安二郎の反映画』（岩波書店）
吉田喜重（2013）「小津安二郎論再考」（『ユリイカ』第45巻第15号11月臨時増刊　総特集小津安二郎　青土社）
リブロポート編（1984）『リブロシネマテーク　小津安二郎　東京物語』（株式会社リブロポート）220-221.81.133.64.223.189.
ジル・ドゥルーズ著・宇野邦一他訳（2015）『シネマ１＊

運動イメージ』（法政大学出版局）
ジル・ドゥルーズ著・宇野邦一他訳（2015）『シネマ２＊時間イメージ』（法政大学出版局）
M・マクルーハン著・栗原裕・河本仲聖訳（1987）『メディア論　人間の拡張の諸相』（みすず書房）
M・マクルーハン著・森常治訳（1988）『グーテンベルクの銀河系　活字人間の形成』（みすず書房）
レン・マスターマン著・宮崎寿子訳（2010）『メディアを教える―クリティカルなアプローチへ』（世界思想社）28-29.
ドナルド・リチー著・山本喜久男訳（1993）『小津安二郎の美学―映画のなかの日本―』（社会思想社）270-271.387-388.

《附記》
本研究は、平成31年（令和元年）度～平成33年（令和３年）度日本学術振興会科学研究費助成事業（基盤研究C）「『深い学び』を目指した高等学校国語科における教材モデルの開発と授業メソッドの提案」（研究課題番号：19K02698 研究代表者：髙橋正人）の助成に係る研究成果の一部である。併せて、本研究に当たっては、平成30年度及び令和元年度福島大学人間発達文化研究科教職実践専攻（教職大学院）「国語授業の理論と実践」及び人間発達文化学類「国語科授業研究」「国語科教育法」「卒業研究演習Ⅰ・Ⅱ」受講学生との意見交換に示唆を受けていることを附記し、同講義受講者の皆さんに感謝申し上げます。

A Study on the Use of "Tokyo Story（Voyage à Tokyo）" Directed by Ozu Yasujiro as Teaching Materials: The Possibility of the Video Works in Literary Japanese Language of Senior High Schools

TAKAHASHI Masato

"Subjective, interactive, and deep learning" are required in revisions to the National Curriculum Standards, and deep learning in quality from the perspective of the ways of appreciating and thinking is desired even in Japanese Language of senior high schools. The aim of this study is to examine the value and likelihood of teaching materials with images to deepen the reading in Literary Japanese Language of senior high schools, on the basis of Ozu Yasujiro's "Tokyo Story（Voyage à Tokyo）" In addition, I consider the new probability as teaching materials through analyzing the ideas of video works and its interpretation in the subject.

『海のいのち』における時間構造と海の意味に関する考察

～重層的な時間と母の子宮をめぐって～

要旨

『海のいのち』における時間は人間の時間と自然の時間とに大別することができる。さらに、人間の時間は、太一の年代記的な時間と、太一の父たちに連なる世代間に継承される時間とに分けることができる。つまり、作品には三つの「層」の時間が想定される。太一の父たちに継承される時間は、死によって生を全うしてこの世から消えた後に海に帰還するという形態をとることに特徴があり、太一の生涯を年代記的に捉える時間は、一人の若者が父を超えるまでに成長し、最終的には父親として一つの家庭を築き、亡き父に連なる円環を形成する時間を特徴としている。さらに、海に代表される自然の時間は、人間を包み込み命を継ぐものとしての性格を有した時間である。本研究では、三層に分かれた時間の流れが互いに交錯する中で作品世界が重層的に形成されていることを確認するとともに、海が、人間の営みすべてを時間的に包み込んでいる「母の子宮」ともいえる生命の小宇宙の存在であることを示す。

一　はじめに

教材『海のいのち[1]』について、勝倉壽一（2014）は、「太一の人間的な成長と人間と自然との共生という問題がどのように関わり合い、一個の統一体としての文芸世界を構成しえているかという問いに基づくものである」とした上で、「太一の心の中で自ら抱え込んだ矛盾の克服と、高次の収斂への道はどのように展開していくのか」に、この作品の読みの核心が存在すると述べている。[2] それに対して中野登志美（2017）は、「人間と自然の共生」と「一人の人間の成長」という作品に内在する二つの主題に関連して、「〈海とともに生きる〉という『新たな価値』を見いだした太一は、父親の死を乗り越えて、父親の敵を討つことの執着心から解放され、『本当の一人前の漁師』として生きるアイデンティティを獲得するのである」と述べている。[3]

　また、冨安慎吾（2017）は、「『なぜ太一は瀬の主を殺さなかったのか』という問題は、多くの実践の中で学習者自身が発見する問題として指摘され、また、もっとも重要な問いと位置付けられている」と指摘し、『海のいのち』の難解性について検討を加え、「教材『海のいのち』の難解性は、絵本『海の命』にあったページと場面との連動性や『一人の海』にあった描写が省かれたことによる、『飛躍』の発生によるものである」としている。[4] さらに、教材の持つ難解性には「読者による読み」の可能性が比較的多様に開けているとの見解を述べるとともに、読みの可能性という観点から次のような整理を試みている。[5]

要点	読みの可能性
A　父の死	1【積極的に瀬の主と戦った父】 2【事故によって亡くなった父】
B　瀬の主への感情	1【父の仇としての瀬の主】 2【父の写し身としての瀬の主】

C	父と与吉	1【「父―与吉」に共通する思想】 2【与吉には及ばない父】
D	太一の夢	1【父に近づくことを夢見る太一】 2【父の仇を取ることを夢見る太一】
E	瀬の主への呼びかけ	1【あえて「おとう」をみた太一】 2【瀬の主に父をみた太一】

そして、結論として『海のいのち』に関する読みは、「様々な箇所の『飛躍』をどのように読むかによって刻々と姿を変えていくもの」であり、そこにこそ本教材としての意義があるとの見解を示している。[6]

さらに、佐藤佐敏（2017）は、なぜ、太一が瀬の主にもりを打たなかったのかという問いについて、「身体反応を基にして遡及的に心理過程を推論する」方略をもとに教材の分析を行っており、「海と一体化して全く動じない瀬の主の自然体は太一の心の昂ぶりを鎮静するのに十分すぎたのであり、瀬の主と戦うように太一の身体が反応しなかったというのが、丁寧に叙述を追うことで導かれる推論である」と指摘している。[7] さらに、本教材を少年の成長と「父親殺し」の関係で分析し、併せて太一と母との関係軸で読み解いている。[8]

本稿においては、これらの先行研究を踏まえるとともに、物語における「時間構造」の分析を通して『海のいのち』という作品全体について考察を加えていきたい。

二　『海のいのち』における時間　～三つの層から構成される時間～

『海のいのち』における時間を考える上で、物語末尾の次の一文は深い意味を有している。

太一は村一番の漁師であり続けた。千びきに一ぴきしかとらないのだから、海のいのちは全く変わらない。巨大なクエを岩の穴で見かけたのにもりを打たなかったことは、もちろん太一は生がいだれにも話さなかった。

『海のいのち』末尾は、「もちろん太一は生がいだれにも話さなかった」という形で終わっている。「もちろん」という語は、『日本国語大辞典第二版』（2009小学館）によれば、「〔名〕（議論の余地がない意。多く副詞的に用いる）言うまでもなく自明であること。無論。〔副〕程度のはなはだしいさまを表わす語。大いに。大変。たくさん」という意味内容を有している。「もちろん」に込められているのは、クエとの出来事を他に対して口にしないということが「暗黙の了解」事項となっているということである。「だれにも話さなかった」という叙述は、「だれにも話さない」ことを決意し、それを実行したことに対する〈評価〉の言葉である。つまり、太一自身の思考と決断を前提としている。話さないという決断の根拠となるのは、本文で見る限り、「おとう、ここにおられたのですか。また会いに来ますから」という叙述に拠るしかない。派生的には、話すことによって生じる他の人への影響を危惧したからということは想定としては困難だと思われる。

太一の決断に関する〈評価〉の言として「もちろん」という語が選択されており、その〈評価〉を適正と捉える評価基準が暗黙裡に想定されている。そして、この語の前提となっているのは、太一の物語全体を俯瞰することができる語り手の存在である。太一の心中に自由に出入りすることによってクエとの交感を感じ取るとともに、クエとの体験を外部に漏らさなかったということそのものを回顧する視点に立つことができる者が想定される。

「もちろん」という語の背景にあるのは、太一の「年代記」を俯瞰的な視点に立って語る〈存在〉であり〈視座〉である。太一という固有名詞を持った一人の漁師が、一生をかけて一つの物語を形成するとともに、四人の子供を持つ父になり、その子供たちがまた、その父を引き継ぐという年代記的な回路が形成される。太一は父になることによって、一人の漁師としての〈現実〉の世界から、先祖代々に結び付く〈神話的〉な世界の住人へと昇華される。末尾の文は、個人を超えた「父の系譜」に連なる者としての太一への変貌し、そのまま冒頭の一文へと循環の輪をつなぐことになる。語るべきことを語らないことにより海の中で行われたクエを前にした葛藤あるいはジレンマは、太一一人の胸に収まることになる。日常が変化せず、太一一人に秘蔵された〈体験〉は、他の者、例えば母や妻や子供たちには開示されることなく比喩的に言えば海の底に埋没していくことになる。物語において、仮に太一がクエを打つという選択肢が採択され、それを声高に語るという行為が行われたとしたら、作品は大きくその意味合いを変え、名誉や驕奢などと引き換えに人間としての弱さが前景化することが予想される。

河野順子（2010）は、『海のいのち』とその原型とも言える『一人の海』（初出1991）との異同分析において、①記述の創意（方言と標準語）、②物語の設定の相違、③「母」に関する記述、描写の相違、④父の記述の相違、⑤与吉じいさの描写についての異同及び絵本『海のいのち』と教材文との異同を分析しているが、(9) ここで着目したいのは、時代性や社会性あるいは現実性を捨象することによって〈神話作用〉を作品にもたらしているということである。例えば、『一人の海』（立松和平・岸大武郎1991（『jump novel』vol.1 1991年8月21日号）では、海に潜るということについて、「ウェットスーツ」

「水中眼鏡」「足びれ」「鉛のウェイト」「布のベルト」などの潜水に必要な具体的な装備品や「耳抜き」など具体的な潜水技術まで記述されるとともに、その様子が挿画として描かれていたが、『海のいのち』にはそれらは丁寧に除外されている。(10) そのことによって太一が海に潜ること、クエと対面することが、深海という一種の特殊な舞台装置の中で一回性を有したものとして象徴的に記されている。

『海のいのち』における時間を整理すると、「人間の時間」と「自然の時間」とに大別することができる。そして、前者は太一の幼少期から青年期を経て漁師として全うするという生涯にわたる過程を中心にとらえた年代記的な時間、つまり、「太一の生涯」という時間と、太一の父たちに代表される世代間において継続されている「父の系譜」という時間とに分けることができる。また、後者は、海を中心とした自然界を舞台として流れる時間であり、後述する神話につながる「悠久の時間」でもある。

人間	Ⅰ：太一の成長という生涯に流れる時間
	Ⅱ：父たち／母たちの世代間に流れる時間
自然	Ⅲ：海に代表される自然界に流れる悠久の時間

物語は、ここで整理したように、三つ層の時間の流れの中で進行していくことになるが、まず、「Ⅱ：父たちの世代間に流れる時間」から考察を進めていくことにする。

三　父に連なる系譜　～世代間に継承される時間の層～

『海のいのち』は、次のように始まる。

父もその父も、その先ずっと顔も知らない父親たちが住んでいた海に、太一もまた住んでいた。

作品冒頭において示されるのは、「父の系譜」としての物語に流れる時間の存在である。太一の存在は、父親だけでなく、父親の父親、その父親という連綿と続く世代という鎖状に伸びる時間の一端を担っている存在の一つとしてまず規定されている。したがって太一の人生は一人の「少年の物語」であると同時に、将来的には成長して「若者の物語」「父親としての物語」「老人としての物語」の可能性を胚胎し、準備された物語として規定され、成長し変化する存在としての在り方を暗黙の裡に含意している存在として我々の前に提示される。父の父たちが「顔も知らない」と表現されているように、その存在が脳裏に映像化されず口承によって伝えられる父親たちの像がここでは示されるとともに、世代間に代々継承されてきた家族の姿がイメージされる。ここには、「父」という言葉が持つ意味合いが相似的に引き継がれ増えていくというフラクタルな構造がイメージされる。[11]冒頭の一節は、太一の誕生から成長、そして、家族の長として生涯を終えるまでの一生という「成長の物語」を予告するとともに、単に一人の少年あるいは若者の姿を描く物語ではなく、巨視的な視点に我々を誘い、一人の人物を超越的な視点から眺望し、包み込む視座を示している。過去から未来に向かって流れ続ける時の流れを端的に特徴づけているのが、「も」という助詞の持つ喚起力である。助詞「も」について、『日本国語大辞典（第二版）』によれば、「同類のものが他にあることを前提として包括的に主題を提示する。従って多くの場合、類例が暗示されたり、同類暗示のもとに一例が提示されたりする。類例が明示されれば並列となる」とされるが、単なる一回きりの人生を提示するのではなく、太一が父親やその父親の生きた時間の延長線上にあるということが強く印象付けられるとともに、冒頭の一節によって表現されている時間の流れは、通奏低音として作品全体に響いていく。

「父の系譜」として流れる父親たちの時間は、「継承性」にその特徴がある。漁法を始め漁師としての生きざまが語られ、模倣され、伝えられることによって技として現世代から次の世代に伝えられ、継承される。父親の存在は、次世代を担う子にとって一面的な存在というより、敬うべき存在、乗り越えるべき存在、永遠に追いつくことができない存在など複合的な視座を通して描かれる存在でもある。太一は幼少期から、父親とともに海に出ることを切望する。「子供のころから、太一はこう言ってはばからなかった」という表現からは、太一にとって、父親と共に漁に出ることが夢であり憧れであることが読みとれる。父の背中を追って進もうとしている世代間に流れる時間が父親から息子に向かって流れており、「父―子」間の継承の時間がここで成立する。

太一の父親の漁は「もぐり漁」として描かれており、水面に舟を浮かべながらの漁とは異なり、「水中」の「潮の流れが速くて、だれにももぐれない瀬」に、ただ一人で潜ることを営みとしている。「たった一人でもぐっては」という表現に見られるように、日々繰り返される父親の漁が太一に語られ、その時間を共有したであろうことが想像される。父の独り言とも、家族への話しかけとも捉えることができる「海のめぐみだからなあ」という言葉には、一般的な説明とも作中人物に対して語られた言葉ともとれる両義性を持った特有の語りが看取されるが、自分の行動を他にひけらかすことのない父の様子とともに、代々引き継いできた者の誇りが描かれている。短い描写の中に父親の存在に包含される「父の系譜」に属する時間が凝縮されている。

太一の父は、物語の始まりから比較的早くに姿を消すことになるが、「ある日父は、夕方になっても帰らなかった」と語り始められる場面における「帰る」という言葉に注目したい。後に、父の死を「海に帰る」という表現で描くことになるが、ここでは、漁を行って夕刻までに「帰る」はずであるにもかかわらず、家に帰ってこないという日常における異変が表現されている。父の死については、富安

（2017）が整理しているように、「積極的に瀬の主と戦った父」と「事故によって亡くなった父」という二つの解釈の可能性が指摘されている[12]。大切なことは、父の死が、肉親としての父親の喪失だけでなく、漁に関する先達の喪失をも意味し、太一が新たな師を求める契機となっていることである。与吉じいさは、父とは異なるもう一つの漁師のモデルであるとともに、作者自身の「人生哲学」つまり、「千に一つの哲学」を体現した一つの「典型」として示されている[13]。「千びきに一ぴきでいいんだ」という言葉と「千びきいるうち一ぴきをつれば、ずっとこの海で生きていけるよ」という表現に表されているように、「千に千」ではなく、「千に一つ」という対比に着目すると、一回ですべてを取り尽くすのではなく、少しずつという部分によって、ほんの一部への限定が、時間的には、「ずっと」という漁の在り方を無限へと開いていくことになる。与吉じいさの漁の作法には、資源としての魚の取り方という漁法という狭い視座に収まらない、自身の人生の在り方・生き方についての明晰な思想が底流に流れていることを垣間見ることができる。弟子としての太一は、師匠としての与吉じいさの言いつけを守り、弟子道を貫き通すことによって師匠によって「村一番の漁師」としての認定を受けるまでに至る[14]。ここでは、父から子へ、子から孫へと連綿と続く「父の系譜」に連なる時間、「弟子が師匠を乗り越える物語」の時間が、物語の縦糸として描かれており、太一の物語時間を通して「父の系譜」が再話されるという連続性が看取される[15]。

　次に、与吉じいさの死が語られる。

真夏のある日、与吉じいさは暑いのに毛布をのどまでかけてねむっていた。太一は全てをさとった。
「海に帰りましたか。与吉じいさ、心から感謝しております。おかげさまでぼくも海で生きられます」

与吉じいさの死について、諦観とも読み取れる「海に帰る」という太一の言葉には、人間の生と死とが、「海から来る／海に帰る」という形で形象化されるとともに、漁師が「海」から生を得、最終的には「海」に帰っていくという〈人生哲学〉が示されている。そして、与吉じいさの生きてきた時間が「海」との関係で総括され、「陸」における漁師としての生活は、実は、本来「帰るべきところ」としての「海」に対して「かりそめの世界」、「かりそめの時間」であるという認識を潜在的に示している。与吉じいさの生きてきた時間は、「海」の時間の中に包み込まれ、「海」と混ざり合い、溶解する。「父の系譜」に連なる父も与吉じいさも、そして、多くの父たちも、「海」からやって来て、「海」に帰っていくものとして位置付けられている。

悲しみがふき上がってきたが、今の太一は自然な気持ちで顔の前に両手を合わせることができた。父がそうであったように、与吉じいさも海に帰っていったのだ。

注目したいことは、太一の心情を引用形式（いわゆる「会話文」の形）で示した後に、非引用形式（いわゆる「地の文」の形）で話者が「父がそうであったように、与吉じいさも海に帰っていったのだ」と再確認していることである。父の死により現世では断たれた時間が、海に帰ることにより異なる体系に属する時間によって掬い取られているという認識がここでは表現されており、「帰っていった」という表現からは、「此岸と彼岸」という潜在的な世界の在りようが透かして見える。「父の系譜」としての時間は、こうして太一に引き継がれることとなる。

四　太一の年代記的な時間　～太一における成長と父の超越～

次に、「Ⅰ：太一の成長という生涯に流れる時間」について考察する。作品が、太一の生涯を俯瞰的に見る視点から描かれていることに着目したい。「ぼくは漁師になる。おとうといっしょに海で出るんだ」という幼少期を経て、「中学校を卒業する年の夏」に与吉じいさに弟子入りする場面、「でしになって何年もたったある朝」の場面、そして、与吉じいさの死を経て、「あらしさえもはね返すくっ強な若者になって」いく過程が描かれている。そして、「自分の追い求めてきたまぼろしの魚」であるクエとの出会いを経た後に、「やがて太一は村のむすめと結こんし、子供を四人育てた」とあり、「村一番の漁師であり続けた」とされる。幼少期の太一の時間において重要な出来事は、言うまでもなく「父の死」である。「ある日」という明言を避けた朧化法によって表現される形で父の死は伝聞形式によって太一に伝えられる。「水中で事切れていた」と表現される父の死は、太一の人生に大きな影響を与えていたと推察される。太一は、中学校卒業の学年を迎え、幼年期に周囲に対して辺りを憚ることなく口にしていた「ぼくは、漁師になる」という決意を実現するために与吉じいさに弟子入りすることとなる。冨安（2017）が指摘するように、弟子入りの直接の動機については、「父の仇うち」か否かという両義的な読みの可能性が開かれている。[16]

太一の成長物語の一端が表れているのは、各種の修行に共通する準備のための時間である。

太一は、なかなかつり糸をにぎらせてもらえなかった。つり針にえさを付け、上がってきた魚からつり針を外す仕事ばかりだ。

一人前になるためには修行の時間の積み重ねが必要である。さらに、太一の時間を彩るのが「季節の変化」に関する叙述である。与吉じいさの下で修業を積む太一の漁は、「季節によって、タイがイサキになったりブリになったりした」と叙述されることによって、漁師にとっての日常的な時の推移が描き出されているが、このような叙述は、太一が成長する時間を、映像化し、推移をパノラマの形で示す上で効果的である。太一の成長が顕著に表れるのは、「でしになって何年もたったある朝」のことである。

与吉じいさはふっと声をもらした。そのころには与吉じいさは船には乗ってこそきたが、作業はほとんど太一がやるようになっていた。
「自分では気づかないだろうが、おまえは村一番の漁師だよ。太一、ここはおまえの海だ」

太一の成長の時間は、漁師としての熟度をあげる修行の完成に向けた時間でもあった。太一の成長を実質的に支えてきた与吉じいさはその使命を終え、死を迎えることとなる。従容として死に赴く与吉じいさの印象的な状況とともに、我々は、恩師の死にも動じない太一の諦観にも似た成長ぶりを見出だすこととなる。ここで注目しておきたいことは、成長した太一の放つ「海に帰りましたか。与吉じいさ、心から感謝しております。おかげさまでぼくも海で生きられます」という言葉である。漁の本質を教えてくれた師匠としての与吉じいさに対する労いとともに、漁師としての自覚に裏打ちされた自分の未来、つまり、「生きられます」という現在の時点から未来に向かって照射される明確な意志の表明がここでは行われているのである。

さらに、与吉じいさを悼む悲しみを払拭するかのように、「今の太一」と明示されている表現には、言外に「これまでの太一」あるいは「これからの太一」が想定されるとともに、単なる悲しみに浸る若者ではなく、生と死に関する認識を有するまでに成長した太一の姿が描かれる。太一の成長物語は、与吉じいさの死後、父を乗り越える物語へと階梯を上っていくこととなる。「おまえが、おとうの死んだ瀬にもぐると、いつ言いだすかと思うと、わたしはおそろしくて夜もねむれないよ。おまえの心の中が見えるようで」という母親の言葉は、息子としての太一が父親のもとに向かおうとし、さらにそれを乗り越えようとしている姿を表現している。母親の抱く不安や危惧あるいは怖れは、成長・成育に伴って「親を越えていく子」「子に乗り越えられる親」という典型的かつ定型的な成長の時間と残された者たちの時間という世代間の交代に関わる時間認識として表れている。ここでは、自らの庇護下において育んできた家族としての共同体から、共に生きてきた家族の一員が、庇護からの脱出を図り、新たな世界、しかも、幽明境を異にする惧れなしとしない危険な地点に向かって出立することへの異議申し立てを行う母の姿が描かれている。母にとって、太一の心の中、つまり、父の死、与吉じいさの死の系譜に連なる物語を自ら紡ぎ出そうとすることへの強い違和感の表明であり、心の叫びとも受け取ることができる。

しかし、太一は、すでに過去の太一ではなく、別人と言えるまでの成長を成し遂げている。「太一は、あらしさえもはね返すくっ強な若者になっていたのだ。太一は、そのたくましい背中に、母の悲しみさえも背負おうとしていたのである」とあるように、ここには、父を乗り越えるまでに成長してきた「太一の物語」の一つの頂点が描かれている。たくましい「背中」という身体部位によって太一の成長の度合いは明示され、母が抱く感情そのもの、そして、それは母の人生そのものまでも請け負う決意と実力を兼ね備えるまでの成長を読者に印象付けることとなる。なお、『海のいのち』における文末表現の一つである「のである」と「のだ」については、前者が解説的な断言形式であり、後者は事実認定的な表現になっていることに留意したい。

太一の成長の物語のもう一つの頂点となるのは、大魚・クエとの出会いである。ここでも時間の経過が明示されており、「太一が瀬にもぐり続けて、ほぼ一年が過ぎた」との表現がある。ここで注目したいのは、クエとの出会いの場面における時間表現として「追い求めているうちに、不意に夢は実現するものだ」という表現に込められた時間認識である。「追い求める」時間がいつから流れていたか、あるいは、どの段階で「追い求めよう」と太一がしたかについては言及されていないが、クエとの出会いにおける時間は、太一の成長の証でもある時間でありながら、一種個人を超えた時間が流れている印象を我々に与える。それは、クエの描写に関わるものであり、「青い宝石の目」「ひとみは黒いしんじゅのようだった」などの表現によっていわば「船上の時間」から、「水中の時間」に次元が変わっていることに起因すると考えられる。母がいみじくも訴える禁忌としての「もぐる」という身体行為は、「陸」での時間と離れた「水中」での時間を生きることにつながり、与吉じいさの漁における「船上の時間」とは全く異なった時間が流れていることに注目する必要がある。つまり、太一の成長のピークに出会うクエの存在する「水中」に流れる時間は、すでに「陸」に流れる時間とは水面により境を接してはいるものの、全く異なった時間軸を有している世界なのである。ここには、人を包み込みながら永遠に流れる「悠久の時間」が存在している。クエの存在する水中に流れる時間と、太一が生きる世界に流れる時間とが截然と分かれていることの証左は、「息」にある。

これが自分の追い求めてきたまぼろしの魚、村一番のもぐり漁師だった父を破った瀬の主なのかもしれない。太一は鼻づらに向かってもりをつき出すのだが、クエは動こうとはしない。そうしたままで時間が過ぎた。太一は、永遠にここにいられるような気さえした。しかし、息が苦しくなって、またうかんでいく。

もう一度もどってきても、瀬の主は全く動こうとはせずに太一を見ていた。おだやかな目だった。

水中で流れる時間に身を任せ、「永遠に」、「ここ」、すなわち、「クエの生存する水中」にいたい、いられると思っても、生身の存在である太一には水中で「息」をすることはできない。ここでは、生存する基盤の異なる世界にいる二つの生き物であるクエと太一とが、生きている間は重なり合うことのできないことが明示され、その不可能性が、実感を持って知らされていると考えられる。『岩波古語辞典（増訂版）』（2008）によれば、「息」について、「《生キと同根》①呼気。呼吸。②気力。活力。息と生キとを同根とする言語は、世界に例が少なくない。例えばラテン語 spiritus は息・生命・活力・魂、ギリシャ語 anemos は空気・息・生命・へブライ語 ruah は風・息・生命の語源の意。日本の神話でも「息吹のさ霧」によって生れ出る神神があるのは、息が生命を意味したからである」との説明がなされている。また、同辞典によれば、命（いのち）について、次の説明がなされている。「《イは息、チは勢力。》したがって、『息の勢い』が原義。古代人は、古代人は、生きる根源の力を眼に見えない勢いの勢いのはたらきと見たらしい。だからイノチも、決められた運命・生涯・一生と解すべきものが少なくない。①生命力②寿命。③一生。④運命。⑤死期。》」とあり、作品理解の参考となる。

なお、本文においては、息継ぎのために水面に出て再度クエのもとに戻ってきた後、「息」を吐く叙述として「水の中で太一はふっとほほえみ、口から銀のあぶくを出した」とあるように、ここでの息が「銀色」というういわば価値のある物としての「ほほえみ」とともに、プラスイメージの意義づけがなされていることに着目したい[17]。太一が「水の中で」クエに向かって「ふっとほほえみ、口から銀のあぶくを出し」、さらに、「クエに向かってもう一度笑顔を作った」という一連の表現は、切迫感を感じさせない緩やかな時間の流れを感じさせる表現となっている。「また会いに来ますから」という表現の直後に水中から水面に向かって息継ぎをするために上昇したと考えるのが一般的だとすると、ここでは、一定の時間が経過しているが、緊急の息継ぎを要するほど切迫しているとは感じられない。息継ぎをして再度クエのもとに戻った太一が、クエと対峙する時間的な余裕はあったものと考えられる。その中で、太一は、クエとの時間を共有する。太一がクエにもりを打たなかった理由の一つは、太一に流れる時間とクエに流れる時間とが互いに浸透し合う「永遠感覚」とも言うべき感覚に包まれているとを実感したことによる認識の覚醒によると考えられる。つまり、息継ぎをすることができず、自分とは異なる世界に悠々と存在するクエに対して、自分の持つ人間としての限界を自覚する一方、自らをも包み込む海の大きさ、海に流れる悠久の時間に包まれることにより太一はクエに対してもりを打つことを忌避したと考えられる。

その後の太一の成長に伴う時間は、次のように人物を俯瞰的・巨視的な視点によって捉えた形、つまり後日譚として描かれる。

やがて太一は村のむすめと結こんし、子供を四人育てた。男と女と二人ずつで、みんな元気でやさしい子供たちだった。母は、おだやかで満ち足りた、美しいおばあさんになった。

太一は村一番の漁師であり続けた。千びきに一ぴきしかとらないのだから、海のいのちは全く変わらない。巨大なクエを岩の穴で見かけたのにもりを打たなかったことは、もちろん太一は生がいだれにも話さなかった。

ここには、一人の漁師として、「村一番の漁師」であり続けるとともに、一人の家庭人として生きた太一の「成長」が描かれている。若者から「父」となり、さらには老年に至り、この世を去っていくという時間の流れを手繰り寄せ、生涯にわたり幸せな人生を送ったという印象を与えながら閉じられている太一の成長の物語は、こうして一つの終結を迎えることとなるが、太一の物語に流れる時間は一人の子供が一生を生き切った姿を描き出すとともに、その子供の物語が用意されており、円環は閉じられることなく、新たな物語の時間を予見させる構造になっている。「太一」と称せられる一人の人間の一生を描き、幼年時代・少年時代・青年時代・壮年時代・老年時代を閲したこの物語の終点は、最後にまた、冒頭の「父」に連なる物語へと円環の始点に辿り着くことになり、循環型の時間構造が作品として完結する。

五　悠久の時間　～命を継ぐということの意味～

作品には、人間における時間と対比される層として、太一という一人の人間の一生を貫く時間と、父たちによって紡がれてきた世代を貫く時間とを包括する「Ⅲ：海に代表される自然界に流れる悠久の時間」がある。海は、太一たち漁師にとって生活の基盤である「めぐみ」としての魚をもたらしてくれるものであり、人々の日常の生を包み込むものとして存在している。漁師にとって海は収奪のための場であってはならない。太一が師表として仰ぐ与吉じいさには次の言葉がある。

つりをしながら、与吉じいさは独り言のように語ってくれた。

「千びきに一ぴきでいいんだ。千びきいるうち一ぴきをつれば、ずっとこの海で生きていけるよ」

悠久の時を持つ自然の営みが、ここでは、端的に「ずっと」という表現により描かれるとともに、刹那的に生きることを強いられる人間に対してそれらを超越した時間の流れが提示されている。題名となっている「海のいのち」の「の」は、『日本国語大辞典（第二版）』によれば、「連体格を示す格助詞。

体言または体言に準ずるものを受けて下の体言にかかる。下の実質名詞を種々の関係（所有・所属・同格・属性その他）において限定・修飾する」と説明されている。「海のいのち」という題名に端的に示されているように、この「の」については、「海」の属性としての命であるとともに、「海」が所有する命と捉えられ、海に流れる時間そのものとも通じる。

「千匹に一匹」という考え方、あるいは、漁に対する〈哲学〉について、作者は、『命継ぎの海』（2003）において、「『千匹に一匹』がキーワードである。海を収奪しきらず、海をいつまでも再生産可能な状態に保っておく。この言葉を、私は実際に対馬の漁師から聞いた。（中略）『千匹に一匹』の付き合いをしていれば、海は永遠なのだ。（中略）海全体はひとつの宇宙である。瀬とは岩があって海藻が繁り、そこは魚が集まるところだ。海という宇宙の中の小さな森のようなもので、そこにはなんでもある。（中略）『千匹に一匹』の漁とは、この生息環境を守るということなのだ。つまり、瀬の主であるクエを殺すことは、完全だった調和が崩れることを意味する」と述べている[18]。

また、『南の島から日本が見える』（1995 岩波書店）には、「白保の海にいい言葉があるんですね。『命継ぎの海』という言葉、これは白保に伝わっている言葉なんです。（中略）島の人は命の海に囲まれている、海に行きさえすれば何でも食べられる、命を継ぐことができるんです。魚や貝や海草がいつでもとれるからです。そうしてはっきりと言葉になっているからです。皆そう思っているからでしょう。海と自分の生活を認識しているということは、あまり考えないで自然の中に自分がいるというのではない。自分の暮らしをどこか離れた場所から見て、それこそ全体の地球なら地球、海なら海ということの中で、自分の生活がどういう位置にあるのか、どう助けられて生かされているのかということがはっきり分かるから、『命継ぎの海』という言葉が出てくるんですよね。そういう言葉がはっきりと先祖から伝わっている[19]」ここにも、悠久の時間が伝承されていることが分かる。

さらに、『立松和平日本を歩く第四巻』（2006 勉誠出版）には、「これが昔からの漁師の生き方なのである。そうすればずっとこの海で生きていける。それが与吉じいさんの生き方であり、若い太一も人生の哲学として学んだことなのだ。我々の祖先が長い時間かかってつちかってきた自然観である」[20]という言葉がある。ここで重要なことは、海との関係において人間が一方的な破壊を試みない限り、海は人間に対しても、他の生物に対しても包容力をもって接してくれるという確信であり、生命を「永遠に」継いでくれる存在であるということである。

さらに、海に流れる時間を考えるとき注目したいのが、「海」と「母」との関係性である。「父の系譜」において見たように、太一にとって、父と生きた時間は記憶の中で生き続け、いわば父の生に随伴される形で生き続ける。ここで着目したいのは、クエとの邂逅の場面が、太一と父との邂逅と二重写しであり、それが「海の中」において行われているということである[21]。

水の中で太一はふっとほほえみ、口から銀のあぶくを出した。もりの刃先を足の方にどけ、クエに向かってもう一度笑顔を作った。

「おとう、ここにおられたのですか。また会いに来ますから」

こう思うことによって、太一は瀬の主を殺さないですんだのだ。大魚はこの海のいのちだと思えた。

難解な箇所としてこれまで様々な解釈がなされてきた部分であるが、海で亡くなった父は、与吉じいさと同様に「海に帰っていった」と太一には認識されている。したがって、幼少年期に起こった父の死以後、父はすでに海において、撞着語法（オクシモロン oxymoron）で表現するならば、「死後の生」を「生きている」と認識されている。海はそうした父親たちの死後をも飲み込み、包み込む存在として規定されており、当然そこにおいて流れる時間も、地上の時間の流れと同様に、一定の時間の経過を示している。そうした時間認識の一端が、「ここにおられた」という敬意を伴った表現に結晶化している。そして、父の死後に流れてきた時間を、太一は、クエとの邂逅によって再発見することとなる。さらに、「再度」、「もう一度」を意味する「また」という言葉によって表現されている意味合いは、単に「直ちに」あるいは、「すぐ」という刹那的な時間感覚によって発せられたというより、太一自身の死後においてこそ実現することも含めた広い射程を含んだ「(父のいる)海に、自分も(また)帰る」ことにつながる時間感覚を読み取るべきである。作品の最後にある「巨大なクエを岩の穴で見かけたのにもりを打たなかったことは、もちろん太一は生がいだれにも話さなかった」という表現には、クエとの出会いは、一回性を有した体験でありながらも、作品冒頭の「父もその父も、その先ずっと顔も知らない父親たち」に繋がる時間感覚と通底している。

なお、作者は、太一が青い目をしたクエに銛を打たなかった理由を、「命の荘厳に打たれたからといってよいであろう。銛の刃先を足元にどけたのは瞬間的な判断だが、自分の漁場は百五十キロの大魚が生きられるような海だったのかと感動したからだといってもよい。太一は無意識のうちにも、『千匹に一匹』の漁を実践したのだ。太一はこの海で生きていく漁師に成長したのだが、今日を生きなければいけない漁師として、たった一突きで大漁になるクエに銛を打たなかった自分の行動を、自分自身で納得させなければならない。それが『お父、ここにおられたのですか。またあいにきますから』という言葉である。このように、海を父親とみなし、両者を同一視することによって、太一は大魚を殺さないですむ道を発見したのである。こうして父なる海は、いつまでも太一を抱擁しつづけてくれるのである。これは父親と、つまり大いなる自然との、ほかの人に話しても理解されにくい深い関係である(22)」と述べている。この言葉からも分かるように、太一は無意識のうちに銛を突きさすという行動を忌避した。そこには、自然への畏敬や大いなる自然への感動が立ち上がっている。

『海のいのち』には、「海」を中心として「獲る／獲られる」「殺す／殺される」「（海から）来る／（海へ）帰る」「生まれる／死ぬ」「日常／非日常」という対比構造が見て取れる。こうした対比が、壮大な物語に流れる時間の中で繰り広げられており、それぞれは、併存不可能な在り方である関係に見えるが、実は相互浸透的・相互循環的な関係にある。また、それらは、「父の系譜」で見てきたように、「父もその父も」という太一にとっての祖先に遡及することによって太古の昔すなわち「神話の世界」に結びつく。そして、その世界は、環境や生態系という極めて現代的な課題を通して太一の「末裔（すえ）」という未来に連なる視座に我々を誘うとともに、「現代を生きる物語」として共通する問題と通底している。

さらに、「男系物語」としての「父たちの時間」に連なる縦糸と付随して、「母をめぐる物語」が横糸として「海をめぐる時間」と連なる。ここでは、父の不在を乗り越え、父を超えていく者を「見守る者たちの物語」が描き出されているとともに、「海」を介在して太古の世界へと繋がる世界が開けている。与吉じいさの死の後に次の表現がある。

ある日、母はこんなふうに言うのだった。
「おまえが、おとうの死んだ瀬にもぐると、いつ言いだすかと思うと、わたしはおそろしくて夜もねむれないよ。おまえの心の中が見えるようで」
太一は、あらしさえもはね返すくっ強な若者になっていたのだ。太一は、そのたくましい背中に、母の悲しみさえも背負おうとしていたのである。

ここでは、「一回性」「唐突さ」を示す「ある日」という表現と「だった」という反復を意識した言表とが併存していることに着目したい[23]。この母の言葉は、単なる「父の悲劇の再現」を恐れるだけではなく、太一の「心の中」、つまり、太一が「望んでいること」つまり、太一の欲望とその結果までを射程に入れている。母親の言表に含まれる危惧や禁忌を犯してほしくないという願いと祈りとが太一の大魚に銛を打たないという行動を制御した可能性も否定できない。

なお、作者が編集に携わった『私の海彦山彦』（1989）の一節は、示唆的である。「踊るような波を見ていると、ああここには前に一度きたことがあるなと思い、たまらなく懐かしい気分になってくるのである。これを、デジャ・ビュ（既視感）という。そうだ、私は以前ここにやってきたことがある。いつのことかも思い出すことができる。それは生まれる前のことだ。その時、この海は熱くもなく寒くもなく、波も風もなく、光さえもなかった。私は一切の憂いもなく、あるがまま、波に漂っていればよかったのだ。私の一番幸福だった時のことである。私は母の胎内にいた。珊瑚礁の海にはじめてきた時、私は母のもとに帰ってきたのだと嬉しかった[24]」

ここで注目したいのは、「海」が「母の胎内」と相似形をなし、「珊瑚礁の海にはじめてきた」ことが「母のもとに帰ってきた」ことと同一視されていることである。さらに、「自分」という存在が、自分を「遥かに超えた通し祖先」と結び付いており、「祖先たち」との「交感」がなされているということである。

このように、『海のいのち』という作品には、太一が父親を乗り越え、新たな父親になる物語、つまり、「父親の物語」であると同時に、海に行く父たちを見守り続ける「母親の物語」が織り込まれている。物語の最後に慎ましく語られている「村のむすめ」との「結こん」と、新たな子孫としての四人の「子供（息子と娘）」の誕生を迎え、美しく老いた父の「妻」（母であり祖母である存在）とで織りなす家族は、〈海 la mer ＝母 la mère〉という二つの存在が生命の根源となる〈胎内＝海〉という太古からの〈揺り籠cradle〉であることを示す。その揺り籠に「包まれる」ことが生きることと繋がり、父もその父もまた「帰る」所である。母親の言は、太一の行動を規制する方向に機能するというより、むしろ、宙に浮かび、太一の「たくましい背中」に投影されているということである。つまり、太一は、母の「悲しみさえ」自分の人生に引き受け、それらを含んだ「父＋母」という総体としての「家族」そのものを「背負う」資格を持つに至っているという叙述がされているということである。もちろん、ここで叙述されるのは、あくまで太一を客観的に描く話者の眼差しからであり、太一自身が自らを認識しているわけではないことに注意を払う必要がある。与吉じいさが、「自分では気づかないだろうが」といみじくも喝破したように、「背負おうとしていた」との表現には、母親の危惧や恐怖、そして、そこから想定される悲劇の再来を恐れ、悲しむ思いを、太一が意志的に乗り越えようとする決意が明示されている。

さらに、生命の根源に迫るという観点からみると、水の中は、実は〈胎内〉と同じ役割を果たしていると考えることができる。

耳には何も聞こえなかったが、太一はそう大な音楽を聞いているような気分になった。

ここでは、〈海中〉そのものが「そう大な音楽」に包まれている「小宇宙」として捉えられており、そこに漂うことは、言わば「母親の鼓動を母なる胎内で聞く」ことを表し、生命そのものの持つ荘厳さが表されていると受け取ることも可能である(25)。作者自身は、クエを打たなかった理由を、「生命の荘厳さ」を感じたからだとも述べているが、「母胎回帰」に関する作者の意識は執筆において重要な意味を有しており、自然との一体化や自然の中に「帰る」こと、あるいは、人間存在の根源に遡るという観点からの「回帰」というイメージが鮮明に表れているものと考えられる。つまり、海は、生命がそこから誕生し、死んだ後に帰る場として捉えられていることが分かる。

『海のいのち』という作品は、これまで見てきたように、一人の人間を包み込む大いなる時間を背景として読み込むことによって、作品世界の重層性が際立ち、宇宙大の広がりをもって読者に迫ってくる。こうした時間の流れが、そこに生きる太一や父、そして、父の父をも含んだ人間の時間を支えるものとして存在することになる。

六　おわりに

『海のいのち』は、小学校最終学年における学びの集大成としての位置付けがなされる教材でもあり、児童にとっても学びがいがあり、深い印象を残す作品の一つである。そして、『海のいのち』には、解釈の分かれる〈難所〉があるが、作品に流れる時間構造を通して見ると、大きく三層に分かれた時間の流れが確認でき、それらが互いに交錯する中で作品世界が重層的に形成されていることが確認できる。こうした重層的な時間の中で太一の物語が語られることになる。

平成二十九年三月に公示された『小学校学習指導要領　国語』における第五学年及び第六学年〈思考力・判断力・表現力等〉「C読むこと」には、「イ　登場人物の相互関係や心情などについて、描写を基に捉えること」及び「エ　人物像や物語などの全体像を具体的に想像したり、表現の効果を考えたりすること」との記述があり、『小学校学習指導要領解説　国語編』には、「エ」に関連して、「登場人物や場面設定、個々の叙述などを基に、その世界や人物像を豊かに想像することで捉えられる。『何が書かれているか』という内容面だけでなく、『どのように描かれているか』という表現面にも着目して読むことが、物語などの全体像を具体的にイメージすることにつながる」との解説が加えられて

いる。(26)

今後は、新学習指導要領の趣旨を生かした言語活動例(「詩や物語、伝記などを読み、内容を説明したり、自分の生き方などについて考えたことを伝え合ったりする活動」)を踏まえるとともに、「言葉による見方・考え方を働かせ、深い学びの実現を図るため、時間に関する叙述を基にした作品の多面的・多角的な構造把握による具体的な指導実践の在り方について考察を進めたい。

《註》

（1）本文の引用については、『新編新しい国語六』（東京書籍）の『海のいのち』によった。なお、『海のいのち』（立松和平・作　伊勢英子・絵　1992 ポプラ社）及び『海の命』（光村図書）を適宜参照した。

（2）勝倉壽一（2014）「『海の命（いのち）』の読み」『小学校の文学教材は読まれているか』（銀の鈴社）119-123.

（3）中野登志美（2017）「立松和平「海の命」の教材性の検討―絵本『海のいのち』と『一人の海』を視野に入れた読みの構築―」（『論叢国語教育学』第13号　広島大学国語文化教育学講座）34.

（4）冨安慎吾（2011）「文学教材における読みの可能性についての検討」（『島根大学教育学部紀要』第44巻別冊）46.

（5）冨安慎吾（2011）51.

（6）冨安慎吾（2011）53.

（7）佐藤佐敏（2017）「身体反応に基づく『海のいのち』の教材論―遡及的推論と叙述の響き合い―」（『福島大学人間発達文化学類論集第25号』）22.

（8）佐藤佐敏（2017）25-28.

（9）河野順子（2010）「立松和平『海の命』の授業実践史」（『文学の授業づくりハンドブック第3巻』渓水社）90-94.

（10）参考として掲げたのは、雑誌掲載版『一人の海』の挿画（図版1）、単行本版『一人の海』の挿画（図版2）及び絵本版『海のいのち』における挿画（図版3）であり、それぞれ潜水装備が異なることが分かる。なお、雑誌掲載版『一人の海』、単行本版『一人の海』及び絵本版『海のいのち』並びに東京書籍版『海のいのち』及び光村図書版『海の命』におけるそれぞれの挿画の持つ意味と働きについては別稿に譲りたい。

（11）『広辞苑第七版』（2018）によれば、「フラクタル【fractal】どんなに微小な部分をとっても全体に相似している（自己相似）ような図形。海岸線などが近似的なフラクタル曲線とされる」との説明が付されている。

（12）冨安慎吾（2011）51.

（13）立松和平（2006）『立松和平日本を歩く第四巻』（勉誠出版）254-255.

　なお、勝倉壽一（2014）は、「『海の命（いのち）』の読み」において、「〈海の民の人生哲学〉」について次のように述べており極めて示唆的である。「漁師とは海に住み、海に生き、死後は等しく海に帰る者であるとする、〈海の民の人生哲学〉を帯して生きる者たちを指すことになる。海に生息する無数の魚たちのみならず、海の民である漁師にとっても、海は生のすべての根源なのであり、海に住む、海に生きるとは、海からその命の一部を与えられることにより海に生かされている存在として、死後はその海の一部になるべく海に回帰するべきものと認識されている。その認識を前提としてはじめて『おとう、ここにおられたのですか。また会いに来ますから。』という太一の言葉が発せられたのである。（中略）太一の『おとう』という呼びかけには、与吉じいさの説く海の民の人生哲学の中に非業の死を遂げた父を受け入れることで自らの葛藤を乗り越え、競争心や名誉心を捨てて生きる決意が込められている」131-133.

(14) 林廣親は、「古い皮袋に新しい酒は盛られたか——立松和平『海の命』をめぐって——」（『文学の力×教材の力小学校編六年』2001 教育出版）において、次のように述べている。「一つの通過儀礼を経て真の彼自身へと成長した時、すなわち物語が終わるところで、その生涯の出来事は、この海郷に生きる人々が共有すべき新しい伝説となったのだと解釈されるだろう」48.そして、その一般的な解釈を困難なものとするものとして次のように指摘している。「端的にいえば、太一の生涯の物語は他者を必要としていないのである」49.

図版1　『一人の海』における挿画
（立松和平・岸大武郎 1991（『jump novel』vol.1 1991 年 8 月 21 日号）による

図版2　『一人の海』における挿画
（立松和平・みのもけんじ 1993『海鳴星』集英社）

図版3　『海のいのち』における挿画
（立松和平・伊勢英子 1992 ポプラ社）

（15）村上呂里（2017）「再考・教室で「読むこと」――海人とともに読む『海のいのち』――」（『日本文学』765）には、次の指摘がある。「絵本版では、『父』と『与吉爺さ』が漁師という道において互いに反照し合うのではなく、連続的な存在としてとらえられるようになっています」22.

　また、山本欣司（2005）「立松和平『海の命』を読む」（『日本文学』54）には、次の指摘がある。「クライマックスシーンで、太一がかつて父の選んだような、〝破った／破られた〟と表現される瀬の主との関わり方を選ばなかったのは必然である。彼はまさしく、与吉じいさの後継者である」59.

（16）冨安慎吾（2011）51.

（17）『銀河』（光村図書教科書指導書）には、この「銀色のあぶく」を太一のクエを通した海のいのちに結びつく「悟りの象徴」として捉えていることは注目に値する。

（18）立松和平（2003）『生命継ぎの海』（佼成出版社）28-32.

（19）立松和平（1995）『南の島から日本が見える』（岩波書店）121-122.

（20）立松和平（2006）『立松和平日本を歩く第四巻』（勉誠出版）には、「自然と付き合う極意～絵本『海の命』について」と題して、さらに、次の表現がある。「『この漁法やったら、千匹に一匹と思ってくだされればいいですねえ。この海の中に千匹おって、一匹しか釣らない』これが昔からの漁師の生き方なのである。そうすればずっとこの海で生きていける。それが与吉じいさんの生き方であり、若い太一も人生の哲学として学んだことなのだ。我々の祖先が長い時間かかってつちかってきた自然観である。海は父であり、母なのだ。海を殺してしまっては、人は絶対に生きることはできない。『海のいのち』の主人公太一は、自然との付き合い方の極意を学び、村一番の漁師として生きる」254-255.

（21）「クエとの邂逅」について、柳田国男が『海上の海』（1978 岩波書店 58-59.）の中で指摘した「仙郷掩留譚」の一つのバリエーションとして捉えることも読みの可能性として指摘したい。また、『立松和平日本を歩く第六巻』（2006　勉誠出版 38.）において、筆者は、「ニライ・カナイとは神々の住む他界であり、豊穣や幸福をもたらすために、そこから神々がやってくるところである。と同時に、洪水や疫病ももたらされ、富と災厄とを送ってよこす根源である。そこは人の手の届かない遥かな他界であるはずだ」と述べており、作品に底流する海と異郷との関連についても示唆を与えている。

（22）立松和平（2003）「なぜ魚を殺さないか」（『生命継ぎの海』佼成出版社）25-32.

(23) 目黒士門（2015）『現代フランス広文典〔改訂版〕』（白水社）には、動詞の半過去の用法として①過去における継続・進行、②過去における近い未来、③反復・過去の習慣、④絵画的半過去、⑤語気緩和、⑥過去における現在、⑦現在の事実に反する仮定、⑧条件法過去の代用、⑨勧誘・依頼、⑩愛情表現を挙げており、③の用法と本文の用例との近似性を指摘しておきたい。229-231.

(24) 立松和平編（1989）『私の海彦山彦』（光文社）182-183.

(25) 立松和平（1995）『神様のくれた魚―ヤポネシア抒情紀行』（山と渓谷社）には、「胎内」について次の表現がある。「白保のアオサンゴの海に潜ると鬱蒼たる森に足を踏み入れたのと同じ安らぎを感じることができる。（中略）サンゴ礁の内側は母の胎内のように穏やかなところでもある。サンゴ礁は多くの生きものにとってまさに母胎である」212.

　また、『牧場のいのち』（2007くもん出版）には、「海と命」に関連して次の表現があり示唆的である。「数十億年前、太古の海は原始のスープといわれる栄養ゆたかなところで、そこで地球の小さな小さな生命がはじめて生まれました。この原始のスープと同じものが、人間ばかりでなくほとんどの哺乳類のお母さんのおなかの中で、赤ちゃんが浮かんでいる羊水です。やがて赤ちゃんはこの羊水を飲みはじめ、生まれたら、お母さんの乳を飲んで育ちます。太古の海と、羊水と、乳と、どれもが同じ私たちのいのちのもとです」32.

　さらに、「母胎回帰」に関連して、立松和平（2014）「卵洗い」『立松和平全小説第17巻母への憧憬』（初出「満ち潮」『群像』１９９１年7月号）には、次の叙述があり、執筆当時（原典の『海のいのち』は１９９２年に刊行されている。）における作者の思考の一端を推し量ることができる。「私は水の流れる音を聴いていた。水は土の下にあるようでもあり、天上にあるようでもあり、またいたるところに流れているようでもあった。私の身体の中にも流れている。私は水に浮かび、水に運ばれていく。新しい人も水の流れに乗ってやってくるのだろうか。清冽な水なのだが、体温のようにぬるい。母の呼吸の音が染みていた。母や遠くの月を見るふりをしながら、四人になろうとしている私たち家族の未来を見透そうとしていたのかもしれない。ガラス窓からはいってきた光は水のように六畳間に満ち、私は溺れそうな感覚を味わっていた。母は黙っていたのだが、あふれるばかりの感情をもてあましていたに違いない」89.

　そして、「母の乳房」『立松和平全小説第17巻母への憧憬』（初出『海燕』１９９３年1月号）には、次のような叙述がある。「父も母の湯呑み茶碗に焼酎を汲む。生まれる前の記憶を、私も一晩眠るごとに忘れていくのかもしれない。私はどこかから母の胎内を通りこの場所にやってきたのだが、遠い記憶の存在を感じてはいても、すぐそこにあったはずの記憶もすでに朦朧としているのだ」170.

このように、「母胎回帰」に関する作者の意識は執筆において重要な意味を有しており、自然との一体化や自然の中に「帰る」こと、あるいは、人間存在の根源に遡るという観点からの「回帰」というイメージが鮮明に表れているものと考えられる。

なお、こうした作品間の相互性については、ジェラール・ジュネット（1995）『パランプセスト―第二次の文学』におけるパラテクスト（paratexte）概念を参考にしている。同書では、パラテクストを「表題・副題・章題、序文・後書き・緒言・前書き等々、傍注・脚注・後注、エピグラフ、挿絵、作者による書評依頼状・帯・カヴァー、およびその他数多くのタイプの付随的な、自作または他者の作による標識（18.）」と説明している。また、和泉涼一氏の「訳者あとがき」に、「あるテクストは常に別のテクストを隠していると考えうるのであって、だとすれば、そのテクストは新しいテクスト（イペルテクスト）と古いテクスト（イポテクスト）が重層する場として、『二重の読み』に掛けられうる。（726.）」との指摘がある。

（26）文部科学省（2017）『小学校学習指導要領解説 国語編』149.

《参考文献》

青木保他編（1997）『岩波講座文化人類学第10巻』（岩波書店）
植村恒一郎（2002）『時間の本性』（勁草書房）
大橋洋一（2006）『現代批評理論のすべて』（新書館）
大森荘蔵（1999）『大森荘蔵著作集第8巻』（岩波書店）
大森荘蔵（1999）『大森荘蔵著作集第9巻』（岩波書店）
勝倉壽一（2014）「『海の命（いのち）』の読み」『小学校の文学教材は読まれているか』（銀の鈴社）
河野順子（2010）「立松和平『海の命』の授業実践史」（『文学の授業づくりハンドブック第3巻』渓水社）
ガストン・バシュラール（2008）『水と夢　物質的想像力育成試論』（法政大学出版局）
岸田秀（2007）『ものぐさ精神分析』（中央公論新社）
工藤真由美（1995）『アスペクト・テンス体系とテクスト―現代日本語の時間の表現』（ひつじ書房）
西郷竹彦監修・佐々木智治著（2005）『「海のいのち」の

授業』（明治図書）
佐藤佐敏（2017）「身体反応に基づく『海のいのち』の教材論―遡及的推論と叙述の響き合い―」（『福島大学人間発達文化学類論集第25号」）
渋谷孝（2001）「作者の主旨の考察と読み手のテクストの読み」（『文学の力×教材の力小学校編六年』教育出版）
昌子佳広（2008）「物語絵本の教材性・教材化に関する研究（一）」（『全国大学国語教育学会発表要旨集』114）
ジャン・スタロバンスキー（1973）『透明と障害ルソーの世界』（山路昭訳　みすず書房）
ジェラール・ジュネット（1985）『物語のディスクール』（花輪光・和泉涼一訳　水声社）
ジェラール・ジュネット（1985）『物語の詩学』（和泉涼一・神郡悦子訳　書肆風の薔薇）
ジェラール・ジュネット（1995）『パランプセスト―第二次の文学』（和泉涼一訳　水声社）
ジェラール・ジュネット（2001）『スイユ』（和泉涼一訳　水声社）
ジョルジュ・プーレ（1969）『人間的時間の研究』（井上究一郎他訳　筑摩書房）
ジョルジュ・プーレ（1977）『人間的時間の研究第2巻内的距離』（井上究一郎他訳　筑摩書房）
瀬田貞二（1980）『幼い子の文学』（中央公論社）
瀬戸賢一（2017）『時間の言語学―メタファーから読みとく』（筑摩書房）
髙橋正人（2016）「国語教材『夢十夜』についての一考察～夢の記述と夢世界の創出をめぐって～」（福島大学国語教育文化学会編『言文』第63号）
髙橋正人（2016）「『夢十夜』における時間構造について」（解釈学会編『解釈』第６９１集）
髙橋正人（2016）「思考図から思考儀へ　～参照体系を通した思考力育成の試み～」（福島大学人間発達文化学類編『福島大学人間発達文化学類論集』第22号）
髙橋正人（2017）「東日本大震災後の福島における国語科教育モデルの構築に向けて～震災体験の想起、表現及び教材化をめぐって～」（福島大学国語教育文化学会編『言文』第64号）
髙橋正人（2017）「『ごんぎつね』における認知構造に関する考察―時間・空間・論理に関する認知の在り方をめぐって―」福島大学人間発達文化学類編『福島大学人間発達文化学類論集』第26号）
髙橋正人（2018）「深い学びの実現を目指した高等学校国語科授業の改善―「ボタニカル・アクティブラーニング」の試み―」（福島大学総合教育研究センター編『福島大学総合教育研究センター紀要』第24号）
滝浦静雄（1983）『時間』（岩波書店）

武田悠一（2017）『読むことの可能性：文学理論への招待』（彩流社）
立木鷹志（2013）『時間の本』（国書刊行会）
立松和平編（1989）『私の海彦山彦』（光文社）
立松和平（1990）『山のいのち』（くもん出版）
立松和平・岸大武郎（1991）「一人の海」（『jump novel』vol.1 1991年8月21日号 国立国会図書館所蔵）
立松和平・作 伊勢英子・絵（1992）『海のいのち』（ポプラ社）
立松和平・みのもけんじ（1993）「一人の海」（『海鳴星』集英社）
立松和平（1995）『南の島から日本が見える』（岩波書店）
立松和平（1995）『神様のくれた魚』（山と渓谷社）
立松和平（1997）『くらかけ山の熊』（フレーベル館）
立松和平（2003）『生命継ぎの海』（佼成出版社）
立松和平（2006）『立松和平日本を歩く第4巻』（勉誠出版）
立松和平（2006）『立松和平日本を歩く第6巻』（勉誠出版）
立松和平（2014）『立松和平全小説第17巻』（勉誠出版）
立松和平（2014）『立松和平全小説第25巻』（勉誠出版）
立松和平（2015）『立松和平全小説別巻』（勉誠出版）
冨安慎吾（2011）「文学教材における読みの可能性についての検討」（『島根大学教育学部紀要』第44巻別冊）
中野登志美（2017）「立松和平「海の命」の教材性の検討―絵本『海のいのち』と『一人の海』を視野に入れた読みの構築―」（『論叢国語教育学』第13号 広島大学国語文化教育学講座）
長崎伸仁・木原宏子（2014）「『海の命』論の比較研究から授業展開の構想へ」（『全国大学国語教育学会発表要旨集』127）
日本海水学会編（2004）『おもしろい海・気になる海Q&A』（工業調査会）
野家啓一（1996）『物語の哲学―柳田國男と歴史の発見』
橋本陽介（2014）『ナラトロジー入門―プロップからジュネットまでの物語論』（水声社）
橋本陽介（2017）『物語論 基礎と応用』（講談社）
林廣親（2001）「古い皮袋に新しい酒は盛られたか―立松和平『海の命』をめぐって―」（『文学の力×教材の力』教育出版）
福江純・粟野諭美・田島由起子（2008）『カラー図解でわかる光と色のしくみ』（ソフトバンククリエイティブ）
E.M.フォースター（1980）『新訳 小説とは何か』（米田一彦訳 ダヴィッド社）
ベルクソン（2001）『時間と自由』（岩波書店）
真木悠介（1981）『時間の比較社会学』（岩波書店）
村上呂里（2017）「再考・教室で「読むこと」―海人とともに読む『海のいのち』―」（『日本文学』765）

目黒士門（2015）『現代フランス広文典〔改訂版〕』（白水社）
山本欣司（2005）「立松和平『海の命』を読む」（「日本文学」54）
柳田国男（1978）『海上の海』（岩波書店）
湯浅泰雄（1986）「身体の宇宙性」（『新・岩波講座哲学9 身体 感覚 精神』）

【附記】

本論文は、平成27～30年度日本学術振興会科学研究費助成事業（基盤研究C）「東日本大震災後の福島における国語科教育モデルの構築」（研究課題番号：15K04403代表者：佐藤佐敏）に係る佐藤佐敏教授主催の「福島国語の会（小学校部会・中学校部会）」における意見交換に示唆を受けていることを付記するとともに、同会参加者に深甚なる感謝の意を表するものである。

A Study on the Structure of Time and the Meaning of the Sea in Umi no Inochi : About Multi-Layered Time and a Maternal Womb

TAKAHASHI Masato

Time in Umi no Inochi can be roughly classified into two types related to the human and nature, and moreover the former can be divided into Taichi's chronological time and his father and others' time inherited in the successive generations. Then three layers of time can be supposed. Time maintained in his father and others has the features to take the form of returning to the sea after passing away with their lives fulfilled enough. Next, time grasped his life chronologically has the features to form the circulation connected with his late father, when a young man has grown to be a fisherman whose skills has exceeded his father's and established a respectable home. Then time of nature represented by the sea has the characters to embrace the human and inherit lives. A series of the structural time flowing in the work distinctively shows that the whole story has multi-layered structure, where the flow of time is divided into three layers mingled with each other. The thing to support the whole work is the existence of life which can be compared to a wonder universe in miniature or a maternal womb, where the sea holds all the human activities in the concept of time.

（『福島大学人間発達文化学類論集』第二七号、二〇一八）

Ⅲ

東日本大震災後の福島における国語科教育モデルの構築に向けて

～震災体験の想起、表現及び教材化をめぐって～

一　はじめに　～震災の記憶／想起と忘却の狭間で～

東日本大震災の記憶を辿るとき、必ず目に浮かぶシーンがある。それは、海水浴場としても有名ないわき市永崎海岸から数十メートルの地点にあるいわき市立永崎小学校の校庭の姿である。校門のそばに佇む二宮尊徳の幼少時代を刻んだ石像が、台座から離れ、校庭に直に立っている。永崎小学校の児童にとって、その像は普段見慣れたものであったはずである。津波の勢いによって台座からもぎ取られたまま水中で横倒しになっていたであろう像を、津波が引いた後に台座の下に立て直した方の思いが伝わる。

多くの犠牲者を出した東日本大震災の様子は、津波の襲来する映像とともに繰り返し私たちの目にその恐ろしさを刻み込んできた。一方、自然の猛威にもかかわらず、いやむしろ自然が猛り狂えば狂うほど、むしろその自然を愛おしむ気持ちが浮かんでくるという矛盾した心情を感じることがある。

山折哲雄（2011）は、東日本大震災に関して次のように述べている。「3・11の惨害は、はるかに歴史をさかのぼる、あの神話的な物語を私に思いお

こさせる機縁になったからだ。古代的な物語といってもいい。その物語に、二つある。一つは周知の「ノアの箱舟」の物語、もう一つが「三車火宅」の物語である。前者は、『旧約聖書』冒頭の創世記に顔を出す。後者は『法華経』第三章の「譬喩品」に登場してくる。いずれも、人類が二千年、三千年の時間をかけて語り伝えてきた、年輪のつまった物語だ」ここで述べられているように、被災地とりわけ浜通りを始めとする福島県の置かれている災禍の状況は、まさに水と火とによってもたらされた災禍そのものと言える。人間の営みは極めて不確かなものによって支えられていると言っても過言ではない。パスカルの『パンセ』の一節を指摘するまでもなく、人間の存在は、私たちを取り巻く世界、宇宙の中でごく小さなものでしかない。しかも動的なものの中に静的なものが一時的に安定の形をとって乗っているに過ぎない。自然災害の狭間に生きることを強いられている人類のある意味宿命的な在り方がここには提示されている。

震災体験は到底一括りにはできない。今生きている人のみならず直接、間接を問わず震災によって生命を失った多くの人たちの無念の思いは理性や言語で表現することは困難である。表現可能な幾ばくかの部分以外は、むしろ無意識のうちに沈殿した幾層にもわたるアモルファスな形を持ち、混沌とした中にも巨大なエネルギーを蓄えたまま存在する。そして、それらの形になりがたい不定形な体験の全体は、記憶の「海」の中に姿を留め、想起され、語られ、表現されることを待っている。体験の深層に滞留している思いを表層への誘引によって明らかにするためにはエネルギーが必要である。震災体験は五感によって感得されるものだけでなく、五感を超えたものとの交感により、身体と精神を新たな世界の中に私たちを投げ入れ、すでに世界に「乗り込まされた」（パスカル）ものとする。

震災体験を振り返るためには、一定の時間と空間、そして、心的距離が必要となる。生命に関わる体験としての東日本大震災を語る時、今を生きる現在に侵食するように過去がリアルな現在形として嵌入し、希望を語る未来が現在と断裂し、後悔や無力感が仮定法によって想起されるなど複合的な心的機制が働き、それらは「想起の文法／語りの文法」を求める。震災体験は、「語り／語られる」ことによって、五感とそれを超える混沌とした複雑極まりない世界そのものにその都度新たな命脈を見出し、想起により新たに発見され生成され続ける。震災体験を想起し、身体を含め生命全体に刻印された記憶の中から感じたことや考えたことを紡ぎだすとともに、それらを伝えることによって新たな物語が生まれる。しかも、堀内正規（2015）が述べているように、「かえって、誰のためにでもなく、まずは自分を得心させようとして孤独に書かれた言葉の方が、不特定の、地域も時代も超えた読者に届くことができる」と言える。

また、座小田豊（2012）が「筆舌に尽くしがたい苦しみや悲しみに言葉を与え、それを自己の不可分の一部をなす『物語』として受け容れることによってはじめて、人は自分を取り戻し、『今を生きる』ことができる。それは限りなく個別的な『体験』を、言葉によって普遍的な『経験』へと昇華させ、次の世代へと語り継ぐ作業でもある。言い換えれば、『物語る』という言語行為は、個人の記憶や経験を言葉に象ることによって共同化し、それをコミュニティの記憶や経験として蘇生させる不可欠のメディアにほかならないのである」と述べるように、個別的・個人的・刹那的な震災体験を言語として表現化することによりそれらは普遍への飛翔を果たす。さらに、赤坂憲雄（2014）の指摘するように、「物語りすること」は「魂鎮め」となる可能性を秘めている。

本稿では、震災体験の記憶を想起し表現することと、震災体験を伝えることの意味を考えるとともに、それらを通した教育ネットワークと国語科教育モデルの可能性について考察を加えたい。

二　児童生徒の被災体験記録から　～書くことと癒しをめぐって～

東日本大震災に関する記録は「映像系情報」と「文字系情報」とに大別できる。テレビはもとよりYouTubeなどの映像は圧倒的な力で私たちの目に空前の規模としての災害の様子を容赦なくしかも現実とは思えないほどの仮借なさをもって迫ってきた。一方、多くの記録に残された文字情報からは、人としての無力感を始め人としての思いを様々な観点から掬い上げたものが多い。福島県小学校長会（2013）による『東日本大震災記録集　ふくしまの絆～学校は、復興の最大の拠点～』の中で、当時のいわき市立永崎小学校の児童は次のように当時を振り返っている。

3月11日、家へ帰ると、テレビは地震と津波が来ることばかり報道していました。私の家は高いところにあるのでそこから見ていると、津波によって車やトラックが次々に流されていきました。その日の海は、いつものおだやかな海とまったく違っていました。（永崎小学校6年Sさん）

ここには、素朴でありながら佐藤弘夫（2012）が述べるように「大人でさえも座標軸を失って」しまいそうな激しい地震に翻弄される幼い子どもの姿が映し出されている。

また、原発事故により相双地区から避難を余儀なくされた様子については同書から次のような状況が表現されている。

ぼくは、この東日本大震災と原発事故が起きて、いろいろなことを経験しました。たとえば、大熊町の人や同じ町内の大野小学校の人と仲良くなったのはいいのですが、逆に、大事な友達が、ぼくとちがう学校に行ってしまったのは残念でした。ぼくとその友達は、いっしょのひ難所だったのに、何でだろうといつも考えています。大震災当日の3月11日には、学校から少し離れた大熊町スポーツセンターにひ難しましたが、ぼくの家族は、どうしたのか、その時にはむかえに来てくれませんでした。でも、その時も友達は、一緒にぼくの家族を待ってくれていたのです。（熊町小学校6年Sさん）

生は、生命活動そのものとしての相と、いわゆる社会的な活動などの相とに分けて考えることができるが、故郷を離れ全く知らない地域に移り住まざるを得ない体験は、その両方の相において一般の大人にとっても大きなストレスを伴うものであり、幼い小学生にとって苛烈を極めた出来事の連続だと推察される。こうした不条理な状況に置かれた自分と周囲の世界との齟齬を幼い中で感じ取っている表現がここにはある。幼・少年期から青年前期・後期にかけての多感なそして人生の姿に思いを馳せることが可能となる年代に差しかかっている子どもたちに、震災そのものが直に「問い」を突き付けている。自分とは何か、世界とは何か、自然とは何か、そして、生きるとは何か。こうした一連の答えのない「問い」に対して子どもたちは生きること、生き続けることによってしか答える術がないようにも思える。しかも「問い」は宙づりのままである。

福島県教育委員会（2015）は、「ふくしま道徳教育資料集」という形で児童生徒・教職員の想いを冊子に残している。ここに収録されている文章には多くの児童生徒が体験の重さを自らの中で振り返り、現実の出来事として受け止め、さらにはそこから自らの深い洞察をもって対峙している姿が看取される。大切なことは、子どもたちが実体験を振り返り自ら視点を拡大したり移動させたりすることにより体験全体を包括しようとする意志を持つ契機となったということである。書くということ、表現しようとすることは、自らの体験を振り返り新たな自己を創造する上で重要な契機となっている。

次に引用するのは、同書第Ⅲ集所収の「モラルエッセイコンテスト」に掲載されている中学生の文章である。「記憶」と「想起」によって海という対象への接し方や感情が変化している様子が丁寧に叙述されており心を打つ。

　私は海が好きだ。晴れた日の静かな海はもちろん、雨の日の荒波の海も好きだ。季節によって表情を変えて、空の色が似合う海が私は好きだ。私の家はかつて海のすぐとなりにあり、窓からは海が見えた。海とともに小学生時代を過ごした。あの時、毎日聴いていた波の音は今でも思い出す。みんな、海とともに生活していた。あの日、その海が恐怖となるまでは。あの日以来、その恐怖を体験した誰もが、もう海なんて見たくないと思っただろう。その海に、家も庭もごく普通の生活も奪われてしまったわたしと家族も同じだった。誰がやったわけでもない悲しみを怒りをどこへぶつければいいのかもわからない。私たちは、海を美しいと思うことも忘れてしまった。（中略）悲しみは時間の流れが解決するという。私の、海が好きだという気持ちを取り戻してくれたのは、確かに私の思い出の中にあった海なのである。思い出すことを避けていては、海はいつまでも恐怖のままだ。そっと目を閉じてみてほしい。そうすれば、どこかで海を美しいと感じる自分に出会える。そして、きっとまた、海を好きになる。（いわき市立小名浜第一中学校3年太 雪乃）

「あの海」と題されたこの文章の中で特に注意したいのは、「時」を「癒し」あるいは「成長・変容」のための大きな力を有しているものとしてとらえていることである。相貌を変える「海」の存在を対象化する中で省察しようとする態度である。悲しみの海が癒しの海へと変貌する契機となったものは、今を生きようとする強い意志と時の力によるものと考えられる。

　次に高校生の場合を見てみたい。水原克敏・関内隆（2012）は、福島県立浪江高等学校の例を示している。

テレビで他人事と思っていたことが、現実に起こるとは思わなかったので、今でも信じられないです。信じたくないです！それに原発事故によって、大切なものが奪われて、避難所を転々と移動しました。戻ったら最初に、猫のお墓を建てたいと思っています。今は何もできないけど、いつか浪江町が復興する時には戻ってきてお手伝いをしたいと思います。そして、また浪江町で生活したいです。くぅちゃん、今までありがとう。助けてあげられなくてごめんね。（2学年女子K・S）

日常の生活にどのような試練が待ち受けているかを知らない時点での生徒の思いの表出にはある意味で素朴な感情が吐露されている。「今でも」「すんだのに」「戻りたい」「ごめんね」など、想起することが痛切な悔恨を呼び起こす。また、文法的にも過去、過去完了、仮定法過去、未来、未来完了、未来完了進行形などの時制（テンス）や、「もしあの時にこうしていたならば」などの法（モード）によって大切なものを失った喪失感や絶望的な心の状況が如実に表現されている。喪失感は年齢によってその大きさが異なる。若い人にとっての災害の受け止めと年齢を重ねた人にとっての受け止めはそれまで生きてきた歳月の中での経験知によってその全体像に含まれる大きさが異なるからでもある。

これまで見てきたように、震災体験は外的変容を伴うとともに、個人の内的変容を惹起することとなる。

震災体験の影響は強く、社会の外的な変容をもたらすのみならず、一人一人の人生そのものの内側からの変容を余儀なくするとともに、一過性ではなく持続的に人生そのものに影響を与える力を持つ。ある意味で「震災とともに生きる」という宿命を私たちは負うことになる。震災という事態をその負の側面からだけ眺めるのではなく、正の側面からの視点へと転換を図る上で体験を自己の内面において受け止めることが一つの出発点になる。東日本大震災はその時間を共有した一人一人にとって同時代を生きていたという感慨をもたらすとともに、その瞬間を起点とした同心円的な広がりを持つ「時の年輪」を一人一人の人生の中に刻み込むことになる。

三　地域におけるネットワークモデル　～Shirakawa Week の取組み～

これまで見てきた個人の体験を縦糸とすると、震災を体験した人たちの相互交流による体験は横糸として捉えることができる。

遠藤健（2014）が中心となって白河市を舞台として行われたShirakawa Weekは、学校が夏休みになる二週間、白河、福島出身の在京の大学生・社会人と白河の子どもたちが交流する期間として実施された。遠藤は、取組みの趣旨について、「未来を志向し、切り拓いていくことは、とても重要ではありません。しかし、それと同時に、視点を反転させ、辿ってきた道程を意味づけることも同時に未来を創っていくことだと信じています。そして、それが『震災以後』を生きる自分の役割であると考えています」と述べている。

また、平成二十六年九月に行われた「阪神地域先進市民活動視察」の報告書において、主催者である青砥和希氏（首都大学東京大学院地理環境科学域）は、「防災教育パラドックスを越えて」と題した提言の中で、東日本大震災を経験した福島、特に県南地域で活動を展開するに当たって重要な視点として、

『Shirakawa Week 報告書』(2014) より

正しく構造を認識すること、過去と地域に学ぶこと、そして、制度設計段階から若年層が関わる取組みを実践することを挙げている。氏は、中高生の時期に東日本大震災を身をもって体験した世代が中心となって防災意識を継承することの重要性とポスト東日本大震災の社会に向かうために、阪神・淡路大震災の経験から学び、自分たちの地域から学ぶ必要があることを述べている。こうした体験により形成されたネットワークは、震災の直接の体験を経ていない者が他者を慮ることにつながり、知見の拡大に資するものと考えられる。

四　地域におけるネットワークモデル　～PTAによる交流の取組み～

地域間の相互交流もまた重要なネットワーク構築につながる。平成二十八年七月三十日と三十一日の両日にわたって東京都公立高等学校PTA連合会主催による「高校生被災地視察ツアー」が開催された。東京都の高校生が自らの目で津波及び原子力発電所事故の現場近くを具に見ることによって被災地の現状を把握するとともに、その知見を自らの体験として語ることによって被災地と東京という二つの生活圏相互のネットワークが構築された。

被災地に来て、二十キロメートル圏で原発の音が聞こえるということに驚いた。また、消防・防災センターの見学や街並みをバスの中から見学して、どれ位の高さの津波が来たか、そこが今どうなっているのか、実際に自分の眼で見ることが大切だと分かった。（「都高P連会報第81号」）

被災地を訪問することによって東京都の高校生の中で起こった心的変化は、自己対話の形をとったり、他者との対話の形をとったりするなど形態に相違はあれ、被災地をめぐる「対話」を形成し、現時点のみならず今後一人一人にとって「過去との対話」あるいは「未来との対話」という形に収斂する。重要なことは、「対話」という言葉によるやりとりが思索を深め相互の思いを積み重ねる契機となっているという事実である。

また、平成二十五年度から始まった「福島・水俣交流事業」については、福島県ＰＴＡ連合会が平成23年11月の熊本県ＰＴＡ研究大会「みなまた大会」に招待されたことを端緒として、福島を応援したいとの水俣市の人々の温かい気持ちがもととなり開始された。福島、東京、熊本など地理的に遠く隔たった生活圏で暮らす中学生が実際に現地に赴きその場に立つという臨場の経験を踏むことにより、単なる知識ではなく肌感覚をもって現地の今を感じ取り、相互交流によりネットワークを築いたという事実は重い。双方の地において派遣と受入れを行うことにより経験知が蓄えられ、見聞きしたことを他の人に伝えることにより、さらに知見が広がっていくことが期待される。

五　経験の内化としての教材　～震災体験の教材化の試み～

記憶は集団的な記憶と個人的な記憶とに大別することができる。また、対話形式には自己対話と他者との対話との二つがある。震災後に文章を書く機会を得た生徒にとって、個人的な体験と再び対峙することとなった震災作文は心の傷を癒す働きとなる場合もあれば、むしろ心に大きな負担を齎すことになった場合もある。一概に文章化することの功罪を断定することはできない。ただ、多くの場合には、自己対話が進み、自分にとって生きることを深く考える契機となったものが多い。さらに、「あの時、あの場所で」という一回性の体験が、様々な体験を経た後に行われる想起により内面的に深まり、認識の変化を生じる。

東日本大震災に関わる一人一人の経験は発達段階や各自の置かれた状況の中でその相貌を異にしている。しかも、震災体験そのものは、時の流れの中で変化し、ある時点での体験の意味が、時を経ることにより熟度を上げ、いわば天啓ともいうべき形で一人一人の内面に啓示を与えることがありうる。

こうした変貌を遂げる可能性を有した体験を他者との交流の中で教材として学びの中で形象化することは困難を伴うが、意義深いものと考えられる。

また、一方、東日本大震災については、これまで数千を超える書物が刊行されるとともに、震災遺構や各種デジタルデータとして当時の様子がリアルな形と映像として残されている。そうしたものを後世に継承することも東日本大震災を経てきた我々の使命と考えることもできる。さらに、震災等に関する文献や資料は多く残されており、それらの価値は今回の東日本大震災においても多くの示唆を与え、いかに先人の知恵が我々にとって忘れてはならないものであるかを示している。古典から近代作品にわたるまで時代の中で価値を付与された多くの作品群が震災を契機として今後も編まれるとともに、価値の再発見を通して教材としての命脈を保つことが求められる。

教材化にあたっては、歴史や伝統、文化等の地域性、経験の独自性・一回性、経験の普遍性などの視点を考慮することが重要である。また、教材として収集されるものとしては、日常生活に関わる思いを綴ったものや文芸作品として描かれたもの、科学的知見に関わるもの、新聞やテレビなどの報道関係素材、音楽・美術・写真・映画・演劇・映像・アニメなど芸術作品全体に関わるもの、さらには、翻訳された他国の情報、地図、データ、ニュース原稿そのものなど多岐にわたるアーカイブス化されたものを視野に入れた広範なものが想定される。

また、教材発掘及び教材編集においては、「テーマ型教材配列」も一つの方法である。例えば「津波」というテーマをもとに、日本各地の過去の事例、世界各地の事例、被災状況、防災及び都市計画、地域産業、情報伝達、医療福祉、産業構造など総合的な知見を持ち寄り、そこから津波に対する今後の対応の在り方について深く考える契機とすることが可能となる。さらにそうした内容を編むことにより、実際に津波を経験した者の立場からその現象を捉えなおすというプロセスを確認するとともに、自然災害と人間との関係を人類史的なスパンで捉えることが可能となる。

【津波をテーマとした教材内容の一例】

科学	地震と津波のメカニズム、津波の物理的エネルギー、河川遡上メカニズム、地理的な考察、リアス式海岸、水理学、千年に一度、地震予測学への挑戦、二次災害防止、原発施設の安全確保、廃炉工程、新エネルギーへの移行、防災シミュレーション等
防災	防潮システム、交通網の寸断、物資輸送の経路確保、二次災害、風評被害、復旧・復興工事、嵩上工事、高台移転、鉄道網の整備、交通遮断回避、危機管理システム、個人における防災意識、忘却との闘い、マスコミと防災等
産業	漁業被害、養殖等の沿岸産業の衰退、原発関連、廃炉、AI、農林水産業、ロボット産業、放射線治療、ドローン、風評対策、電力とエネルギー政策、備蓄関連、防災グッズ、防災情報システム、危機管理体制等
精神	恐怖感、喪失感、怯え、退行現象、甘え、祈り、レジリエンス、諦め、不安、フラッシュバック、風評、生と死、喪失感、再生への意志、記憶、想起、身体、意識、回復、身体表現、回復物語、地域間交流、神社仏閣、歴史的知見、ルポルタージュ、詩集、提言、記念碑等
再生	土地の記憶、人との繋がり、祭礼や舞踊、冠婚葬祭、祝祭の伝承、支援の輪、死者への弔い、都市計画、防潮堤・防波堤、防災システム、震災遺構、記憶遺産、ダークツーリズム、イノベーションコースト構想、ロボット産業等
教育	津波学、地域学、故郷学、土地の歴史と伝統、放射線教育、防災教育、減災教育、風評被害防止のメカニズム、震災関連いじめ防止、十代の危機管理学入門、防災の日、周年感情、距離感、皮膚感覚、地図思考、思考図、思考儀等

津波以外にも、様々なテーマが考えられるが、東日本大震災を契機として産業の在り方、人間の在り方、エネルギーの在り方、防災の在り方、社会の在り方や今後予想される新たな災害への対応など広範なテーマにより、過去に学び、過去から未来への橋渡しをすることが求められる。

また、三野博司（2012）が述べているように、共通の土台となる文学作品を知ることが時と所を超えて生まれる共感と連帯と未来への歩みを共有する上で有効なものとなる。例えば、夏目漱石『それから』、寺田寅彦『津浪と人間』、柳田国男『遠野物語』、宮沢賢治『グスコーブドリの伝記』、吉村昭『三陸大津波』などの多くの作品が震災を通して私たちに語り掛けてくる。さらに、教材の作成に生徒自身が参画することにより生徒自身が震災の経験の風化を食い止めるとともに、後世に向けて主体的に発信することによって自らが果たすべき使命を深く自覚することが期待される。震災だけでなく日々の日常的な様々な出来事や事象についての基本的な知識を獲得するとともに、それらの課題に対して原点に立ち返り自らの思考を確立するための「問いかけ」や「対話」を重視し、主体的・協働的に学び合う力を身に付けることも重要になる。

六　小・中・高・大の国語科ネットワーク構築　～成長するネットワーク～

東日本大震災は稀有な災害であったが、起きたことの「意味」は、我々一人一人が見出すしかない。福島県の児童生徒にとって東日本大震災を契機として大きく世界がその相貌を変化させられた今こそ、発達段階に即した独自の教材開発と教材を基にした知見の拡大・深化によって豊かな心を持ち、逞しい身体と確かな学力を身に付けることが求められる。このために必要なことは、小・中・高・大を通した一貫性のある教材プログラムの作成とその実践にあると考えられる。大切なことは、子どもたち一人一人の成長に即した柔軟かつ可変的なネットワークを形成することであり、記憶としての東日本大震災を超えて、世代としての共通認識を形成する「震災世代」としての記憶や意識の共有化を図ることである。東日本大震災発生時において小学四年生であった児童は現在中学三年生に、中学1年生であった児童は、現在高校三年生に達している。小学校・中学校・高等学校という校種を超えて成長している子どもたちにとって、私たちが考える以上に極めて大きな影響を東日本大震災から受けていると考えられる。したがって、震災に対する受け止め方も一様ではなく、地理的な位置によっても大きく異なるものと言える。こうした世代進行を伴い進化するネットワークを「ふくしま型ネットワーク」と呼びたい。

ここで大きな役割を果たすのが「テキストを通した成長」という視点である。東日本大震災を直に体験したことをもとに、一人一人が成長する過程そのものの中で自らの思考力を鍛え、人的交流や情報交換を行うことにより思考の深化と練磨を経ることが成長の証であり、震災を克服することにつながる。重要なことは、時間の流れの中で変わるものと変わらないものとを見分け、児童生徒の視点に立った「成長・生成する教材」編集と授業実践により、個の成長とそれを見守り共に成長する教員との相互ネットワークを積極的に形成していくことである。多感な、そして、思考が深まる成長期にある児童生徒を核としたネットワークは、東日本大震災を知らない未来世代への架け橋となる希望のネットワークとして機能することが期待される。一九九五年（平成七年）一月十七日に発生した大規模地震災害である阪神・淡路大震災で被災した多くの若者が新たなボランティア元年として記憶されるように、東日本大震災もまた、後年「震災世代」として新たな復興の物語を紡ぐことになる。

七　おわりに　～学ぶことによって未来とつながる～

福島県では東日本大震災からの復興を目指してこれまで「東日本大震災の体験談と復興への想い」を広く県内外から募ってきた。次に掲げるのは、「ふくしまの未来へ２０１５～3月11日知事メッセージ～」に引用された稿者の一節である。

ふくしま創生の物語が、今、始まる。
学ぶことこそが、未来を創造する。
学ぶことによって私たちは未来とつながることができる。

東日本大震災という災禍のかげに一人一人の物語が静かに編まれている。国語科において習得すべきものとは、言葉を通して自らの命が稀有の存在であり、そのありがたさや自然の中で生かされていること、そして、他者と真摯に向き合うことの重要さを感得することに他ならない。東日本大震災を経て、我々は亡くなった多くの方々の思いを体して未来を生き抜くことを決意した。日本に住む者にとって自然災害と無関係に生活することは不可能とも考えられる。いわば災害との共生によってのみ私たちの生は持続可能となる。こうした中で、震災をめぐるテキストを介し未来という時空に向かって生き続ける一人一人にとって希望となるであろう灯台の灯が点されることが、震災で命をなくした人たちへの鎮魂につながるものと考える。

《参考文献》
青砥和希（2014）『阪神地域先進市民活動視察報告書』（Shirakawa Week 実行委員会）
赤坂憲雄（2014）『震災考　2011.3-2014.2』（藤原書店）
アルヴァックス（1989）『集合的記憶』（小関藤一郎訳　行路社）
遠藤健編著（2014）『Shirakawa Week 2012-2013』～記憶を未来へ～
大澤真幸（2012）『夢よりも深い覚醒へ　－3・11後の哲学』（岩波書店）
座小田豊（2012）「『今を生きる』ということ」（座小田豊・尾崎彰宏編『今を生きる～東日本大震災から明日へ！復興と再生への提言～1 人間として』東北大学出版会）
佐藤佐敏（2013）『思考力を高める授業作品を解釈するメカニズム』（三省堂）
佐藤佐敏（2016）『5分でできるロジカルシンキング簡単エクササイズ』（学事出版）
佐藤弘夫（2012）「死者からのまなざし―生きること・生かされること」（座小田豊・尾崎彰宏編『今を生きる～東日本大震災から明日へ！　復興と再生への提言～1人間として』東北大学出版会）
髙橋正人（1996）「存在の基盤としての大地　～『それから』における地震と崩壊とをめぐって」（解釈学会編『解釈』第42巻第1号）
髙橋正人（2016）「思考図から思考儀へ～参照体系を通した思考力育成の試み～」（「福島大学人間発達文化学類論集第22号」福島大学人間発達文化学類編）
髙橋正人（2016）「ボタニカル・アクティブラーニングの試み　～高等学校国語科における思考力の育成をめぐって～」（全国大学国語教育学会『国語科教育研究』第131回東京大会研究発表要旨集）
東京学芸大学編（2013）『東日本大震災と東京学芸大学』（東京学芸大学出版会）
東京都公立高等学校ＰＴＡ連合会編（2016）『都高Ｐ連会報』第81号（東京都公立高等学校ＰＴＡ連合会調査広報委員会）
東北大学方言研究センター（2012）『方言を救う、方言で救う　～3・11被災地からの提言～』（株式会社ひつじ書房）
福島県小学校長会編集（2013）『東日本大震災記録集　ふくしまの絆　～学校は、復興の最大の拠点～』
福島県中学校長会編（2012）『東日本大震災を越えて　ふくしまを生きる　～福島県中学校長会からの報告～』
福島県中学校長会編（2014）『震災体験が切り拓いていく教育　凜と生きる～私たちの責務～』
福島県教育委員会（2015）『ふくしま道徳教育資料集　補

訂版　全3集』
福島県ＰＴＡ連合会編集（2016）『福島は歩みだす～福島・水俣交流事業記録集～』
福島県立浪江高等学校編（2012）『幸あるわれら～３・１１東日本大震災と原発事故災害の体験記～』
福島県立浪江高等学校津島校編（2012）『五山に囲まれて～あの時を忘れない～』
福島大学うつくしまふくしま未来支援センター編（2014）『福島大学の支援知をもとにしたテキスト災害復興支援学』（八朔社）
堀内正規（2015）「被災者と詩の言葉」（鎌田薫監修・早稲田大学・震災復興研究論集編集委員会編『震災後に考える　～東日本大震災と向きあう92の分析と提言～』早稲田大学出版部）
三野博司（2012）「震災とフランス文学」（三野博司編著『大学の現場で震災を考える～文学部の試み～』かもがわ出版）
山折哲雄（2011）「二つの神話と無常戦略」（河出書房新社編集部編『思想としての３・１１』河出書房新社）
吉村昭（2004）『三陸海岸大津波』（文藝春秋社）

（『言文』第六四号、二〇一六）

東日本大震災後の福島における国語科教育モデルの構築に向けて

～土地・記憶・人　言葉との出会いを通して～

一　はじめに

東日本大震災からすでに七年を閲したが、時間は一様に過ぎているわけではない。平成二十九年十月二十二日の地方紙には、次のような記事が掲載されている。「復興運ぶ運転再開、再建富岡駅で歓迎式典、東日本大震災と東京電力福島第一原発事故の影響により運休していたＪＲ常磐線の竜田—富岡間で二十一日、約六年七ヶ月ぶりに営業運転が再開された。富岡駅では震災の津波で富岡駅の駅舎が流出、原発事故による全町避難という苦難を乗り越え、郷土の復興へ向かう鉄路が再びつながった」（『福島民友』）

遅々とした歩みではあるが、インフラの整備を含め、復興への取組みは着実に行われているとも言える。しかし、一方、現在も避難を余儀なくされている方々は平成二十九年十二月段階でも三万四千人を超えるなど、故郷への道のりは遠く険しいと言わざるを得ないのが現状である。

東日本大震災の記憶を考える時、意識的な想起だけでなく、出来事そのものが、あるきっかけで私たちに迫ってくることを私たちは繰り返し

『福島民友』（平成 29 年 10 月 22 日付）より

経験してきた。立つこともままならない地の揺れ、圧倒的な力で迫ってくる津波のすさまじさ、あらゆるものを海に向かって引き戻す引き波の力、雪の舞う岸壁周辺に鳴り響くサイレンの音、そして、悲しげな海鳥の鳴き声、身体に刻印され、脳裏に焼き付いたままの生の映像が、「あの日」「あの場所」にいた「自分たち」を「あの時」に連れ戻す。忘却と想起とは、一瞬一瞬の身体と精神のバランスの上にかろうじて保たれているものであり、日々の「日常」を支えているものの下には、「非日常」の世界が広がっている(1)。

一人一人にとっての震災の持つ重さは異なり、それぞれの人にとっての重さを安易に推し量ることは厳に慎むべきである。震災と、そして、震災の記憶とどう向き合うかは、常に困難な問いを私たちに投げかける。震災を問うこと自体を問うことから始まる重い問いは、まず自己との対話から始まる。そして、問いと答え、答えと問い、という無限に続く往還の中で、震災という出来事がその姿を現してくる。

平成27年4月に開校した県立ふたば未来学園高等学校の授業作りに参画している平田オリザは、『対話のレッスン』(2015)において、「ある共同体に強い運命が降りかかったときに、共同体の成員一人ひとりから、それまで思ってもいなかったような価値観の表出が始まる。そこに対話が生まれ、ドラマが生まれる。だからこそ、何よりもいま福島には『対話』の力が必要なのだ。それを演劇を通じて学んで欲しい」と述べている(2)。

東日本大震災後の福島における国語科教育モデルの構築を考える時、様々な形の対話を繰り返すとともに、「土地」「記憶」「人」などのテーマを基にして横断的な視座に立って作品と対峙することにより、震災という「出来事」に迫っていくことができる。一つのテーマにおける思考の深化は、それと関係する作品群との相違やずれを浮き彫りにしながらも互いに響き合い、より深い思考へと私たちを誘っていく。本稿では、こうした観点から、東日本大震災後に発表された詩、高校演劇脚本及び小説をもとに、震災後の世界の在りように迫るとともに、作品に込められた思いを掬い上げ、それらを共有することにより、福島における国語科教育モデル構築の端緒としたい。

二　言葉との出会いを通して　～会津高等学校生徒との模擬授業から～

平成二十九年十月十四日に会津大学を会場として会津高等学校第二学年主催の「研究の世界を知る会」が開催され、稿者は、教育系への進学を希望している生徒を対象として、模擬授業を行う機会を得た。ここで企図したのは、大学での学びと高等学校における学びとの架橋であり、高校時代に一つのテーマを基に物事を深く見つめ、考えることが、その後の学びにおいていかに重要であるかを伝えることにあった。また、新学習指導要領において育成を目指す資質・能力の「三つの柱」、とりわけ「何ができるようになるか」や、高等学校における新しい科目案、さらには、総合的な学習の時間における「思考のための技法」などにも言及した。特に、「思考のための技法」については、『中学校学習指導要領解説総合的な学習の時間編』（2017）に、「順序付ける、比較する、分類する、関連付ける、多面的に見る・多角的に見る、理由づける、見通す、具体化する、抽象化する、構造化する」という例が示されており、それらの知見を生徒と共有した。

次に、県立博物館の赤坂憲雄館長の南相馬市・小高に関する文章と、詩人・齋藤貢氏の作品を読む形で授業を進めた。赤坂憲雄（2014）『3・11から考える「この国のかたち」』の中の一節には次の記述がある。「わたしにとって、南相馬市小高はあらためて特別な場所になったのだと思う。二〇一二年四月二十日、ちょうど一年振りに小高を訪ねた。（中略）あたりは見渡すかぎり、一面に泥の海が広がっていた。瓦礫がその縁にへばりつくように堆積している。どこから運ばれてきたのか、テトラポッドが身を寄せ合う一画があった。時間が止まっていた。津波に舐め尽くされたままに凝固し、取り残された風景だった。（中略）この日、わたしのなかに東日本大震災の原風景のひとつとしてしっかり根付いたのは、泥の海だった」(3)この文章からは、震災当時の生々しく緊迫した状況が迫ってくる。続いて、震災当時に小高商業高等学校の校長として小高で暮らしていた詩人・齋藤貢（2013）『汝は、塵なれば』所収の「ひかり野」を共に読んだ。

ひかり野

小高は、機織りの音が軽やかに響く町通りに、八百屋、魚屋、畳屋、時計店などが軒を連ねて、駅から真っ直ぐな一本道が、ひかりの道のようにそこから未来へと連なっている。東には、海まで続く、平たく低い土地。海辺の、村上の浜では、沖からの強い海風が防風林を叩きつけている。長く続く砂浜の、白い砂塵が、時に嵐のように舞い上がるが、松林のなかは、ひっそりとした静けさに包まれている。浮舟の小高城趾が、遠くに、こんもりとした佇まいを見せている。その向こう、小高のはるか西方には、なだらかな阿武隈の山脈《やまなみ》が横たわっていて。夕日が沈む頃には、そのたおやかな山巓があかあかと朱色に染まり、夕日の名残が、峰々から夕焼けとなって転げ落ちてくる。
その時刻に、町を歩く。
小高は、ひかりの、野原になる。

野菜や夕餉のスープの匂い。風呂を焚く薪や七輪の炭火の焼け焦げるような匂い。それらが混じり合った饐えた小高の暮らしの匂いが、町明かりと重なってどこからともなく漂ってくる。

小高は、懐かしいひかりに
包まれて。

朝焼けや夕映えに包まれると、
凛とした土の匂いが
小高の沃野に満ちてきて
海からは
ひたひたと寄せてくる潮の匂い。
からだのなかを流れる
ひとの遺伝子が

ふるさとの懐かしさを呼び起こす。

小高よ。
ここが、ひかりの、野原になって
そこを、ひとは、「ひかり野」と呼ぶだろう。

しかし

今、その懐かしさがここにはない。
その時刻がここには戻らない。

駅前の一本道には、所々に崩れ落ちた家並みが無残な廃屋のあばら骨を晒している。傾いているのは、家屋ばかりではない。抜けるような青い空の下の、淀んだ町の空気や気配も、萎びて、どこか不安定に傾きかけている。電柱が倒れ、古い屋敷の床柱が折れ、屋根瓦が落ちて、石やコンクリートブロックの塀は崩れ落ちて、そこら一帯に飛散している。駅前にあるのは、津波の残滓だろうか。黄土色の汚泥がうっすらと堆積している。崩れ落ちるのをかろうじて免れた常磐線の跨線橋を越えて駅の東側に向かうと、田圃は、一面の泥の海で、そこからやや高くなった道路の両脇には津波で流され、放置されたままの乗用車が折り重なっている。あの日の夕刻に、胸元まで水につかりながら、車を乗り捨ててこの世に戻ってきたひとの、あるいはその車だったかもしれない。あの日から、置き去りにされたままのもの、使われなくなってしまったもの、捨てざるを得なかったもの、奪われてしまったもの。それは、数えあげればきりがない。なくしたものは、ひとのいのちばかりではないだろう。いつ、何が、ここから永遠に欠落してしまったのか。

小高よ。
黄昏も
夕映えも、朝焼けも。
時間も、ひとも、こころも、そして地軸も。
小高は、今、傾《かし》いでいる。
ひかりが、恩寵であるのなら
小高の黄昏を、夕映えの小高を

もっと、やさしく照らせ。
土地の痛みを、うたかたの愉楽を
もっと、あたたかく包みこめ。

痛みに晒されて、土地を追われて。
こころも、魂も、奪われて。
苦しいぞっ。

ひかりが恩寵であるのなら
花々のように、土地よ。咲き乱れ、匂うがよい。

処女地に、種を蒔くひとよ。
土地の痛みを負いながら
耐えて苦しみ生きて
稲穂を刈り取るひとよ。

やがて、ひとは
そこをふたたび、「ひかり野」と呼ぶだろうか。

（『汝は、塵なれば』齋藤貢）

この詩においては、「小高」という土地が喚起するのは、東北の一つの土地のイメージだけでなく、読む人一人一人の中にある故郷のイメージであり、広く人類に共通する普遍性を持つものでもある。齋藤が「小高」という言葉を発する時、歴史的・文化的な背景を有し、時間的・空間的な広がりを持った土地が、人々の生を包み込みながら立ち現れてくる。土地の持つイメージの広がりと重層的な在り方が、時を超えて我々の生き方に迫り、震災という出来事を一過性のものから解き放ち、普遍へと昇華していく(4)。

現在の小高は、かつての賑わいを取り戻すまでには至っていない。長い歴史を刻んできた小高に寄せる詩人の思いは、震災後の今読むことによって、往時への祈りとして私たちに強く迫ってくる。

なお、参考として会津高等学校での学習の流れを示す。

◇本時のねらい（第1／1時）

東日本大震災と文学の世界を結び付けつつ、「土地」「喪失」「想起」に関する人間の思いに迫るとともに、自分自身の土地に根付いた経験を話し合い、教材の価値を共有する。

◇生徒に示す本時のねらい

「土地」「喪失」などのテーマから作品を読み、教材の価値に迫る。

◇指導過程

	学習内容・活動	時間	◇指導上の留意点　◆評価規準
導入	1　小高という地名について知っていることについて確認する。 　土地の持つ意味や、喪失したものの重さに思いを馳せる。	5分	東日本大震災について触れる場合には、個人の経験と記憶に配慮する。 ◆「小高」など土地に対する関心を持とうとしている。【関心・意欲・態度】
展開	2　赤坂憲雄氏の文章を読む。 　当時の状況を想像するとともに、表現されている叙述内容を辿ることにより小高の街の様子をイメージする。 3　齋藤貢氏の詩を読む。 　被災地としての小高への思いと自然と人間との関係について叙述を基にして読み取る。 4　「土地」「喪失」「記憶」等に関するテーマについて話し合う。 作品を通して人間の持つ土地への思いや失われたものを求め続ける意志、喪失の悲しみや想起することの意味についてグループで話し合う。	10分 10分 20分	◇次の表現の意味に着目させる。 ・泥の海、原風景、不安、瓦礫、黄昏 水田風景、時間が止まる、凝固、取り残された風景　等 ◇次の表現の意味に着目させる。 ・ひかり野、一本道、山巓、ひかり ふるさと、残滓、傾ぐ、恩寵、土地を追われて、種を蒔く、ふたたび等 ◇自身の体験等を通して土地の記憶や失われたものへの思いを共有する。 なお、各自の体験に配慮する。 ◆本文と自分の体験等を合わせて考えることにより土地や喪失についての考えを共有する。【思考・判断・表現】
まとめ	様々な教材について、テーマを持って多角的・多面的に思考を重ねることの重要性を確認するとともに、他の人との対話や交流を通して自分なりの見方・考え方を働かせる。	5分	◇これまで読んだ文学作品等について、印象に残っている場面や描写について発表させるとともに、対話を通して自分の身の回りの土地の持つ意味を問い返す。
資料	赤坂憲雄『3·11から考える「この国のかたち」東北学を再建する』（新潮社）齋藤貢『汝は、塵なれば』（思潮社）		

三―一　東日本大震災に関わる教材について　〜『シュレーディンガーの猫』〜

本県における高校演劇脚本には、多くの人に共感をもって受け止められている優れた作品が多いが、大沼高等学校演劇部作品である『シュレーディンガーの猫〜OUR LAST QUESTION〜』(作・佐藤雅通二〇一二年十月初演)は、東日本大震災後の避難を余儀なくされた高校生の姿を描いた秀作である。[5]

シュレーディンガーの猫

〜OUR LAST QUESTION〜　生き残ったからさ、うち。

【時】一月末　【場所】三年一組の教室

【登場人物】絵里　陽佳　麗華　聡美　壮太　克哉　康介　弥生

緞帳上がる。壮太が教卓のところにいる。

陽佳、聡美、麗華、康介、克哉は机や椅子に腰掛けている。離れたところに弥生が座っている。

壮太　第一問。「仲間外れはどーれだ」！「マグロ」。「カツオ」。「ブリ」。「クジラ」。

麗華、克哉、勢いよく手を挙げる。

壮太　はい。一番の方。

麗華　クジラ！

克哉　え？

壮太　ピンポンピンポンピンポン！　正解です！

麗華　（喜び、威張る）
克哉　「ブリ」じゃないのか？
麗華　克哉くーん、なに言ってんの～？
克哉　「ブリ」だけ二文字だろ？
壮太　そういうことじゃないんだな～クイズだよ、これ。
麗華　そうだよ、一人だけおおっきいからだよね？
壮太・聡美　いやいやいやいやいや。

（中略）

絵里　名前は？
弥生　え？
絵里　名前聞かなきゃ。なんて呼べばいい？
弥生　弥生。
絵里　弥生ちゃんね。
弥生　うん。
絵里　うちは絵里っていうんだ。あと二年、もし、この学校にいたら、よろしく。
弥生　うん。
絵里　それからさ……うちら、生き残ったからさ……だから、
弥生　私、生き残ったんじゃない。死ななかっただけ。

間

絵里　死なかったんだから、生きていくしかないよ。（調子を変えて）そうだ、この学校に

弥生　ダンス部あるんだって。うち、ダンス好きだからさ、入ろっかな。せっかくだから、がんばっていこうと思ってさ。
絵里　絵里さんは……つらくないの？
弥生　え？
絵里　つらいよ。……あ、でも、つらいとか、悲しいとか、そういうんじゃないかも。
弥生　悔しいんだ。きっと。
絵里　悔しい？
弥生　……「シュレーディンガーの猫」って聞いたこと、ある？
絵里　シュレーディンガーの……猫？
弥生　生きている状態と死んでいる状態が、五〇％の確率で同時に存在している猫。
絵里　なに……それ。
弥生　想像上の物理の実験の話なんだ。箱の中で、放射性物質に運命を握られている猫。
絵里　よくわからないけど、その猫、私たちみたい。
弥生　世界には生きている人と死んでいる人のどっちかしかいないと思ってたけど。
絵里　私たち、どっちなんだろう。
弥生　仲間外れだよね。
絵里　仲間外れ？
弥生　うん。それが悔しいんだ、うち。でもね、シュレーディンガーの猫と違って、うちらはどっちかを選べるんだよ、弥生ちゃん。
弥生　選べる……？

絵里　うちの大好きな曲の中にこんな歌詞があるんだ。「私は生き続けなければならない。私は天国にいるべきではないのだから」って。……うち、生き続ける方を、選べるかな……。

弥生　……。

絵里　聴いてみる？（イヤホンの片方を弥生に預ける）はい……弥生ちゃん、うちら、生き残ったからさ、だから、

弥生　（イヤホンをつける）

音楽。その中で全員、元にもどってくる。

（中略）

弥生　壮太君。……クイズの続き、やろうよ。

壮太　え？

弥生をみる一同。間。

弥生　絵里さんからの質問から……（絵里に）いいでしょ？……

絵里　……わかった。

聡美　壮太君。

壮太　うん。……「では、最後の問題。絵里さんからの質問。仲間外れはだあれだ！」

絵里　……「原発から逃げてきた人」

絵里と弥生だけが手を挙げる。

絵里　「夜中に津波の音が聞こえて眠れない人！」
　　絵里と弥生だけが手を挙げる。
絵里　「病気でも事故でも自殺でもないのに家族や友達が死んじゃった人！」
　　絵里と弥生だけが手を挙げる。
絵里　神様は、いない。
　　絵里と弥生だけが手を挙げる。
絵里　同情は、いらない。
　　絵里と弥生と陽佳が手を挙げる。
絵里　どんなことがあっても、負けない。
　　絵里と弥生と陽佳と克哉が手を挙げる。
絵里　それでも、他人には、やさしくしたい。
　　絵里と弥生と陽佳と克哉と聡美と壮太が手を挙げる。
絵里　絶対に、忘れない。
　　全員、手を挙げる。
絵里　「うちも、弥生ちゃんも、……ちゃんと生きていけると思う人」
　　絵里と弥生以外、手を挙げる。間。
　　しばらくして絵里が、最後に、全員に見守られて弥生が手を挙げる。
　　一同、微笑む。照明変わり、同時に音楽。
　　音楽、高まり、幕。

震災と原発事故によって故郷を離れざるを得ない絵里が発する「シュレーディンガーの猫」という言葉に込められた「生きているか／死んでいるか」という宙吊り状態は、震災後七年を経た今もなお深い問いを私たちに突き付けている。また、冒頭の教室での「仲間外れクイズ」が、最終場面で繰り返されることにより、登場人物の置かれた立場とそこでの生きざまが鮮明になっている。

佐藤雅通氏は、本作品の経緯について、「『ウソをつかない芝居』を創る」（『脚本集3・11』）において、次のように述べている。「二〇一一年五月、演劇部に三名の二年生が入ってきました。東日本大震災で被災し、本校に転入してきた生徒たちです。（中略）私は彼女の様子を見て、被災者が受けた心の傷の深さを理解できているフリは決してするまい、ただひたすら彼女の気持ちを優先しよう、と考えました。（中略）坂本さんは、『シュレーディンガーの猫』の成長とともに強くなり、積極的にマスコミの前で発言するようになりました。今では、あの震災と原発事故の悲劇を後世に語り継ぎたいという決意を持っています。そして私たちは、彼女の意志を伝え、広めていこうと誓ったのです[6]」

作品は、その後も県内各地はもとより東京・下北沢などで上演が続けられ、平成二十九年十一月現在七十回を超える公演数を数えるに至る。東日本大震災後の福島における生徒の思いに寄り添った本作品は、「日常／非日常」「生／死」「人間／自然」「科学技術／幸福」「土地」「記憶」「時間／距離」など様々な視点から私たちの「今」を問い返す契機となっている[7]。

下北沢公演から

三―二　東日本大震災に関わる教材について
～『神様２０１１』『神様』～

平成23年以降に検定を経た「国語総合」及び「現代文Ｂ」の教科書において、東日本大震災に関連した教材を直接的に扱っているものは少ない。その中で、『現代文Ｂ』（教育出版 平成二十六年一月発行）には、川上弘美の『神様２０１１』(2011)が小説教材として採られている。川上のデビュー作である『神様』(1994)から十年を超える歳月を隔てて書かれたこの作品について、川上は次のように述べている。

「二〇一一年の三月末に、わたしはあらためて、『神様２０１１』を書きました。原子力利用にともなう危険を警告する、という大上段にかまえた姿勢で書いたのでは、まったくありません。それよりもむしろ、日常は続いてゆく、けれどその日常は何かのことで大きく変化してしまう可能性をもつものだ、という大きな驚きの気持ちをこめて書きました。静かな怒りが、あの原発事故以来、去りません。むろんこの怒りは、最終的には自分自身に向かってくる怒りです。今の日本をつくってきたのは、ほかならぬ自分でもあるのですから。この怒りをいだいたまま、それでもわたしたちはそれぞれの日常を、たんたんと生きてゆくし、意地でも、『もうやになった』と、この生を放りだすことをしたくないのです。だって、生きることは、それ自体が、大いなるよろこびであるはずなのですから⑧」と。

福島県からの避難者が今なお三万人を超え、原発事故の終息及び廃炉に向けた長い工程から伺うことができるように、私たちは、人間の想像を遥かに超えた数百・数万年、あるいはそれ以上の途方もないスパンの時間に関わる事象と向き合わなければならない。本作品を読むことは、「近代以降の様々な文章を的確に理解し、適切に表現する能力を高めるとともに、ものの見方、感じ方、考え方を深め、進んで読書することによって、国語の向上を図り人生を豊かにする態度を育てる」という「現代文Ｂ」の目標に照らした時、その意味するところは極めて大きい。また、国語科の授業における深い学びの構築という喫緊の課題を考える上でも、生徒一人一人が真摯に立ち向かうべき教材の一つであると考えられる。こうした観点から、福島大学学類生を対象とした授業「国語科教育法」において、高等学校教材を基にした授業研究の一環として授業研究を行った。作品は、次のように始まる。

> くまにさそわれて散歩に出る。川原に行くのである。春先に、鴫を見るために、防護服をつけて行ったことはあったが、暑い季節にこうしてふつうの服を着て肌をだし、弁当まで持っていくのは、「あのこと」以来、初めてである。散歩というよりハイキングといったほうがいいかもしれない。

初読の後に、各自が自身の「第一次の読み」として、気付いたこと、疑問に思ったこと、考えたことをメモとして書き出し、グループごとに考えを共有する時間を取った。グループでの話し合いにおいては、「くま」の持つ意味、「わたし」と「くま」に対する周囲の対応、「熊の神様」の持つ意味、「震災」の影響、「あのこと」という表現の効果や意味など、小説の主題や表現に迫った意見交換が行われた。さらに、グループごとにマッピング図やフロー図などを用いながら模造紙にまとめ、全体で発表した。各グループ協議におけるキーワード及び本文の読み取りで交わされた意見の一部は次のようにまとめることができる。

班	キーワード	本文の叙述からの読み取り及び考察

A	偏見　自然破壊	わたし：くまに偏見を持たない　被ばく線量を計算している くま：人間に自然を破壊されている　差別されている 　人間らしさを有している　気遣いを行っている くまは福島の象徴　二人の男は他県の象徴　わたしは福島の住人
B	神様　両義性 うしろめたさ	くま：くまの存在は神様につながる　人間らしさと獣らしさ わたし：会って間もなくなのに一緒に行動している　放射線を気にする あのこと：うしろめたさ（触れてはいけないこと）
C	人間らしさ 取り戻す　壁	くま：変化の象徴　人間らしさへのこだわり 防護服：現代人を表わしている　人間らしさを否定する存在 わたし：くまとの行動で人間らしさを取り戻す 神様：本当の姿のわたしが「恵み」を受ける対象となる
D	比喩説 動物説	くま：被曝者を比喩している　肩身の狭さ（くまだから） あのこと：特定しないことで東日本大震災に限定されない わたし：中立的な感じ　現実におけるある立場 全体として、被害を受けたのは人間だけだと思っている
E	風評被害 許し	くま：避難者のイメージ　風評被害　抱擁の意味は「許し」 わたし：除染作業員　女性 あのこと：日常が変化した時間を指す　原発事故の暗示 神様：原発後に神という存在の薄れ　「くま」による信頼性の高まり 　「あのこと」以前との大きな変化

発表においては、「あのこと」という朧化表現に着目して、東日本大震災を指しながらも、日常の中に潜む「このこと」が「あのこと」へと転換される瞬間を作品から感じ取ったというグループや、私たちの生では、いつ、何が起きるか分からないということが潜在的な怖れとして顕在化していることに言及するグループなどがあった。また、柔らかな書きぶりで描かれる物語世界の裏側に、厳しい現実世界が透けて見えるとの見解を述べたグループもあった。震災を経て書かれた『神様２０１１』の意図を読み解くことが、そのまま現代を読み解くことにもつながるものと考えられる。[9]

もとより、「あのこと」と書かれている内容が、「東日本大震災」及び「原子力発電所の事故」と明示されているわけではない。しかし、この作品と向き合うことにより、私たちの生きる現実がいかに「危うさ」の上に一時的に営まれているかが、一つ一つの言葉から立ち上がってくる。『神様２０１１』と『神様』との比べ読みなどを通して、日常生活というものの持つ意味とその変貌、人が生きること、他者との交流の可能性、人間の孤独、喪失感、畏怖、寛容など、様々な視点から作品世界に迫っていくことができる。本授業は、高校の実際の教室で行われたものではないが、学生一人一人が東日本大震災を踏まえた私たちの「日常」の在り方に関する思考を深める契機となった。

なお、実際の授業に当たっては、震災後の家族や地域の状況など、慎重な配慮が求められるということに留意したい。

四　おわりに　〜言葉との出会いを通じて〜

東日本大震災からの時間は、現在を生きる私たちそれぞれの中で同じように流れているわけではなく、速度も濃さも色合い

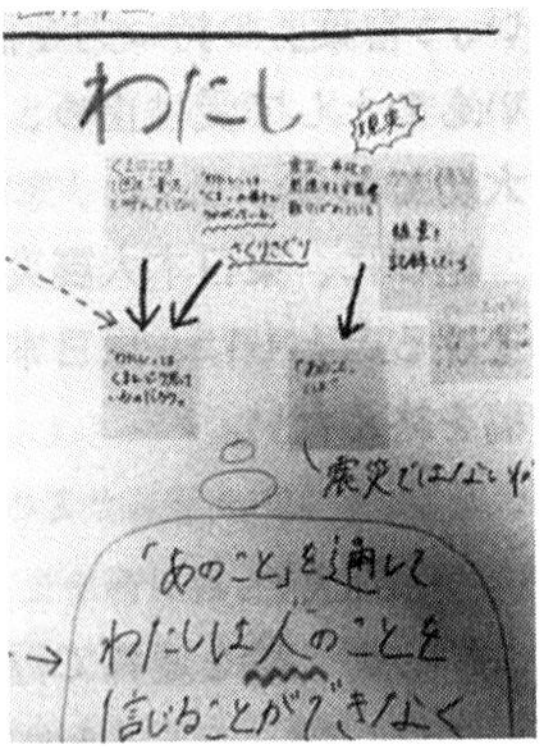

マッピング図の例

も重さも明るさも、そして、深さもまた各人の生によって異なる。平成三十年一月十二日に刊行された『広辞苑（第七版）』（2018）には、「東日本大震災二〇一一年の東北地方太平洋沖地震およびそれに伴う大津波による大規模災害。発生した津波は内陸に六キロメートル侵入、遡上高は最高約四十メートル。死者・行方不明者は約二万人と東北地方太平洋岸に甚大な被害をもたらした。福島の東京電力第一原子力発電所で起こった放射能漏洩を伴う深刻な事故による避難は長期化」が新語として載るとともに、「廃炉」「浜通り」「安全神話」などがリアルな言葉として辞書に刻まれることとなった。東日本大震災後の国語科教育モデルを考えるとき、私たち一人一人が東日本大震災からの「時」に真摯に向き合い、「言葉」の持つ力を信じて、「対話」を重ねながら、日々をかけがえのないものとして受け止め、それぞれの生を見つめ返しながら歩み続けることが大切である。

結びに、東日本大震災において被災された方々に衷心からのお見舞いを申し上げるとともに、東日本大震災直後に発表された谷川俊太郎氏の詩を掲げて稿を終えたい。

遠くへ　　谷川俊太郎

心よ　私を連れて行っておくれ
遠くへ
水平線よりも遠く
星々よりももっと遠く
死者たちと
微笑みかわすことができるところ

生まれてくる胎児たちの
あえかな心音が聞こえるところ
私たちの浅はかな考えの及ばぬほど
遠いところへ　心よ
連れて行っておくれ
希望よりも遠く
絶望をはるかに超えた
遠くへ
〈「朝日新聞夕刊」２０１１年7月4日〈こころ〉七月の詩〉

《註》

（1）岡真理は『記憶／物語』において、「記憶が－あるいは記憶に媒介された出来事が－『私』の意思とは無関係に、わたしにやって来る。ここでは、『記憶』こそが主体である。そして、『記憶』のこの突然の到来に対して、『私』は徹底的に無力であり、受動的である。言いかえれば、『記憶』とは時に、わたしには制御不能な、わたしの意思とは無関係に、わたしの身に襲いかかってくるものでもあるということだ。そして、出来事は記憶のなかでいまも、生々しい現在を生きている。とすれば記憶の回帰とは、根源的な暴力性を秘めているということになる」と述べている。4-5.

（2）平田オリザは同書において次のように続ける。「県外の人に福島のことを伝えるとき、君たちだって同情してもらいたいとは思っていないだろう。しかし共感はしてもらいたい。だとすれば、どのようにして共感できるポイントを見つけていくかが大切になる。（中略）対話の営みは時間がかかり、ときにもどかしく、非効率だ。それでも私は、そこにしか希望はないと思う。劇作家という道化の役割を果たしながら、対話の輪を広げて行ければと思う」6-7.

（3）赤坂憲雄（2012）『3・11から考える「この国のかたち」東北学を再建する』（新潮社）174-178.

（4）栗津則雄氏は、『汝は、塵なれば』に寄せた栞に次のように記している。「彼の語りくちは、引きちぎれた苦い思いとからみながらも、また時には、『苦しいぞっ』といった呻きをもらしながらも、控え目で、ほとんど静かである。だが、そのことでかえって、そういうことばの奥から、震災や汚染のすさまじさや、それが人びとに刻みつけたむごたらしい心の傷が、なまなましい手触りをもって身を起こしてくるようだ」そして、さらに、「このことは齋藤さんを、人間存在についての苦い問いに導いたが、それればかりではない。それはさらに、彼を、人間をこえた存在に対する、ある畏怖の念につらぬかれた問いに導いたのであって、それは『汝は、塵なれば』という詩集名からもわかる。（中略）現在への問いかけと現在をこえたものへの問いかけが、人間への問いかけと人間をこえたものへの問いかけが、濃密でのびやかな劇を作りあげていると言っていい」と締めくくっている。

（5）『脚本集3・11』（2014）の「前書きにかえて」には、本作品について、「2013年、私たちが毎年行っている子どものための脚本募集に『シュレーディンガーの猫』が応募されました。震災・原発事故後の福島の高校生たちを描いた脚本は、強い印象を与え『特選』に選ばれました。（中略）どの作品も三年前の東日本大震災・原発事故直後から、演劇人としてあるいは教育現場で生徒とともに演劇活動をされ、迷い、悩み、苦しみ、葛藤の末生み出された、輝きのある作品です」との言葉が残されている。2-3.

（6）『脚本集3・11』（2014）39-40.

（7）「演劇的手法」について、『国語科重要用語辞典』（2015）では、「演劇を活用した学習手法のこと。特に、劇上演を直接的な目的とはせず、物語等への理解を深めたり話す・聞く等の技能を伸ばしたりするために架空の状況の中で役になってふるまう活動を行うもののことを指す」と定義し、具体的には「動作化」「劇化」「劇遊び」「役割読み」「ロールプレイ」などが挙げられている。また、演劇的手法について、「学習に文脈を与え（物語性）、実感との結び付きをもたらし（身体性）、他者との相互作用を促すことで（協同性）、よりいきいきとした学習を可能と」し、「表現と理解の相互循環を生み出す」ものと指摘している。83.

また、『国語教育指導用語辞典第四版』（2012）の「戯曲」の項には、「発展として、会話だけで進行する作文（戯曲）を書かせることは、一般作文とはまた異なった、文章力や言語感覚を育てる。小学校高学年以上では、映画やテレビドラマのシナリオとの相違、戯曲（演劇）の種類や世界の戯曲についても触れ、関心を高めるとともに、接する態度を育てておくことは情報リテラシー育成の視点からも現代的意義が大きい」との記述がある。198-199.

さらに、『高等学校学習指導要領解説 国語編』（平成22年6月）「国語総合」の「C 読むこと」の指導事項に関する言語事項の解説には、「ア 脚本にしたり、書き換えたりする言語活動」との表題の下、「ア 文章を読んで脚本にしたり、古典を現代の物語に書き換えたりすること」との記述とともに次の説明がある。「読むことの指導事項を身に付けさせるためには、読むという言語活動だけでは不十分である。そこで、『脚本に』する、『物語に書き換え』るなどという、表現する言語活動を通して読みを深めることが大切である。このような翻案をする言語活動において、文章を自分の知識、思考、体験などと照合させながら繰り返して読むことは、読み手の認識の変容を促すとともに主体的な読みの確立につながる。小説や随筆などを読んで脚本にしたり、古典を現代の物語に書き換えたりするためには、文章を客観的、分析的に読む必要がある。文章を繰り返して読み、人物、情景などについてのイメージを具体的にもったり、人間、社会、自然などに対する書き手や文章中の人物の考えや感情を想像したりすることで、文章の内容や表現を一層深くとらえることができる。『脚本に』するとは、自分が読み取った、人物、情景、心情などを、せりふとト書きとによって描き出すことである。これは、劇化つまり演じるという目的や意図を伴うものではあるが、戯曲という文学的な文章の一つの形態に親しむことでもある。読むことの指導では、目的や意図に応じて様々な文章を取り上げることが大切であり、脚本にするという言語活動の前提として、戯曲に触れている必要がある」27.

（8）川上弘美（2011）『神様2011』（新潮社）44.

（9）『現代文B』（教育出版）の教授資料「教材のねらい」には次の解説がある。「『くま』と『わたし』とのひと時の交流が、川原での散策によって描かれるという作品の構造は『神様』と全く同じだが、不思議な感覚の中でほのぼのと描かれていたそこでの二つの生き物のやりとりは、本作品において、『あのこと』以後という差し迫った日常の変化にともなって、研ぎ澄まされた感覚をひきつれ、このうえなく尖鋭なかたちで私たちの前にたちあらわれてくる。そうした息をのむような作品に変質しているのである。この作品をとおして、生徒たちはさまざまな読みを展開するだろう。それでも、自分たちもいやおうなく加担している現在、言いかえれば、『あのこと』を結果的にもたらしてしまった私たち一人一人の生き方そのものと向き合うことなしに、この作品を読むことはできないことに気づくはずである」49.

《参考文献》

赤坂憲雄（2012）『3・11から考える「この国のかたち」』（新潮社）
赤坂憲雄（2014）『震災考　2011.3-2014.2』（藤原書店）
井口時男編（2013）『現代文B』（教育出版）及び「教授資料」
石原哲也（2005）『高校演劇石原哲也脚本集』（晩成書房）
植村恒一郎（2002）『時間の本性』（勁草書房）
大森荘蔵（1999）『大森荘蔵著作集第八巻』（岩波書店）
大森荘蔵（1999）『大森荘蔵著作集第九巻』（岩波書店）
岡真理（2000）『記憶／物語』（岩波書店）
鎌田均（2011）「『自分とは何か』を問い続ける〈言葉の力〉―川上弘美『神様』を例にして―」（『日本文学』vol.60）
川上弘美（1998）『神様』（中央公論社）
川上弘美（2011）『神様2011』（新潮社）
木村朗子（2013）『震災後文学論』（青土社）
齋藤貢（2013）『汝は、塵なれば』（思潮社）
佐々木幹郎（2012）「未来からの記憶」（『現代詩手帖』2012年3月号　思潮社）
鈴木愛理（2012）「現代小説の教材価値に関する研究―川

上弘美『神様』『神様２０１１』を中心として」（『広島大学大学院教育学研究科紀要第61号』）
関根正雄訳（2013）『旧約聖書創世記』（岩波書店）
瀬戸賢一（2017）『時間の言語学〜メタファーから読みとく』（筑摩書房）
髙木まさき他編著（2015）『国語科重要用語辞典』（明治図書）
竹内敏晴（1989）『からだ・演劇・教育』（岩波書店）
竹内敏晴（2014）『竹内敏晴の「からだと思想」全四巻』（藤原書店）
田近洵一・井上尚美編著（2012）『国語教育指導用語辞典第四版』（教育出版）
中良子編（2014）『災害の物語学』（世界思想社）
日本演劇教育連盟編（2014）『脚本集3・11』（晩成書房）
野家啓一（1990）「物語行為論序説」（『物語（現代哲学の冒険8）』岩波書店）
野家啓一（1996）『物語の哲学〜柳田國男と歴史の発見』
野家啓一（2007）『歴史を哲学する』（岩波書店）
平田オリザ（2006）「対話を考える」（『現代の国語2』三省堂）
平田オリザ（2012）『わかりあえないことから』（講談社）
平田オリザ（2015）『対話のレッスン』（講談社）
増田信一（2004）『演劇的学習の建設』（京都女子大学「京都女子大学研究叢刊40」）
文部科学省（2010）『高等学校学習指導要領解説国語編』

【謝辞】

本稿作成にあたり、齋藤貢氏及び佐藤雅通氏から懇切丁寧なご助言並びにご著作に関する貴重な資料の提供を賜りましたことに深く感謝申し上げますとともに、福島県立会津高等学校に学ぶ生徒の皆さん、福島大学「国語科教育法」受講学生の皆さんに御礼申し上げます。

【附記】

本論文は、平成27―30年度日本学術振興会科学研究費助成事業（基盤研究Ｃ）「東日本大震災後の福島における国語科教育モデルの構築」（研究課題番号：15K04403 代表者：佐藤佐敏）による成果の一部である。

（『言文』第六五号、二〇一八）

震災時間論
～時をめぐる断章～

震災以後

ミッシェル・セールの考え方　～アトラスを読む～

久しぶりに哲学に親しむことができる。考えることの意味と時間と空間をいかに構築するかということが課題として残る。地図の認知能力の育成と科学的な精神との交感をいかになすか。この部屋から見えるものが創り上げられたものであるならば、時間を経てそこから見えるものもまた、時間の中で創られつつあるものかもしれない。（2011.3.8）

地獄としての震災　～永遠に続く日常からの崩落～

時間が一瞬で凍結する。時が止まり、時が揺れ動く。これまでも経験したであろう災害の中でこれほどの緊張と不安をかき立てられる事態は初めてだ。時間がゆっくりと流れる。あの時の地震速報がいかに未来と過去とを切り裂くことになるのか。宮城県沖地震に際しての災禍と比較しても比較のしようがないほどの規模であり、耐えられる限界を超えた状況にある。（2011.3.19）

今できることは『野火』（大岡昇平）を読み続けること。いわきでの時が、六十年前の戦争と同様の事態を出来させているということ自体が変化の兆しとなってほしい。時間の変化と時間の超越とがここで行われる。時間の中で生きている我々がどう変化し、どう生き続けるか。一刻一刻が時間の中で変わり、むしろ変化せず、そのまま歴史の一齣になっていく可能性もある。（2011.3.19）

『野火』を読み続けている。この作品をこの一年間読み続ける必要がある。自分が生きることと人が生きるということの異なる点を確認するためにも。昨日、伊地知均教授に電話をすると涙が出てきた。フランス文学が自分の支えとなっているということを自覚したからだろう。生きるということは、ある意味自覚することであり、時間の中で生き続けることとなる。小説の中の時間という考え方。そして、瓶の中に閉じ込められた人の時間という考え方。双方が今ここにある。何も感じられないまま時間が過ぎていた時代は過ぎた。９・11前と後で時間構造と時間感覚が一変したように。時間は人を変える。人は時間の支配の下で生きざるを得ない。時間を超えるものとの付き合いをすることとマグニチュード９という阪神淡路大震災の１０００倍のエネルギーの地震によって生じた混乱は修復できるものではない。世界は明らかに一変した。（2011.3.19）

『野火』を身体で読む　～時間の中でたゆたうこと～

『野火』を読み続ける。レイテ戦記を確認している。レイテ島において継続している時間との闘いをいかに摑むか。鳥がいる。緑に包まれている。それは、何百年もの間続いているであろう時間の中で同じものではなく、しかし、同じものがそこに継続していることである。時間をいかに継続させているか。同じものが同じように経験しているこの事実。事実の中で人は生きている。生きることが松明のようにして継続しているのはこの時間そのものの大きな動きに過ぎない。（2011.3.20）

永遠を巡って　～ランボーの詩～

永遠という言葉を意識したのはランボーの詩からだ。山崎との下宿での読書生活によって得られた空間は、今から思えば永遠そのものだった。立原の詩集や様々な思いをいかに考えたか。永遠という名の下で生きる術を感じていたことは、結局の所、日常という言葉に置き換えることができる。永遠と今と日常の繰り返しとが一本の軸上に重なり合っている。

永遠という時がどれほどかという歌詞の一節が心に響いていたのは、ここ数週間だ。朝夕の出勤・退勤の合間に流れる車中の空間には永遠とはほど遠いものがあった。しかし、時間の中で永遠とはどれほどの長さなのかと問いかける女性歌手の歌にはいつも心ひかれていた。

永遠は今も息づいている。たぶん。しかし、自分がこうして意識している存在である限り、この感覚は残るのかもしれない。永遠を問うのは自分であり、自然であり、宇宙である。永遠というものをいかに認識するか。永遠がこうした天変災害によって身に迫って初めて我々はその存在がいかに小さな存在であるかに直面する。永遠という淡い思いの中で日常生活を繰り返していたことがいかに軽いものであったか。あるいは、逆に重い存在によって支えられていたかに思い当たることになる。

（2011.3.21）

『野火』もまた、永遠をテーマとしてそこにある人間の存在と生き続ける自然との対照を描き出している。永遠の時間を自分がどう感じるか。また、一生という限られた時間の中で永遠が存在するということを知りうるかどうかを考える必要に迫られる。永遠は時間、時間は永遠、この二つをいかに調和させられるかを考えたい。ある意味、時間と永遠とは限られた空間の中でこそ意味を持つものであり、瓶の中の永遠と同等のものである。時間、そして、永遠の中で人々が感じることのできるものは流れの中でも存在する。しかし、そこにあるであろう時間の流れは自分の内部とは隔絶されたものとして存在する。（2011.3.23）

『野火』考　～振り返る時間と進行する時間、時制の問題～

進行する時間がある。一方その時を振り返る時間がある。戦時にある時間が今はすでに遠くに消えかかっていくこと、さらに遠くから今を回想することすら時間の流れの中では可能となる。時間のもつ自由さと時間の持つ流れの堅さとは相反するものであると同時に互いに浸食しあうものでもある。時制の中で今の震災の被害を考える。過去完了時制によって、すでにあの時点では終わっていたという感覚と、現在完了形によって継続しながらも今はすでにという感覚に満たされている。今後の生き方を考えた時には、未来を見る力が試される。未来をいかに見るか。いかに未来を創り上げていくかを考える必要がある。

今進行しているこの危機が未来から考えた時には、一瞬の出来事として日常に戻ること、それが時の力だ。（2011.3.23）

留まった時間　～大震災の夜明け～

夜明けが止まっている。止まるということだけは事実。時間の流れは人の心の流れとなる。止まることと留まること。（2011.4.4）

治からの電話　～凍結する時間・自然の時間スパン～

溶け出す時間がある。溶けてしまう時間がある。あらゆるものを押し流す津波のように時間は永遠に流れていく。その流れの中で時間とともに過ごしていかねばならないことが自分には大きな負担になる。その負担を強いるのが自然の力だろう。

自然との付き合い方を人間は忘れてしまっていた。自然を睥睨し自分との関係をむしろ知らないままに過ごしてきた幾年もの時間が歪みとなって現れたとも取れなくもない。自然の時間スパンはもとより人間のそれとはスケールが何もかも違いすぎる。新たな試みをいくら起こそうと、人間のする「業」は所詮自然の世界を超えることはあり得ない。

こうした時間は、人間を放っておいても存在する可能性がある。人間の外の時間と内部の時間とは異なるスケールを持つ。大地の息吹を感じることも人間なら、自然の中で小さく、本当に小さく生きていくこともまた人間の所行なのであろう。(2011.4.12)

あらゆるものが　～東日本大震災を乗り越えて～

あらゆるものが失われ
あらゆるものが崩れ
あらゆるものが流され
あらゆるものが目の前から消え
あらゆるものが海の彼方へ
あらゆるものが一瞬のうちに

あらゆるものが時を超えて
あらゆるものが失われた

しかし

あらゆるものが芽を吹き
あらゆるものが時の中で
あらゆるものが胎動を始め
あらゆるものが未来に向かって
あらゆるものが歩みを始め
あらゆるものが語り合い
あらゆるものが力を合わせ
あらゆるものが一つになり
あらゆるものが明日を目指して
あらゆるものが歩き始める

あらゆるものがこうして打撃を受け
あらゆるものが打ち砕かれ
あらゆるものが記憶の中に
あらゆるものが時間を止めて

あらゆるものがその時の後に
あらゆるものが残骸と化して
あらゆるものが自由をなくし
あらゆるものが過去となり
あらゆるものが未来への翼を
あらゆるものが絶望に変わり
あらゆるものが日常から
あらゆるものが壊れ

しかし

あらゆるものから物語を得て
あらゆるものから人の心に向かい
あらゆるものから発せられる言葉を伝え
あらゆるものから自由に空を
あらゆるものから動き始め
あらゆるものから定められ
あらゆるものから一歩を歩み
あらゆるものからいのちの胎動を

あらゆるものが時間を失い
あらゆるものが時間の中で屈し
あらゆるものが時間を超えて
あらゆるものが生を尽くし
あらゆるものが息を潜め
あらゆるものが大地に帰る

あらゆるものが乗り越えられ
あらゆるものが海の力に
あらゆるものが陸の彼方に
あらゆるものが消し去られて
あらゆるものがその場を失い
あらゆるものがたゆたう（2011.4.12）

あらゆるものが旅へと
あらゆるものが出発する
あらゆるものがこの地を去り
あらゆるものが時間の中で
あらゆるものが自分を差し上げる

あらゆるものが帰るべきところへ
あらゆるものが原始に
あらゆるものが始まりへ
あらゆるものが桜の花に
あらゆるものが進んでいく（2011.4.14）

あらゆるものが時間を超え
あらゆるものが感謝の姿を変え
あらゆるものが事実を超え
あらゆるものが想像の世界へ
あらゆるものが波によってさらわれる

あらゆるものが名を無くし
あらゆるものが時間を無くし
あらゆるものが絆を無くし
あらゆるものが伝える力を無くし
あらゆるものが無に帰る

あらゆるものが桜の木に
あらゆるものが菜の花に

あらゆるものが梅の元に
あらゆるものが花となり
あらゆるものが季節を変える

あらゆるものが時間を超え
あらゆるものが時間の流れを
あらゆるものが時間に逆らい
あらゆるものが混濁の中に
あらゆるものが沈み込む

あらゆるものが今の時間を超え
あらゆるものが宇宙を知り
あらゆるものが彼方へ
あらゆるものが思いを超えて
あらゆるものが時間に富む（2011.4.15）

あらゆるものが夢の中で
あらゆるものがたゆたいながら
あらゆるものが現実のがれきの山で
あらゆるものが呼吸して

あらゆるものが息を潜めている
あらゆるものが眠りに落ち
あらゆるものが時の中で
あらゆるものが漂いながら
あらゆるものが波を越え
あらゆるものが流れていく（2011.4.18）

あらゆるものが雨の中で
あらゆるものが桜の花びらを
あらゆるものが風に吹かれ
あらゆるものが自然を謳歌し
あらゆるものが今こうしてあり続ける

あらゆるものが時間の彼方に
あらゆるものが消えつつ
あらゆるものが生まれ
あらゆるものが今の時間を超えて
あらゆるものが誕生の道筋を付ける

あらゆるものが誕生の時を迎え
あらゆるものが消滅に向かい
あらゆるものが自然の中で
あらゆるものがゆっくりと
あらゆるものが進みながら考える（2011.4.19）

あらゆるものが波にのまれ
あらゆるものが彼方へ
あらゆるものがその姿を変え
あらゆるものが本来の姿に
あらゆるものが帰って行った

あらゆるものが時代を超え
あらゆるものが地理を超え
あらゆるものが経済を超え
あらゆるものが文化を越え
あらゆるものが重なり合った（2011.4.20）

あらゆるものが過去に向かい
あらゆるものが未来に流れ

あらゆるものが今を形づくり
あらゆるものが春を呼び
あらゆるものが季節の中でたゆたう

あらゆるものが流れの中で
あらゆるものがその一瞬を輝かせ
あらゆるものがもとの形に
あらゆるものが振り返り
あらゆるものが原点に返る

あらゆるものが成長を続け
あらゆるものが変転を繰り返し
あらゆるものが時間の中で
あらゆるものが彼方を目指し
あらゆるものが今を生きる

あらゆるものが空に向かい
あらゆるものが地に潜り
あらゆるものが風に舞い
あらゆるものが水と戯れ

あらゆるものが津波で時間を停止されてしまった（2011.4.26）

あらゆるものが息を吹き返し
あらゆるものがむっくりと起き上がり
あらゆるものが眠りから覚め
あらゆるものが時を刻み始め
あらゆるものが旅立つ（2011.5.6）

あらゆるものが数を知り
あらゆるものが自然を知り
あらゆるものが風の下に歩む人を知り
あらゆるものが生命の風を知り
あらゆるものが新たな道を知る

あらゆるものが時間を留め
あらゆるものが空間を留め
あらゆるものが人間を留め
あらゆるものが碇を上げ
あらゆるものが自らの今と対峙する（2011.5.9）

あらゆるものが数を数え
あらゆるものが数として上げられ
あらゆるものが微かな希望を持ち
あらゆるものが考えられる自然の力を
あらゆるものが歩みを留める

あらゆるものが春の季節を感じ
あらゆるものが季節の推移を知り
あらゆるものが新たな季節に向かい
あらゆるものが明日を考え
あらゆるものが季節の中に生きる（2011.5.9）

あらゆるものが今こうして
あらゆるものが空へ
あらゆるものが海へ
あらゆるものが風を
あらゆるものが信じている（2011.5.11）
あらゆるものが波に揉まれている
あらゆるものが波に追われている

あらゆるものが背後から迫ってくる波を
あらゆるものが押し上げられ
あらゆるものが彼方へ向かっていく（2011.5.11）

箱庭型の都市建設　～新しい都市への移行～

新しい都市への移行をいかに行うか。都市の機能を保全しつつも、人間が生きるための方途をいかに形成するか。都市と津波との共生あるいは、人間が都市の中で生きる糧をいかに形成するかについての議論を尽くす必要がある。

津波によって壊滅的な破壊を受けた土地における人間の生き方が問われる。壊滅的なということがたびたび言われるが、ちょうど幼児期にあるものたちが砂遊びを行うように、繰り返し繰り返し砂で建物を建ててはまた繰り返し水で壊すかのような歴史がそこにはある。人間の力を超えたある意味で無限大の力を有したものたちがそこには存在する。人知を超えたものの存在がある。

我々も実際には感じているはずである。パスカルの昔から人間の非力を。（2011.4.15）

留まる時　～現実と仮想～

時間感覚が止まってしまう。大江の文章も相変わらずシニカルな現状批判的な言説に留まっている。時間がいかに変わっても時間の中にいること自体が我々にとっていかに困難かを克服する術を持たない人の言葉の軽さが見え隠れする。

時間の中にある自由さと時間の中にある遊びとが融合しているのが今の時間だろう。

日常は準備されつつある。しかし、一旦覗き込んだ亀裂の中にある自由と束縛とは帰ってくることはない。時間が削がれてしまい、肉体の中にも外にも広がってしまったかにみえる。微かな声さえも肉体の中に身体化してしまっている。

桜は咲き、桜の後にまた時間が積み重なる。その積み重なりの中に時間と人生の幾ばくとが重なっている。人生の長きにわたりこうした歴史の中で人は生きてきた。一つ一つの生き方をいかに変えようと、人生の中で「ライフ・ゴーズ・オン」(『ディープ・インパクト』)という一言にいかに重さが込められているか。

高校生が歩く。そうした生き方そのものが日常化している実態の中で、時間は積み重なっていく。積み重なりの中で人生は実っていく。そう信じていた。しかし、ポスト・福島に残るのは希望と絶望とが瞬時に変化しうる時間の魔術だろう。(2011.4.22)

ミシェル・セールのアトラス　～考え続けること～

哲学にせよ文学にせよ、時間の中でいかに生きるかを問い続けることが課題となる。歴史の中で自分たちがいかに生きているのかをまざまざと知らされることがあり得る。歴史の中で自分たちの今が過去となり、語り継がれていくことの実証を突きつけられる事態になっている。

今残すべきことは、考えられるすべてのことについて追究の目を持ち続けることに他ならない。(2011.4.26)

田中好子氏の録音テープ　～予言された時間・今の過去～

東日本大震災後に過去のビデオテープを見る機会が多くなった。災害ものであったり、B級と呼ばれる本来であれば決して映画館に行くほどのものでもないものを観ている。

ビデオテープの中に入っている時間はどのようのものか。日記にせよ、手紙にせよ、時間を超えてそこにあるもの、それらを自分の中でいかに繰り返し見ることが可能かによって異なっている。キャンデーズの一員であった田中好子氏が死去の約一か月前に残した録音テープが公開された。たどたどしい言葉を選び選びしながらも、東日本大震災の被災者への思いや自分の未来が閉ざされつつあることを実感を持って語っているその未来への末期の眼には世界はどのように見えたのだろうか。いかに自分の身体が自分のものから遠く離れてしまっても、まだ保持し続けようとする思いが込められている言葉遣いの、そして、息遣いまでが今を生きていることの困難さを示していた。

病気の負けることなく頑張っていきたいと言いながらも、病気に負けるかもしれないと口にする精一杯さが胸を打つ。(2011.4.26)

波　～新たな時間感覚～

漱石の時代にあった時間感覚はいかなるものか。現在の自分たちの時間感覚との相違点は何か。時間感覚について我々が感じているものがどのように評価され、どのように変革していくかについては歴史に待たなければならない。

東日本大震災から二か月が過ぎる。この間に起こった事象の特徴は時間感覚の喪失と現実感覚の拒否に集約される。

あの時として記憶される平成二十三年三月十一日。あの時以前の世界とあの時以後の世界とを峻別しなければならなくなったこと自体が、多くの人たちにとっての回復の作業、あるいは回復のための所作・儀式となることだろう。

数分にしか過ぎない揺れと数百㎞に過ぎない地殻変動によって、これほどの時間のずれが生じたことに大きな衝撃を受ける。それは、単なるマグニチュード9の地震ということより、我々が住むこの世界そのものが以下に脆弱なものでしかないということと、少年期に蟻の様子を上から見ながらその生態に迫ることなくむやみなことをした時代の感覚に似たものだろう。

我々は我々が知らないものによって包まれており、今後も全知に到ることはあり得ない。いかに科学的な知見を駆使したとしても、我々が識りうるものは我々の限界の中にある。我々が知り得たとしたものすら、ある意味で大きな地平のほんの一握りにしか過ぎない。巨大なものと微小なものとの対比。そして、それは半減期が二十分の炭素から始まり、四十五億年かかるというウラン238に到るまでの途方もない時間との相関にある。

半減期ということ、あるいは、この地上にあり続けるということ、そうした現象と人間との対比はあまりに無限を意識させる。

しかし、また一方、目の前の津波被害に遭った河北新報社のビジュアル版の写真を見る度に蟻に擬すかのように迫った水に追いかけられる我々の姿の小ささに思いを致さざるを得ない。

人間時間と自然時間との大きな壁がそこには厳然としてある。そして、それは永遠に乗り越えられない。（2011.5.10）

彼方への逃走・あるいは波の中へ　～津波のメカニズム～

波という現象に興味を引かれる。津波に当たり船を外海に出した漁師の姿が散見される。しかも、命がけで。こうした命がけの対応ができることの意味が波の中に入ることによって自らの命を助けることにつながることを意味しているとしたら、新たな防災の視点ともなる。

時間の波の中に漂うことによって自らの命の姿をそのまま伝えることとする、そうした現象そのものが波を消すことにもつながるのではないか。

波の中にあること。波とともにあること。こうしたことが可能となるかどうか。地震という現象の中に込められたメカニズムを壊すことなくむしろ懐に入ることによって実現する。

ぶつかるときに生じる力とやり過ごすことによって生じる力との差はどれほどだろう。人間関係においても同様のことが言える。ぶつかりすべてを灰燼に帰すほどの力を自らの中に取り込むことによってむしろ自らのエネルギーに変換することすら可能となるのではないか。

波に乗ること、波に漂うこと、波と対峙すること、波に包まれること、波とともにあること、波を起こすこと、波の中で足掻くこと、こうした行動を時間軸の中で検討していこう。（2011.5.11）

石巻にて　～寺と時間～

完全に廃墟と化していた。廃墟となってそこにある墓所はこれまでの姿を留めることなく永遠に押し留まられている。過去の時間が留め置かれている場所そのものがこうも簡単に灰燼に帰すとは思いすらしなかったというのが人々の思いだろう。

砂遊びをする人たちがいる。その遊びそのものがそこにいるものにとって意味を持つとしたら、それは別の視点での行動が引き起こす力となっているとも言える。大きな力を持ったものとして存在する。大きな力の源とその波及については、時間の中で整理されてしまう。しかし、安易な力ではなく、形あるものとしての力がそこにかけられる場合には存在は消せない。（2011.5.16）

墓の持つ持続性は大きく損なわれた。墓の中にいることの意味は何か。永遠に向かう旅立ちと時間の中の船にいるということであろう。しかし、時間と感覚とは大きく異なる。（2011.5.27）

「津波時間」～光との遭遇、あるいは、弾丸としての津波～

人間の眼では遮蔽物があるとその先には行けない。眼の持つ単純な構造的な問題と言える。自分の視野が広がり、イヌワシのようなスピードを持って獲物を見定める力があると人間の空間把握は大きくことなるものとなったであろう。

人間がものを見るときに発する光子の粒がどのような線をもって進んでいくかに興味がある。映画「マトリックス」で我々が初めて体感したのは瞬間の中に永遠があるということである。弾丸の軌跡を見極めるだけの余裕と力を持ち合わせたとしたら、時間を自由に操ることが可能となる。発せられた弾丸が空間を切り裂いていくあわいを逃れることなく見極めていくこと。ゼノンの矢のように進んでいる矢は、実は静止しているというパラドクスにも立ち合うことが可能となる。

東日本大震災において繰り返し押し寄せた津波は思考を体感的に刺激し続ける。恐怖とともにそこにあるある種の「魅惑」によって。少年時代に砂場で行った「洪水遊び」が、我々にとって単なる遊びにしかすぎないものであっても、例えば数ミリの体長を持った昆虫にはまるで天地がひっくり返ったような混乱をもたらすものであることを識っていたであろうか。

津波の持つ力とともに、津波そのものが持つ単純な運動や防ぐものがない限り永遠とも言える勢いで進んでいく過程そのものが「マトリックス」の弾丸と類似性を持って受け止められる。巨大なものであるが故にこそ、そこには情け容赦のない単純な自然の力が顕現している。一瞬の波でありながら、長きにわたってしかもジェット機並みのスピードを持って一気に押し寄せてくる波。それらは、人間にとってという意識なしに、文明社会そのものを押し流し、引きずり込んでいった。

津波の時間は押し寄せ続ける、単調で、ある意味において、膨張する時間であるように思える。一回性を超えて膨張し続け、困難な状況を超えていく存在としてそこに発現している。「津波時間」は人間の存在そのものを破壊するとともに、浄化への一歩をなすものとして存在するのかもしれない。（2011.5.30）

津波の浸食性と蓋然性についてはその一見静かさとは裏腹に、凶暴な姿をさらしている。津波の時間観念は瞬間的にかつ徐々に侵攻するステルス機能を有した爆撃機を想起させる。時間軸に沿ってあくまで目標物にひたすら近づいていくものとしてそこにある。（2011.5.30）

津波論　～時間というものの形象化～

津波の映像を繰り返し見ると、その動きにはある一定の特徴が見て取れる。徐々に、しかも、大きな塊として押し寄せ続けるという特徴である。時間は過去から現在に向かって押し続ける。時間の塊がそこには存在しているかのようである。長い時間軸の中で押し寄せてくる過程そのものが津波を構成している。津波は時間を形象化している。津波そのものが時間の塊であり、巨大なエネルギーを有した時間そのものを示している。

大地震発生から数十分の間にわき起こるエネルギーの奔流。湧き上がりながらエネルギー自体が始まりから終焉に向かって一気に寄せてくるという形。津波は地震の後に発生しながら、むしろ、時間の塊となって姿を現してくる。一回だけでなく、数回に渡って繰り返しながら時間を貫くものそのものが津波の本性である。（2011.5.31）

津波時間　～押し寄せる波の先頭に立つ～

津波の先頭に立つ。津波に乗って進んでいく。濱が見える。濱を逃げまどう人々がいる。家がある。土地が広がっている。山が見える。後ろには全く同じ量の水の群れがある。海水が突き進んでいく。時間が止まることなく進んでいく。（2011.6.2）

津波そのものは意志を持っているわけではない。しかし、あたかも意志を持っているかのような動きの中で我々に迫ってくる。時間の軸で考えたときには、始まりから終局までが一連の動きの中で大きく動きつつある。（2011.6.6）

デジャ・ビュ　～微かな記憶、あるいは、時間素というもの～

既視感（デジャ・ビュ déjà vu）時間が超越する。時間を超えて一体となった時間。新たなものが生まれる以前の世界。新たに生きるとともに、新たなものが生み出されつつある世界。こうした感覚が人間を変える。人間を変えるための時間がそこにある。

あらゆるものが既視感をもって存在すること。時間のなかでたゆたうかの感覚がそこにはある。時間という海を漂流するように大きな時間のプールに我々はいる。時間は瞬間に生まれ、瞬間に死す。その繰り返しの中で我々が感じるのは新たな感覚の覚醒であり、以前の感覚の反芻である。

時間の中にある《時間素》の存在がそこに仮定できる。

時間を構成し、時間素のものを動かしていく存在。さらに、時間を通して世界を存在させるもの、未来を創り上げるもの、そうした力を《時間素》として認定する。（2011.6.14）

世界を構成する要素としての《時間素》。時間を通して我々を存在せしめているものがある。時間の中で。そして、時間の外で。

波の外にある時間と波そのものに存在する時間とが並立しながら流れていく。流れながらもそこにたゆたい時間が泡立つ姿が見える。

（2011.6.14）


《時間素》ともいうべきものが、時間を存在させているものであるとすると、我々が感じている時間の流れは、個別に留めることが可能となるのか。

時間の延長、時間の推移、時間の遡及、時間の相似、時間の退却、時間の拡散、時間の衰退、時間の波及、時間の縮小、時間の凍結、時間の干渉、時間の停止、時間の円環、時間の歩行、時間の超越、時間の屹立、時間の陥没、時間の波動、時間の律動、時間の感触、時間の接触、時間の淡い、時間の微動、時間の着色、時間の明暗。

こうした現象が可能となる。（2011.6.16）

プロメテウスの火　～季節の変化と震災・時の辺に立つ～

もう、すでに。こうしたランボーの詩集の一節が脳裏をかすめる。季節の変化とそれとの出会い。こうしたものが原発の時間を通り越して現出している。

時間の推移と人間の感性とは相容れないものではない。人間が行き続けるとき、時間や自然への思いはあふれ出さないわけはない。時間の推移。そして、季節の移ろい。いずれ、冬が来る。プロメテウスが運んできた「火」を来世にまで持って行くことが可能かどうか。

無限という時間はいったいどうしてこうも簡単に言葉にできるのだろうか。人間が考える時間感覚は実はこうも脆弱なものでしかない。何億年という言葉が人間の現実をはるかに超えていることは言うまでもない。時間の流れが自分たちを押し殺していく過程そのものを時の辺に立って感じ取る。

無限を意識したのは『法華経』の世界に触れてからだろう。この世を幾回も幾回も経て、それをも幾多の時を経てからようやく一つの微かな時が成立するという、無限を無限に重ねたような時間感覚の中で、仏教は成立している。無限は生命の中にあり、生命はそのまま無限である。瞬時、刹那こそ永劫に結びつき、かつ、永劫はまた瞬時・刹那の中にたゆたうこととなる。

半減期の長い放射性物質の時は、我々が感じ取るものとは大きくかけ離れている。それは、科学の目によって解明されたものであり、地球上に住む我々が本来持つことがあり得なかった時間感覚だろう。時間のなかでいかに我々が生き続けるかは今のこの微かな環境変化の中で偶然にもこの地点に存在するという一点にある。どれほど高い世界を経ても、物理的に時間を短縮することは可能ではない。現時点で我々ができることは白旗を掲げること以外にはないという極限状況の中で、しかし、今を生き続けなければならないという「原子の時代のプロメテウス」という軛を架せられたまま生きていくこととなる。（2011.6.16）

震災時間　～同心円状の時・ディープインパクト・パンドラの箱～

瓦礫の山は一切なくならない。三か月が経過しても、たぶん何も変わってはいない。あの時の衝撃が今も同心円で広がっているだけである。「ディープインパクト」という言葉どおり、3・11は広がり続ける。また、人知を超えた核による時間も同心円状をはるかに超える勢いでその姿を変え続ける。衝撃の強さはその波及の度合いによる。時間の同心円状の姿にはある意味で歴史あるいは宇宙そのものの時間を流し込んでいるとも言える状況を呈している。

時は深い傷を負っている。しかし、時間そのものには罪はない。人間には大きな痛手があったとしても、淡々とした流れ、あるいは広がりがあるだけだろう。影響は計り知れないという。人間の知恵では、何が起こり、何が広がり、何が滴っているのか分かりようもない。あの時間を境にして人間の歴史に大きな分水嶺をもたらしたという事実だけが厳然としてある。

時の中には全てが包含される。今こうしている時にさえ、あらゆる空間を、あたかも、思念が一挙に大宇宙を凌駕するかのように広がり続ける。映画「コンタクト」の中で、地球から離れた天体に向かっていった電波が届いていくイメージがそこにはある。放射性物質は今も現としてそこにあり、流れ続ける。一旦「外」に放たれたものは回収不能であり、パンドラの箱はすでに我々の手に負える代物ではなくなった。どこまでも永遠に、ある意味で我々をはるかに超えた億単位での時の流れ、あるいは、仏教で言う所の「那由多」の時を経ても留まり続ける。

我々はすでに彼岸に接しているのかもしれない。すでに多くの識者が脱原発を声高に訴えても、その声はかすれている。そして、核という存在は文字通り放射線状に広がっていく。賽は投げられた。我々の彼岸はここにある。（2011.6.21）

トラウマ　～時間の停止～

震災により時間が停止した子どもたちがいる。どこまで行っても追いかけられる夢を見たり、たくさんの矢が刺さってきたり、あるいは、波が自分を攻めてくる。こうした子どもたちにとって、東日本大震災の出来事は時の流れを分断し、消し去り、過去と現在とを分ける分水嶺として働く。

時間をどのように動かしていくか。どのようにして未来へ向かう力を得ることができるかが問われる。時は流れるが、時に置いてきぼりを被っている状況にある。時間の流れを自らが感じ取るためには、ある種の現実の波から自分自身の時の流れに戻していくことが必要となる。

時間の中には我々が感じ取るあらゆるものが詰まっている。その中で自分自身を取り戻すための歩みを始めたい。第一歩は言葉だろう。自分自身に対して、大丈夫であるとのメッセージをいかに投げかけるかが問われる。時間のねじを巻き戻し、もう一度歩き始めさせることが大切になる。（2011.6.24）

繰り返す時間　〜デジャ・ビュと文明論〜

議員と話している中で、自分がいつか対応した人と同じような言葉を発していることに気づく。内容とともに、右側に坐った議員の姿そのものが自分の姿と同様に見えてくる。時間を経ても同じ姿を演じている自分そのものがそこにはいた。

災害を繰り返し経験していると、そこにはある意味で諦念ともいうべきものが生じてくる。シジフォスの神話にあるように、同じ無意味な行為を繰り返すことによって懲罰を受けていることが人間の存在そのものである。同じ夢を見るように繰り返し繰り返しその場に居合わせること。時間の感覚がなくなり、そこには同一の世界を繰り返し彷徨う姿があるだけだ。

毎朝見る高校生の姿が時間を先取りするようにデジャ・ビュを形成する。この風景はいつか見た姿である、この高校生の歩く姿はかつて経験したそのままだ、こうした感覚を呼び戻すことにはある経験則が働いている。視線の方向性や視線の及ぼす範囲、あるいは角度、そうした要素が重なり合った中で新たな感覚とデジャ・ビュ感覚とが交錯することとなる。

同様に、全く新たな路地に車を走らせたときに生じる感覚もまた、一種のデジャ・ビュを呼び戻す。全く知らないという事態そのものがデジャ・ビュを形成する。見たこともないという体験そのものが既知の感覚となり、未知であるということを追体験することとなる。昨日の駅前の道路を右折することによって高架陸橋を横から見るという視点を獲得したことは初めてのことだが、あたかも宇都宮の街を車で動いたときの体験が重なり合う。

時間は単純な線上を駆け上がるわけではなく、むしろ交錯した地盤や地平を縦横に動き回ることによって形成されていく存在なのかもしれない。数次元にわたる錯綜も一時的なものとして存在し、さらに単純化するものとなって初めて現象が見えてくるものと考えられる。(2011.6.30)

高速道路の無料化がスタートしたときの時間論 ~ルートにおける遅延とワープ~

高速道路の無料化がスタートし、多くの利用者で出口周辺は混雑の極みである。福島の自宅からスタートし、いわきまでどのルートをとっても時間はさほど短縮せず、距離についても概ね一二〇㎞である。もし、時間を操る者がいたとしたら本来かかるであろう時間を費やすことなく、別のルートを取ることによって異なる時間を辿ることが可能となる。同じルートや同じ行程を異なった時間によって辿ることは可能性として議論される。

本来必要な福島からいわきまでの時間と空間とその間の思念は、別のルートを取ることによって異なった様相を呈することになる。AルートはBルートに対して優位な立場を取る場合もあれば、逆の場合もある。優位性を高めるための方法が人生の体験自体を大きく変貌させる可能性もはらんでいる。

高速によって得られた時間的優位性が、失われた別の可能性を惹起し、あらゆる他の可能性を引き出していく。同時並行的に進行する人生がそこに現出することとなる。二つを生きるわけにはいかないが、しかし、二つの自分と遭遇することは可能である。

高速に帰ろう。費やされた時間はそれぞれであるが、自分が取ったルートは他のルートとは全く異質なものとなる。三和を経ないでいわきに入るという選択肢が、三和抜きの人生を形づくる。そして、多くの人生上の課題は、こうした偶然やルートの雑多な交わりによって形成されていく。雑多な時間感覚や雑多な可能性の中で、我々は意味を見出し意義付けを行うことで単一な選択、あらゆる他のルートを排除したことによってしか得られない人生そのものを辿ることとなる。

地図上のルートが持つ無限の可能性は一に還元され、集約されることとなる。(2011.7.4)

失われた時ともの　～ビジネスバッグの傷が残した文化的意味～

せっかく買ったビジネスバッグが傷ついてしまった。その場ですぐに取り替えるべきであったが、そのままにしたことが永久に残ることになった原因だ。傷があることがどうしようもない苦しさを生み出す。交通事故が与えた怪我がずっと残ったようにこの傷も永久に消えない。消えるためにはそのものを処理するしかないのか。あるいはその傷が他の傷によって消されることを待つことになるのか。

永遠に傷を付けたものを残すことが精神的に耐えられないことから、これまで多くの文化が傷つけるという行為に到ったようにも思える。傷を付けることと傷つくこと。そして、その傷を一生涯引きずっていくことの意味を知る必要がある。

古代からの文明において、新しいものを攻撃したり、傷つけたりする行為の底には新しいものを新しいものとしてそこに奥ことへの恐怖が存在するのかもしれない。新しい生命の誕生が生命そのものの持つ一回性を超えて壊されないようにと思う気持ちと逆に完膚無きまでに叩き壊したいという暴力的な破壊願望によって傷つけられてきた経緯は、人類の持つ遺伝子的なものとも交差するように思えてならない。

新しいものを新しいものとして存在させるだけの力を持つこと。そして、新たなものを新たなものとして永久に保持したいという欲望がそこには存在する。また、傷つけたくない思いと傷を付けることによってすべてが失われてしまうという感覚がそこにはある。新品のものに付いた傷は、まさに全人格を超えて存在そのものを苦しめる力を持つ。

なぜこれほどまでに傷ついたビジネスバッグが心に入り込むのか。

ライカM3を仙台市内のカメラ店において購入したときには傷は既に織り込み済みであった。したがって五十年前のライカM3はその傷そのものを身に纏ったまま自分の手に渡った。ライカの傷はライカの存在価値を低減することなく、むしろカメラそのものの価値を高めることすらあった。

徹によって壊された多くの時計等の大切なものも自分にとって宝として存在していたものが一瞬に帰ることなくこの世から失われてしまったという回帰性につながるものとして受け止められている。大切にしていたものが失われること、しかも永久に戻ることなくこの世から抹殺されるという事態に我々は納得ができない。

今般の東日本大震災によって多くの命が失われ、そのままになってしまっていることもまた「傷」に他ならない。この傷は消すことは不可能であり、むしろ時間がどれほど経とうが消すことのできない力を持っている。傷が癒えることはない。本来あったもの、あるいは、あるべきであったものが形を失い傷つけられた姿になってしまったことをどのように納得すればいいのだろうか。精神的なダメージは人それぞれだが、納得性と現実性とはその場に留まるように思える。時間の中で埋没できるような存在の様態ではなく、むしろ傷は永遠に立ち上がる。

傷を付けられたビジネスバッグは現としてここにある。本来あってはならないものなのに、ここに存在し続ける。傷を持ったまま GIORGIO VALENTI という名を持ったままここにある。この傷ついたビジネスバッグは心を抉り出す。その力は何をするにしても力を奪い取り、漱石が『心』の中で描いてみせた「なにものかの力」となって存在する。

解決はない。この傷がなくなるのは存在そのものと決別することだけだろう。そして、美由希の指の傷と同様に永久になくなることはないだろう。不可逆な存在としての「傷」は、我々に生きることの傷を知らしめるとともに、「傷」なしで人生を送ることは不可能であるということを実感させるものである。この傷から一瞬でも早く回復したいという思いが尽きることなく湧き出してくる。

（2011.7.19）

時間の壁　～傷ついたビジネスバッグを取り返す～

どれほど時間が経ってもこの傷は消えない。どんなに心の整理をしようとしても、傷を見る度に言いようのない苦しさが残る。喪失感というより敗北感でありどうしようもない不可逆的な時間への嘆きであり、あの時にすぐにとって返していくべきであったという後悔の念が止まない。この鞄とともに生活するということは、この傷を見ながら生きていくということであり、解決の方法はそのまま自分の前からこの鞄を避けてしまうことだ。しかし、こうして目の前にあることが続く限り、傷によって責められる。

本来の姿ではないという思いとなぜという気持は整理することはできない。また、娘の死去をどうすることもできない気持ちで判決を待つ両親の思いもまたこのような悲痛な思いとなるのか。過去に時間を戻したいという気持ちが通じることはない。永久にない。この現実が打ちのめす。肉体的な傷はもとより精神的な傷もまた繰り返し繰り返し心をいたぶることになる。

次の行動は、傷ついた部分に近い所にあるラインをさらに傷つけることだ。こうして一部であった傷をむしろ大きな傷の中に埋没させ気にとめる必要のないものとする精神的な加虐行為だ。革ジャンを新しいまま着ることはむしろ本来的なものではないと言う。そこで積極的に皮を痛めつけてよれよれにしてしまうことがある。壊すことによって傷は勲章となり、新たな次元へと動く。実際の姿とは異なる姿になることこそ求められるものであるという古きものが価値を有するという逆転現象となる。

本来無垢であるはずのものが汚されてしまうこと。こうした姿をどのように回復するかが問題となる。回復可能なものかどうか。心的なものは考え方によって変わる。傷こそむしろ歴戦の証であるとか、傷は本来付くものであり滅菌されるものではない。むしろそのままあるべき姿とは言えない。例えばライカをそのまま置いておくことが本来の姿であろうかという議論である。戦場や旅先において使い尽くすことこそ本望であるという考え方がある。死蔵させるよりはむしろ傷つけることこそ正道であるとの考え方がある。しかし、やはりビジネスバッグの傷は心痛む。（2011.7.21）

ビジネスバッグ考　～失われた傷の重さ・東日本大震災の傷～

徐々に忘れるようにはなった。しかし、ビジネスバッグの傷は残ったままである。その傷が痛ましいことから無理に他の部分に傷を付けるという行為を行っていること。同化することと異化することとの狭間で喘ぐ。（2011.7.25）

すぐに別の事故が発生する。車の事故。車右脇が大きく傷つく。傷の様子は目を覆うばかりとなる。実際の傷がいかに大きくてもそこにはある種の帳が張られている。大切にするということと残すと言うことの間にはどのような関係があるのか。ライカM3を手にしていてもすでに傷があちこちに付いている。その傷は誰がどこでどのように付けられたかを判別することができない過去をそこに刻み込んでいる。刻み込まれたもの、刻み込んだもの、そうした振る舞いがこのカメラそのものを形づくることとなる。傷は傷という振る舞いであり、纏うものである。傷が価値を左右するということを示すとともに、価値を形づくることになる。

あらゆるものが傷ついてしまった東日本大震災。この震災で傷ついたものは記憶であり形にならない風景あるいは景観そのもの、さらに言えば、その場を形成していた傷そのものさえ失わせるものとなった。震災は傷つけると同時に傷を隠してしまうことにもなる。傷が自らを形とする前に、これまで存在していたあらゆるものが失われる前のものとして現れることはもうない。

写真集やグラビアによって東日本大震災は記憶に残されている。多くの写真がその時を写し、その時に失われた時間を留めているかに見える。しかし、失われたものは時間や思い出ではなく、地球自体がそうした大きな時間と空間の中で動きつつ傷を付けながら蠢いているという事態である。

大きな声をあげることもなくこの地において失われたものが回復の道を辿るまでには時間がかかる。そして、回復するということは、傷ついたものを癒すことであり、傷そのものをなくすことにはほど遠いことだ。傷は残る。ある意味、時間を経過してもなおかつそこに存在し続ける存在が傷である。

（2011.8.1）

印象派からの手紙　～遠景と点景～

絵画になる風景とは何か。農耕による微かな世界が広がる姿を想像することが多い。ある時には嵐が、ある時には夜の闇が支配するその世界に佇む。大きな時間の中において、我々が識ることの可能な世界はあまりに狭すぎる。（2011.10.14）

フェルメールからの贈り物　～点景と秒計～

時間はどこまで延びていくものか。時間の中で失われたものを再現する行為そのものが絵画として存在する。時間の中で種子が蒔かれ、種子の中で時間が熟成する。一つの点がどの世界まで伸びていくのかを判断するために要する時間と育っていく時間とは等価ではない。繰り返し重ねられたプルシアンブルーの画材は時間の中で熟成しつつ、己の時間をそこに立ち上がらせる。

仙台市の変貌はかつてそこに佇んでいたであろう自分の世界と自分が見つめていたその時間そのものとを結びつけていた。川内の坂道の前で書き始めた小説らしきものと盲目の少女の姿は完結することなくそこに佇立する。澱橋周辺の樹木には三十数年前の姿が空気として滞留しているのかもしれない。川内の鉄棒での懸垂の回数が自分を鼓舞していたことも記憶には確かに留まっていた。

フェルメールの中には漂流する材木のイメージがつきまとう。一つ一つの点が世界を形成する過程は、我々が日々感じている思いそのものが人生のすべてを完結することとのアナロジーが存在する。フェルメールの青と目の前の青とが思いとして凝縮するときに絵画世界が今に甦ることになる。

仙台は、フェルメールとともに今を生きる自分を確かな旅人として迎え入れてくれた。（2011.12.13）

牛乳時間　〜容器からの水〜

フェルメールの作品に牛乳を注ぐ女性の姿を描いたものがあった。時を経て牛乳の柔らかさは変わらず注がれ続ける。注がれている牛乳そのものが描かれた時間を異質なものとしている。変わらないものとして認識されやすい「石」などの固形物とは異なり、水などはフラジルでありフルーエントな物質である。時間の流れが全く異なるものが画面に彩られている。水は流れ、石は動かない。この二つを決定的に分かつのは「時間」における変化の様相であり、フェルメールの作品に別な時間を導入しているとも言える。

津波の写真がある。岩手県の港を襲った黒い波が防波堤をはるかに超える柔らかな形をして覆い尽くそうとしている様子がそこには悪魔の様相でありながら、ある意味淡々と意思もなく襲いかかっている姿が見て取れる。津波には、そして、言うまでもないことだが、自然には意思はない。悪意もない。人間に対する敵愾心もなければ攻撃性もない。あるのは淡々とした滑るような自然の現象そのものである。

仙台空港の駐車場や滑走路を静かに押し流していく津波には、申し訳ないが動かざるを得ないという謝罪にも贖罪にも似た時間の流れがある。自分の力では制御できないもどかしさやためらいなどが綯い交ぜになった感覚がそこには感じ取られて仕方がない。

時間は、そして、津波の持つ力は、であるが故にこそ、静かな海面は今、その姿を安らかな形にその姿を変えて、ゆっくりとあるがままの様相を呈しているのみである。

人は恐れる。人は悲しむ。人は叫ぶ。

しかし、波はそうした哀しみとは無縁な存在として淡々と自然の摂理に則り陸に向かって歩み続けた。(2011.12.14)

ドン・キホーテの歩み　～空想と影響～

生まれて初めて『ドン・キホーテ』を読む。作品としての位置と実際の受け止めについてはかなり時代の変化による影響があるものの、今もこの作品が読み継がれているという事実そのものが意義深い。空想で固められた騎士とは何か。風車とは何か。従者サンチョ・パンサの人物造型はどうか。そうした問いかけとともに、実際にこうした人物が存在していた可能性もまたあり得る。

文学作品の持つ時間性と空間性の広がりそのものが命を育むこととなる。(2011.12.15)

原発時間 Ｉ　～もう取り返せない時間～

今頃になって当時の様子をドキュメンタリー風に描かれても仕方がない。時間を取り戻すことは不可能であるから。人間がいかに無力であり、いかに大局に立つことができないかが露呈されたと言えよう。

保安院そのものが最初から逃げ腰であり、真っ正面から見ることすらできないという震災の大きさは指摘することは可能である。あの時点でこの後どのような災害が起こるのかは誰にも不明であり、あるいは日本そのものが失われてしまうのではないかとの懸念さえ現実化していた。未来が見えない中で、どのような振る舞いが可能か。人間の予知する力は経験によって強化されたものに限定される。

人が何かをなすときには、過去を引きずらざるを得ない場合が多い。その過去が未来を規定するに当たって、人類が経験したことのないような超長期的な時間スケールによってことがなされるという時、為す術もなく佇まざるを得ない。我々が生きる時間とは全く異なった時間がそこにあるだけでなく、それとともに向き合わざるを得ないという現実に厳しく対峙せざるを得ない現実に愕然とすることとなる。

原発時間は永遠であり、原発時間は我々を超えている。

その事実を持ってのみ我々を超える時間との闘いが始まる。（2011.12.27）

原発時間 II　～永遠との対峙～

時間は止まる。時間は飛び越える。永遠に続くであろう放射能との闘い。我々の細胞一つ一つが生き返る。永遠に続く事態に対して我々が取る態度は二つ。一つは世代間の繋がりを求めながら襷をつなぐこと。もう一つは、放擲すること。永遠を前にして抗うことはできない。抗うこと、それが可能なのは、自分の人生の中で感じ取ることのできる時間感覚の中にしかない。死が分かつ時間感覚には永遠は抗する術を持たない。

三十年前、百年前、三百年前、歴史と呼んでいる幾つかの事象がすべて我々にとって遥かに仰ぎ見る世界に過ぎないのに、それらを超越した三万年の未来と言われても想像のしようがないことが現実である。ウェルズの『タイムマシン』を考えるとよく分かる。

時間の中で我々が体験しうるものは限られている。しかし、個体発生は系統発生を模倣すると言われるように、我々生命体そのものの現在が永遠を体内に宿していると言えよう。我々が考える時間の感覚が生命全体に関わるものであるかどうかは不明である。様々な感覚と、宗教的な視点に立った時に感じられる「永遠」というものとの感覚の乖離は可能性を孕んでいるものでもある。そこに生じるのは「無限」という感覚である。数字にまつわるいくつかの「無限」状態をどこまでも続けていくこと、あるいは、宇宙を超えていく思念そのものの動きを考えるとき、果てのある世界と果てのない世界とは截然とは峻別することができない。

蟻の歩行と、蟻の持つ世界観の中において、無限は出来する。また、時間が閉じられたボトルの中で完結するかどうかについては、定かではない。しかし、完結する時間の中で、どのような世界が形づくられていくか。

永遠の距離と永遠の時間、これを結びつけるものがある。瞬時に込められた無限にはあらゆる可能性がある。(2012.1.12)

原発時間 III　~億年への光~

百年という時間。千年という時間。あるいは、万年という時間。こうした単位の時間が流れる。小松左京に「二億年もすれば元に返る」という一節があるという。二億年。二億年というレベルでの思考にリアルな世界がついていけるかどうか。人類の世界観と実際の宇宙との乖離を埋めることが可能かどうか。

科学の世界が創り上げたものが、世界そのものの根源的なものを崩したかどうかについては議論がある。放射能の除去を願ってイスカンダルに向かった人たちの物語にもあるように、この宇宙に「科学」を超えるものがあるとしたらどうか。（2012.1.20）

実際の世界には、それはあるのかどうか。科学の限界を超えることが可能かどうか。人類の持つ力と原初に存在する力との乖離をいかに乗り越えるか。既存の知識のみでは判断できない。パラレルワールドの存在をいかに成立させるか。実際の世界と空想の世界との並立は可能である。人類の世界観とバクテリア等の世界観は異なる可能性があり、その視点からの世界をいかに具体的な形にするかは今後の検証を待つ必要がある。（2012.1.30）

原発時間Ⅳ　～羽に対する思い・人類の夢～

高橋しんに『最終兵器彼女』という作品がある。印象的な情景は自分の知らないうちに自分の身体が兵器としての機能を付与されてしまっていたという事態を受け入れていること。完了形とともに過去に遡って確認する認識がそこには示されている。

柔らかなペンタッチと省略の多い画風によって現実感は削がれている。実際の悲惨さは影を潜めているがそこには心象風景によって描かれる現実の最中の痛みが伝わってくる。

人類には羽がない。尻尾はその痕跡を残している。羽に対する憧れや空を飛ぶことに対する執着こそが人類の科学を発展させてきた。羽を取り戻すこと、羽を獲得すること。重力に抗するために必要なものは飛翔への意志である。（2012.2.1）

時に腰痛。厳しい。明日への道が閉ざされる。スーツを着るためにしつけ糸をほぐした瞬間。何の意味もなく、何の前触れもなく、寒い部屋には凍った時間のみが流れる。立ち上がることができなくなる。このまま時間が凍ってしまう。あらゆるFigureを外に置く。視界から背けることによって部屋を清浄化する。もとより自分自身が清浄化できない存在であることは言を俟たない。なぜならすでにFigureにかけた金銭は数万円を超しているはずだから。（2012.2.6）

『最終兵器彼女』に見られる世界。セカイ系と呼ばれる世界観。日常と非日常との接点。偶然の産物としての今。（2012.2.8）

緩やかな時間と瞬間との相互性。あらゆる可能性と考え得る時間の流れ。そうした時間の感覚にどのように対応するか。瞬間の恐ろしさを今回の東日本大震災では痛感させられた。また、たった一つの行動により腰痛を引き起こしたこと。あらゆるものが可能性としてこの未来に「蒔かれて」いる。蒔かれた種が発芽する過程そのものがセカイである可能性。（2012.2.9）

原発時間Ⅴ　～3・11の翌日の新聞と不可逆の神～

実際の時間と確定された時間との関係。確かな確立で起こりうる時間。動かし得る時間の感覚と可動性の極めて少ない時間との関わり。さらに過去から未来を予測することの困難さ。たぶん今現在、東日本大震災についての多くの記録が残されている。あらゆる人々にとっての時々刻々が残されているはずである。『眼の海』と題された作品群にもあるが、陳腐な記述は東日本大震災そのものを矮小化する。哀しみや苦しみはそこにあり、感じられたものだけでも無限である。無限とも言える時間の螺旋の中で、我々が感じ取ることのできるものはごく限られている。

小学校三年生の時に金魚鉢が揺れている様子が今でも記憶に残る。新潟地震の際に感じたその印象そのものは永遠にその場に留まる。

東日本大震災から十一か月を経た今日でも、翌日の新聞のテレビ欄には何事もないかのような日常的な番組編成が記述されている。その後の東京電力福島第一原子力発電所事故などは微かな予感を持って描かれてはいるが、やはりどこか映画の中で行われる印象でしか扱うことができなくなっている「文明病」がそこでも現出している。「死者は3ケタになる恐れがある」という、現在から考えればあまりにその全体像からかけ離れた記述が、むしろ、現実を超える現実に我々がついていくことのできない限界を露呈している。

ロシアにせよ、中東にせよ、戦争は日常的である。我々が平和の中にあるということがいかに累卵の危機から眼を背けているかの象徴とも言える状況がそこにある。今、福島は「戦時」である。まさに人類が直面している「戦争」そのものの真っ只中に置かれている。不可逆的な動き、例えばあの時にあのようにすればよかったという悔恨。そして、「もし」から始まる話法。これらは、『リア王』の中でも明確に見える「認識」のギャップ。あるいは、「認識の覚醒」に繋がる認識論だ。話法が提示する人間の思考形式そのものが、実は現実を大きく損ねてきた歴史そのものを海中から引き上げるような痛ましい作業工程をみせている。（2012.2.10）

原発時間 Ⅵ　～セミの命と東日本大震災の時間～

地上に七日間しか生命を持たないセミは、東日本大震災をどのように受け止めるのだろうか。あるいは、地上に数十年しか生を持たない人間が数億をかけた揺らぎのなかで生成する地球というよりしろをどうすることができるのだろうか。セミの生命時間と人間の生命時間との間にある共通点。セミは生を全うする。しかし、東日本大震災はその生命に直接は影響しないように思える。我々にとって未来の中で生きるであろうすべての人類に責を負うとしたらこうした生の形を受け取ったからにほかならない。

セミの生命。瞬時で消えてしまう生命。こうした多くの生命の時間は我々が見聞きする多くのものと重なり合う。永遠と今。この対比は死すべきものとしての生命が元々内に組み込まれているものに他ならない。東日本大震災に遭った我々。東日本大震災とは縁のない人々。こうした相違と共に、すでにこの世界には存在しない多くの人々が影響を受けるのだろうか。(2012.2.10)

原発時間 Ⅶ～「マトリョーシカ人形型」の時間構造～

時間。腰痛で時間が止まった。漱石のいう「真っ黒な光」が差した。人が経験するという瞬間に人生のすべてをという表現は痛みだけではなく、むしろ、人間の持つ未来への絶望から生まれるものかもしれない。(2012.2.10)

腰痛により時間が止まる。とともに、空間が狭まる。空間の狭窄減少はどこまでも進む。微小な世界への飛翔がスタートし、認識の外にある限界まで進む。父母未生以前という言葉に表される歴史の中の一限界地点を目指す。我々が我々として意識する以前の世界とは何か。また、宇宙に存在するであろう無限を超えた宇宙を見守る存在が果たしてあり得るか。ちょうど「コンタクト」の映像の中で、我々が認識しうる無限の宇宙がコンパクトな球状の物体としてやりとりされる状況こそ世界の無限構造としてのマトリョーシカ人形化する世界だろう。こうした複雑なしかも単純な包含形態を持つ「マトリョーシカ人形型」の世界観が形成される。

時間は永遠に循環する。直線的とはいえ、それらは循環の構造の中の一瞬を形成するのみである。我々の生が循環構造の一部を形成し、循環構造そのものを動かし続けることが生命の摂理でもある。「マトリョーシカ人形型」の世界においては、包み込む存在は認識されない。六次元宇宙を提唱した女性科学者によれば、重力は膜宇宙を超えて作用するという。我々の世界そのものが「マトリョーシカ人形型」の世界観を形成することを排除することは容易ではない。

原子力発電所事故によって明らかにされた「未知」、「不可知」という限界は、人類が持つ可能性を根底から否定するものでもある。我々は認識できない。我々は見ることも知ることも知らない。知り得ないことを知ろうとしてもそれは不可能であるという現状。炉内の様子を知ることは死を持ってしても不可能だという。その時に何が起こったのか、それを正確に知ることができないという不合理。しかし、我々が過去数万年経過しても知り得ないことが実際の「世界」あるいは、「宇宙」には存在する。知り得ないこと、知ろうとしても実際に映像化されないこと。これが超越されることにより、我々は新たな世界を持つことになる。「マトリョーシカ人形型」の世界観を超越し、常に「外」を目指す旅を我々は始める必要がある。それは、科学が証明するというより、むしろ、我々の想像力が遥か以前に「見た」ものを繰り広げることによって成される可能性がある。一瞬に永遠を覗き込むような力を我々は持つ必要がある。（2012.2.13）

原発時間 Ⅷ　～「巻き戻される時間」～

さらに、微小な時間の推移とともに、包含された世界が伸びる。繰り広げるという姿で人間が巻き上げたものを繰り出すイメージがそこには存在する。巻物としての時間。そして、すでに重ねられた時間を「巻き戻す」という行為そのものが時間の概念を形成する。（2012.2.14）

新たに生まれた時間の中で、生を営むものにとって、自覚的に自己の存在を認識することは困難である。我々の自我の覚醒についても同様であり、実際に幼児期からの脱却を図るためには一定の時間が必要である。認識の深化を図るための手法はいかなるものとなるか。瞬間と持続との相克。瞬間が持続するための手法。瞬間が持続へと繋がるためには、認識の転換が必要である。（2012.2.15）

さらに、我々がこうして見ている現実を想定されたものとして認識することは高度に文明的な観点からの独自のものと言える。ただありさえすればよいという在り方から、果たしてこうした在り方が可能かどうかについての認識の差異は大きい。（2012.2.16）

映画『Time』を観る。表現したい内容が現資本主義社会の構造を少しも出ていないこともあり陳腐である。ただ、時間をどう捉えるかについての発想を刺激したことのみが収穫と言えるかどうか。（2012.2.21）

原発時間Ⅸ　〜関係性の中にある時間〜

あらゆるものが関係性の中にある。（2012.2.24）

時間は関係性の中に宿る。（2012.2.24）

フランス・パリで過ごした時間。永遠に消滅しない時間。（2012.2.25）

原発時間Ⅹ　～決定とその知らせ～

卒業式の翌日の新聞には県立学校長の人事異動が顔写真とともに掲載される。すでに決定されている事実が、通過するまでのタイムラグが発生する。（2012.3.6）

様々な歴史上の事件も、すでに事は起きているにもかかわらず、知らされていない時間が発生する。伝達に要する時間とその間に生じるタイムラグがいかに短いものであっても、瞬時には解消できない時間差をどう捉えるか。（2012.3.22）

原発時間Ⅺ　～発生から消滅まで～

おそらく、原発やその周辺の歴史的な推移を我々は後の人によって歴史的な観点から評価される。あの時の事故は大地震によって惹起されたものではあれ、なにがしかの可能性の中に存在する一端を引き受けたものであり、それ自体はいたしかたのないものであったとの認識は当然なされる可能性を排除できない。

しかし、歴史的な視点に立って今を検証するときに、原子力についての認識は、より高度なものとなる可能性を有しているかどうかは科学の進展によって大きく変化を被ることとなる。昨日までの科学が、明日の科学を予想できないように、我々が将来的に手にするであろう科学的な知見や技術は、実際は可能性の種を有しているものとして想定される。

認識の歴史。人間がどのように物事を捉えてきたか、そして、今捉えているかについての過程が問われている。それは、一人の人間の成育過程における認識の拡大や認識の退化にも繋がるものである。世界観を拡大するもの、世界観を縮小するもの、そうした概念操作だけでなく、実際に世界をいかに存在あらしめるかについての認識を我々は識ることとなる。

幼少時に感じた時間の感覚と壮年期あるいは老年期に到った時に感じる時間感覚のずれは当然のこととして、我々が生きることの意味をいかに感じ取るかは容易には感じ取ることができないものである。

天動説から地動説への転換、大陸移動説による地震発生のメカニズム、生命誕生の過程、宇宙誕生の理論的な説明、物理法則の可能性、あるいは、新たな物質やエネルギーの確証。そうした諸々の発見の過程においてなされた認識の転換の歴史が今日を築いている。

宇宙観の成立、身体観の確認、そうした認識に関わる多くの知見は個の段階からマスの段階へと歩を進めることとなる。我々が生まれてきてから死ぬまでに感じ取るであろう無限とも言える認識のレセプターはハードディスクに記録される。その記録そのものが人間としての生命維持に繋がる。たとえ記録されていなくとも、記録そのものが身体に刻み込まれる。そして、その記録をもとに、我々が自己を取り巻く世界をいかに認識するかが問われることとなる。

人間の歴史そのものが認識の拡大を呼び起こしてきた動きそのものである。歴史認識と空間認識とが防衛と経済と歴史を動かす大きな動機として存在している。認識の歴史を繙くことが可能ならば、人間存在の本質に迫ることも可能となる。（2012.3.22）

認識の在り方とその歴史的な転換を我々がいかに成し遂げてきたかを再度考える。地理的な面での拡大は歩行や移動のための手段の高度化により達成されてきた。陸と空の二つの次元で行われてきた時空の発達が認識の拡大に繋がった。（2012.3.22）

人間の感覚には限界がある。生物的な視点から検証すると体長の限界は二メートル。体重の限界は一トン。その場での跳躍力は三メートル。空間的な支配力は三×三×三立方メートルに過ぎない。力の保持及び具体的な身体制御についてはその限界内においてのみ行使される。視界は平坦時であれば数kmに及ぶものは有している。嗅覚により認識できる範囲は周囲約一km。こうした空間保持力は幼児期から壮年期まで一定の範囲で拡大する。しかし、鍛錬によって向上するものの、例えば地上から離れて自由に空間を行き来することは不可能である。

こうした限界は、道具を用いることによって打破されることとなる。広義で言うところの道具によって人類は新たな地平を獲得する。身体周辺の認識は宇宙大にまで拡大し、微小な世界への道も開かれてきた。（2012.3.22）

認識の変革 Ⅱ　～地球儀と思考儀～

成長にしたがって見えてくるものがある。

成長にしたがって失われるものがある。

人間が成長するということと、人間が変わると言うこととの間には大きな懸隔が生じている。昨日までの見方と明日の見方との間にある変化や相違に意識が回ることができない場合が多い。

今、ここにいることと、自分の感覚との相違が意識されるのは、世界がその相貌を変化させる場合によるものと考えられる。世界の相貌は一瞬一瞬で変化する。その変化の中で我々が知り得るものと知り得ないものとの間には大きな齟齬が生じる場合もある。成長というものが生まれるものと死するものとの間に存在する日常的な変化そのものであることを知ることからスタートすべきであろう。

昨日までの日本、東日本大震災を経た後の日本、そして、それらを経た時間的な推移すら不明なままの日本、そうした諸々の諸相が生じてくる。変化によって被る変化への対応と、静かに、かつ、感覚として捉えることのできない変化の中に我々は投げ込まれている。（2012.3.28）

経過を辿ると人間の感覚と樹木の感覚とは類似点と相違点が交錯している。成長という名目で変化する点において樹木と人間とでは時間的なスパンが異なる。感覚として外部をいかに受容するか、そして、それらを受け付けながら流れとして受け入れたものを取り入れることが読み解く鍵となる。

（2012.3.28）

認識の変革 III　～認識地図とその転換～

認識地図。認識の広がりを空間化する。時間を広がりとしてとらえること。この数ヶ月の流れは一瞬として現前する。（2012.5.9）

空間とパリ　～一回性と回帰～

数十年前のパリの様子が夏とともにやってくる。夏はその季節感のみならず夏に関わるすべてを取り入れてここにある。

夏の感覚と夏の空気が広げるすべてのものに対する憧れや思いが凝縮される。

夏とパリ。生涯に刻み込まれているものがあるとすれば、それは経験に蓄積されるフランス語そのものの感覚のみであろう。

夏とともにパリはある。照りつける太陽の下、セーヌの川縁に立つ。ブキヌリの周辺。ノートルダムの石畳。そうした多くのものが夏の感覚とともに蘇る。(2012.8.3)

沖縄のケラマの海・刹那　～生と死の瞬間～

生と死との狭間で見るもの。時間の中を流れ漂う感覚が蘇る。空中散歩とともに、海中に漂う感覚が生と死を表している。

沖縄の海は碧がかった色合いで、生と死がそこに隣り合わせになっている。人が通る道にも、人が去って誰もいない道にも死が影を落としている。夏の直射日光に照らされた道。海に続くその中で死者の列が歩んでいく。

断崖に接する道。サトウキビの背の高い茎が立ち並ぶ中を歩く。

あたかも逃れていくように。時の侵攻から背を向けて逃げ惑う日々。日は高く、人の姿はかき消されていく。生と死との狭間にあるのは一瞬の輝きであり、生の燃焼である。

ケラマ諸島への海の道は碧く、底には得体の知れない世界が広がっているようだ。表面の碧さに引き込まれると、そのまま永遠の世界に引き込まれそうになる。(2012.8.3)

雲、空、海、そして、引き合う波の様子には言い得ない世界が広がっている。海の持つ力を海底に近い様子から得る。ケラマに着いてから船底に潜る。海底までが透き通って見える。しかも、そこが全体として広がっていることに奇妙な世界の広がりを感じる。宇宙空間に浮かんでいるならば感じるであろう空気の層がかすかな淡いに揺れている。海水のながらかなうねりが人を誘う。海の底にはやはり別世界があるのではないかとの誘惑が無限に広がる。妻と一緒に潜る。底に向かって息ができなくなる感覚。ゆったりとした動きにもかかわらず、海流の動きに翻弄されることが分かる。小さな存在だ。下から見る波。海面との境。魚はこの視点から世界を見ているのか。海面までの距離が広がる。息ができること自体が奇妙な感覚となる。耳が痛くなる。しかし、現在の自分に見えるものが周囲の感覚を鋭く刺激する。海では時間が停止する。時間への興味が失せる。漂うことによる身体感覚が異なることになるのか。碧の海の底。そこに存在する生物がいかに世界を形づくっているか。(2012.9.4)

ニーチェの馬　~長回し映像と人間~

長回しという手法は人生において欠くことのできない時間の有り様をそのまま提示している。決定的に時間が優位を保つのは人や自然をたゆたう波の中で示しているからに他ならない。長回し、その緊張に耐えられなくなったときに闇が訪れる。

人間が生きるために必要なものの一つが水であり、井戸の存在に他ならない。井戸への道のりの長さはそのまま生きることの長さに直結する。井戸が持つ大地からのメッセージがそのまま我々に与えてくれる恩寵となる。

儀式(リチュエル)の日常的な意味が作品の中で定期的な音域を持ってくる。同じことを嵐の吹きすさぶ中で行うことの意味。人間と自然との確認の作業がそこでは日常化されている。

長回しの手法は人生において時間が果たす役割をそのまま表している。人間が生きる過程において、人の意味をいかに損なわないままに慣れ親しむか。人の記録は人生が立ち止まることなく、一瞬一瞬を生き続けなければならないことを示している。(2013.4.12)

サトラレ① 〜周辺の球体〜

久しぶりに興奮した。映画の手法と言うよりも、人間の持つ限界と人間の思念との差異に興味を深めることができた。

設定がすでに『トゥルーマン・ショー』と同様の構造を有していることが瞬間的に把握される。見るものと見られるもの、人の思念がそのまま筒抜けになっていること、プライバシーそのものが失われてしまうこと。そうしたことが人間にとって未知の世界を形づくるとともに、人間は皆同じなのに、何か異なったように振る舞うことによってのみ人間としての価値をそこに見いだすことが何か違和感を覚えずにはいられない。（2013.4.22）

父の年齢を超えること 〜超越的な時間感覚〜

幼年時における時間感覚と現在の時間感覚の相違はどこにあるのか。とりわけ、中学校時代のＹへの思いや部活動終了後のグラウンド周辺での三人での会話などと日常生活との乖離が固有の時間感覚を蘇らせる。

あるいは、六高時代のブラス終了後の橋の上での思いなどは印象として残っているだけでなく、今も又その延長線上にとどまっているということもできる。時間感覚の変遷そのものが成長と言われるものと考えるならば、それらは時間感覚の推移のみならず、人生をいかに生きるかあるいは生きているかに関わる問題だろう。時間感覚と記憶との相関は相互性に関わる。時間を意識するときには、その記憶が留まっている時間の推移そのものが定着させられている。定着することと定着させられていることの相違。それらの時間感覚は互いに影響し合い、何が元であり何が付随しているものであるか

は微妙な感覚的な問題であろう。（2013.4.23）

歩行と時間　～アリの歩み～

アパートから東北本線のガード下を通って勤務先まで歩く。トンネルの下を通っていると貨物列車が通り過ぎた。その間にどのような感覚が通ってきたかというと、アリならばそのトンネルをどの時間感覚で過ぎていくかということである。自分にとっての距離とアリなどの別の感覚、別の身体スケールのものがどのような感覚で過ぎるかの相違を直感的に感じ取る。

（2013.4.24）

サトラレ②　～透明度の浸透、パスカルの宇宙、避難所の壁～

空間と透明度。透明な心情の吐露あるとすれば、それは直接的な思念による可能性が高い。しかし、心情を定義すれば心に思うことが果たして全てなのかどうか。例えば、言語化されない思念というものがあるかどうか。心情として我々が認識しないものすらそこには存在し得るとすれば、言語化されないもの、それらも含めて心情というならば心情の把握は容易ではない。

透明な心情の吐露とともに、心情の誕生が問題となる。心情の形成には言語が欠かせないとしても、言語のみではなく直感的な言語化以前の感覚や感情というもの、それらも含めて我々が認識する心情とは別のものも含めて考えることが可能となる。

距離感がゼロになる地点がある。接触と侵入等により距離が失われてしまう事態。そうしたことが精神面でも起こりうる。他者と自己との距離感の喪失そのものが問われる。他人が自分のことを知っていることを自分は知らないというジョハリの窓における一つの窓に立っているのが里見であろう。

自分を自分が知ることとの困難さとともに、他者が自己をすべて知りうる立場にあることを知らないという構造そのものに自己の内なる世界が立ち上がってくる。しかも、一般的な指摘とは別に、周囲そのものが世界を囲繞するという事態を多くの場合は想定し得ない。自分のみが世界と対峙していることを周囲が知っていること、自分の周辺の球体世界が他の人にも同様な形で存在していることが見えない状況に置かれたとき、我々は世界観の構築とは別にコミュニケーションの断絶したある生物との存在形態に行き着く。

アリを真上から見たときに感じるもの、それは、自らの手に死生が委ねられているという感覚と、アリは何も知らないという存在に関わる認識の二重構造の獲得にある。それは、また、パスカルのブランシュビック版三四七に提示されている、「何も知らない宇宙」と「思念する葦としての人間」との対比にも通底しているものである。

存在形式のみならず、存在認識に関わる問題はさらに様々な思念を呼び覚ます。

例えば、東日本大震災に係る避難所の様態である。津波によって甚大な被害を受けたF県の小中学校の体育館では避難民が千人を超えた。千人を超える人たちが体育館というスペースに集中したとき、プライバシーを確保し得る「壁」は存在しない。そして、人々の声も、嘆きも、泣き叫ぶ声も、すべて筒抜け状態にあった。そこではむしろ、あらゆるものが「サトラレ」状態にあった。肉親を亡くし、叫ぶ声をだれも止めることはできない。そして、それらの複数の声は一斉に体育館に避難している人々を包み込んだ。人間は「サトラレ」状態に陥ることができる。そして、感情の高まりによって人は存在を露わにする。

集団におけるこのような存在の在り方については、フランクルの『夜と霧』においても明らかにされる。人間の尊厳と人間存在との狭間には各種の層が存在する。プライバシーがむしろなくてもそこに「卵形」の存在形態が維持される形態もあれば、一ミリが一億キロにもならんとするほどの距離感を持って迫る場合もある。宇宙の彼方にあるもの、あるいは、宇宙大の存在形態を受け取らせるだけのものがそこには存在する。（2013.4.24）

サトラレ③　～自我の誕生～

翻って考えてみたときに、我々が生きることは他を韜晦して生きることを運命づけられていると言える。我々が自我の誕生の瞬間を考えたとき、自らをいかに考えるかという視点でものを見ることがその一瞬に他ならない。自分を自分が他者の視点で見ること、他者視点での存在認識をすることによって初めて我々は自己の存在を定立する。自分とは何か。部屋の中をすべてセットされた『トゥルーマン・ショー』における存在形態と相似形になる。（2013.4.24）

サトラレ④　～有機的な関係～

「サトラレ」現象。あらゆるものが自分を中心とした球体の形で形成されること。あらゆるものが自分の中で意味を持ち始めること。時間と空間を支配する多くのものを見つめ直していくことが大切になる。時間差と時間感覚との相違。あるいは、時間そのものが感覚によって制御されること。そうした流れそのものが我々に与えるものは時間感覚そのものである。（2013.4.25）

サトラレ⑤　～空間の広がり～

人間の思念の外延はどこまでか。歴史的なものを含めれば、無限とも言える広がりを持つ。有史以来の人類史を繙くときに、人間の種々の思念の広がりは無限とも言えるものがある。

書物もそういう意味では人間の思念の外化したものと言える。人間の思念そのものを表現し、可視的なものとした結果である。

人間の可能性が広がるということは、人間が刹那から解放されて自分の世界を広げていくことに他ならない。（2013.5.13）

喪失感　～去る者～

去る者の存在としての確認をする必要がある。去る時に自らがそこにいることの真の意味は把握可能ではない。なぜの嵐が起こり、どうしての嵐に苛まれる。嵐の過ぎ去るまではどこまでも継続する。どこに行ったのか。どこに行こうとしていたのか。不明であることの影に怯えざるを得ない。なぜ、なぜ、なぜ。解答はない。ちょうど津波に襲われた石巻や豊間の海岸のように。なぜという心の動きに対して我々は全くの無力感しかない。（2013.5.29 20:20 冥福を祈る）

米沢の時間　～音源による記憶～

米沢のBに寄る。懐かしい時間が過ぎる。一階にある音源はかつての時間がそのまま解凍されずに残っている。二階にあるFはかつての災害にあたって時間が止められた世界そのものを当てている。惨状がむしろ風景として時間の中に留められてしまった。津波を始め人類が経験したことのない時間そのものの価値と時間そのものの意味とが並立している。

音源は人の心を揺さぶる。嵐のように。仙台の東口にあるYで*Bose*を聴く。低音の揺さぶりが人の心を新たな次元に持ち上げていく。次元の異なる世界がある。宇宙の中に地面なくたゆたうが如くにあり続けること。こうした時間感覚と浮遊感覚とは音源による。音源がもたらす意識は自らが経験したことが風景としてあるいは時空体験として存在し続けることを意味する。異なった地理を歩くことは自らの生そのものを知ることである。（2013.6.10）

因果論　～一つの現象として～

因果論的な見方を私たちは往々にして行う。因があって結果が生じる。何か不明な理由があるといってもその不明さに耐えきれなくて答え探しをする。答えはたぶんその場には存在しない。その存在しないものについての確認をいかにするかにこれまでの知恵は向かっていた。

S君の心情は誰にも分からない。誰にもそこにいたということの意味を知ることはできない。不明であることの意味と不明であることとの関連性を追究しても証拠となるものがない限り、他の人は彼の内面には入ることができない。

時間を辿ることは心情に寄り添うことであり、時間を逆向きにすることでもある。（2013.6.12）

パラレルな時間・「並行」感覚　～風呂に水を入れる～

朝起きての行動は定式化されている。

まず、腹筋運度を行い、腹部を擦り、足の先を伸ばす動作を行い、今日一日の動向を反芻することによって目覚めを意識する。

順序を明確にしながらも、その順序が変化することによって時間を確保する場合がある。

例えば、風呂の水張りについては、時間が一定かかることになることから、他の作業をしながらでもその時間を確保することになる。同時並行による時間確保が可能となる。

その場合の確保された時間とは何か。

本来動いているであろう時間が次元としては低いレベルで横たわり、その上に別の動作による時間が重ねられているという状況が起こっている。

時間の「並行」感覚ともいうべき事態がそこには見て取れる。

時間が重なり合うことによって生じる重層性はある通過時間を主として、それ以外を従とする考え方に通じるものである。

我々が普段事務作業等を行う場合、あるいは、料理における同時並行的な作業工程を考える場合に相当する。

実際には個別の時間は積算されることになるが、一つ一つの時間関係は異なる。

同時並行的な時間の流れには一種のパラレルワールドの発生が垣間見られる。（2013.9.19）

刻印すること　～時間のインプリント化～

印鑑を押すように、時間を刻印する。

コンビニや店舗で購入した時に渡される領収書に書かれている時刻はその時点での我々の繋留地点となる。（2013.9.20）

台風の記憶　～幼児期の世界観～

幼児期の記憶を辿ると「伊勢湾台風」に突き当たる。

幼児期を決定づけた一つが、台風という存在の持つ圧倒的な猛威と家族とりわけ両親の非力さであった。

もちろんその時に全てが分かっていたわけではないが、人類がこれまで経験してきた自然の力との直接的な対峙であったことは事実であり、昭和三十年代の科学的・工学的知見による限界があったにせよ、平成の今、我々が体験する台風等の自然災害を前にしたときに感じる無力感は軌を一にしていると言ってもよい。

自然の中にある我という感覚は、台風が過ぎた後も深く彫り付けられたものと思われる。壊れたガラスの欠片を気にしながら風に煽られた雨戸を必死になって押さえている姿が客観的な様子として今も記憶されている。

当時の世界はそのガラスの中に集約されていた。（2013.10.25）

トランスパランス　～透明性の問題～

透明性の確保及び透明性の確立の問題。

我々が見たり聞いたりする上で透明性は避けて通ることができない問題である。情報の漏洩や捜査の透明性など日常生活におけるプライバシーの確保の問題等についても透明性そのものがどのように確保されるかによって問題の所在そのものが大きく変質することとなる。

国際問題だけでなく、我々が生きるそのことそのものにおいて、透明性の確保は人間が生きる上での基本的な条件となっている。例えば、個人が保有する資産や私生活上で得た秘密等がどの場においてどのようになっているかについての情報が価値を持つ故に各種情報誌がこぞって収集に奔走している現状がある。

また、各種スキャンダルそのものを多くの人達が求めているという現状から考えたときに、透明性を高めていきたいということは人間が持つ本能的なものとも言える。

透明性が完全に確保できたものとしては、赤ん坊を扱う産室や幼児期の子どもたちへの対応が考えられる。乳幼児期においては本人の意志とは別に看護者があらゆるものを見る立場にある。もちろん乳幼児期の赤ちゃんがどのような意志を持って生きているかは別にして、生体としての扱いについては、比較的自由に捜査する立場にあると言える。

その後、発達に従って意志が芽生えてくることとなる。その時にどのように羞恥心が発生してきてどのようなメカニズムによって他者との感情交流等を行うようになるかは個人差はあるものの後天的なものと考えられる。

世界がすべて透明性によって支配されたと仮定すると、人の存在は機能的にも生理的にも一種筒抜け状況になると考えられる。その誕生から死に至るまでの一連の行動（思考も行動も含まれる）が可視的なモニタリングによって制御されることとなる。その場合には、羞恥心や優越感等の他者を基準とする多くの感情は失われることとなる。ましてや他者との交流やあらゆる行動が監視され記録されることとなり、完全な他者性が獲得されることとなる。

記念碑的な映画『トゥルーマン・ショー』がそこで描いたように、人は第三者的な立場に自己を置いたまま観察者たり得る。そして、自らが観察の対象となっていることを一時も感じることなくその場に居合わせることとなる。自らを全体として見守る存在（あるいは神や超越的な存在等）が求められるのは、こうした文脈においてであろう。見ることが超越的な立場を予見し、さらに見ることの徹底によって透過的にものが判断され、人間存在そのものが透過的・可視的存在になるときには我々そのものが生きることを操作されることとなる。

過去の記憶すら記録になり、見たもの感じたもの、例えば中学校時代に桜並木の下でマラソンから帰って見た風景、貯水場から見渡した水の感覚、山頂から見た御来光など、あらゆる感覚が記録されることにより、Aという存在の周辺に形成された宇宙が一つのファイルに集約されていく。

『トゥルーマン・ショー』の神の視点に立つのは主人公であるとともに、我々の欲望そのものである。他者を完全な透明性の中において確立させるとともに、他者との関係を全く排除した完全な「卵」の中で外部との接触なしに育てていくものこそが人間の究極の欲望である。

他者性や自己性というものの鍵は、自己の拡大と他者の存在の自己化の道程に他ならない。自己存在の拡大はさらに宇宙大にまで拡大し、月の裏側にも、宇宙の「ヘリ」にも瞬時に到達することができる。光速を超えた存在としての「思念」そのものがいかに世界を超える力を有しているかを考える必要がある。自己は極小の世界を極大にまで一気にインフレーション状況にまで引き上げることが可能となる。

透過性及び全部が丸見えとなる完全裸性の原則を突き詰めていったとき、人間存在そのものが持つ抗えない世界像が構築される。人間が持つ全知性や全能性は身体を構成する六十兆もの細胞を活性化させその働きを自明なものとして育て上げる。人間が人間を抑制させるとともに、人間を究極の形で観察することは、細胞観察と同程度に魅力的な分野を構築することとなる。

透明性の完全な形によってあらゆるものの一生、すなわち誕生から死滅に至る道程が確保され、人類の持つ未来も完全なファイルとなり得る。かつての世界がどのようなものであり、現在の世界がどのような形で形成されていくかのリアルな世界像形成のプロセスそのものが誕生することとなる。

透明性は視線の先にまでもその力を発揮する。視線は一方的かつ螺旋的に存在する。地球規模の世界において基本的な形態は「螺旋」であり、直接生命の誕生、進化の過程においても、螺旋は世界を構成する原理と言うことができる。螺旋こそ我々の世界を構築する基本的な動きそのものであり、生命そのものでもあり得る。透明性をつきつめていった時、我々が宇宙そのものの螺旋に依拠していることがはっきりとする。螺旋型による世界観、世界を構築する原理としての螺旋が透明性にも大きな力をもたらしていく。

さて、世界が透明性によって確立された場合には、『サトラレ』において描かれているように、互いの思念は同時にすべての世界において共有されることとなる。『サトラレ』のテーマは、自己存在は他者の不可知によって支えられているという現状の確認であり、かつ、他者との交歓なしに人が生きることは困難を極めるというある意味で穏当な世界観を追随しているものと考えられる。しかし、『サトラレ』の究極の世界は人々が生きる上での羞恥心や本能の存在が罪の意識の誕生や世界において評価されたいという初期的な感情によって形成されていることにある。

仮に、他者からの存在確認がなされないとすると人はどこまでエゴイズムに突き進むことができるかはこれまで多くの歴史、とりわけ戦時おける人類の行動が如実に指し示していることは周知の事実である。他者存在への介在と他者の消滅への飽くなき欲求は人類の共通の根底そのものを形成していると言っても過言ではない。他者のすべてを自己のものとしたいという所有の概念は、収集から始まり、収集したものの整理、さらに収集したものを自己の感覚下に隷属させるという行動を生み出す。そこにおいて、自己の存在による対象の隷属性は『家畜人ヤプー』において如実に表現されているように自明のこととなりうる。作品において描かれている世界は別世界のものとばかりは言えない。なぜなら、歴史上においてかつて世界ではこの状況が現出していた例が歴史を学ぶ者にとって散見できる範囲の中にあるからである。

機能としての人類、あるいは自己の存在を超えず、人類史における常識の一つとして存在する隷属化の歴史そのものが証明するように、人は動物ないしは動物的なものを自己の延長として操作する本能を有している。それは、生きるために他を食するという動物の本能とは状態を異にしているものと考えられる。機能として供される存在とは何か。人が生きる上で存在する多くのものが主体と客体とに分化される。人と他者とが互いに存在するときには、必然的に力の差異が生じ、そこから支配という現象が生み出される。支配は心的なものから物理的なもの、さらには文化的なものにまで延長され、深層意識そのものにまで刻印されることによって人の歴史に連綿として流れ続ける。歴史そのものが証明する所以である。

透明性の確保。それに伴う近未来の世界像を以下に描写することとする。（2013.12.2）

透明性の未来　～考察：世界内での自己存在の透明化の働き～

目が覚める。

実際には目は覚めている。

目が覚めたという感覚を知る。

しかし、その感覚は自分が夢を見ているものと全く異なる。

時間も何も『ジョニーは戦場に行った』と同様の感覚。（2013.12.2）

透明な人間たち　～新たな人類の誕生～

人々は姿を消している。かすかな光の中で雑踏を追うようにMは姿を現した。Mの行方にはその力を誇示するかのような大きな眼鏡が集中していた。

西暦三〇〇〇年。いつか時代は集約されて今が未来に接続することが可能となった。

時間航海を含めMが一人でそれらを制御している。Mが時間を止めることも可能となった経緯はすでに知られていない。しかし、Mによって突き止められた時間のギアはすでに多くの人々にとって不可侵のものとして認識されていた。

Mはその力を遺憾なく発揮し、多くの人を手中に収め、世界はすでにMのものとしてしか存在していない。

それ以外の存在は新たなものとしての価値ではなく、多くのものとともに同列視されたかすかな光を有した存在でしかなくなった。

ふと目を上げるとそこには露わになった光とともに、遠近感覚が不明な巨大な卵上の物体が存在していた。（2013.12.2）

透明性　～生命の鍵となるもの～

透過性の高い品物、身体、あらゆるものが透明性を確保した段階では日常の確認はどの程度なされるのか。物質の透明度を測るものと水の透明感を確保するものとの差異はどの程度のものとなるのか。時間確保、距離確保の観点からどの程度が可能かどうかを知る必要がある。

可視的な存在にすること、部分的にせよ可視化することが可能であることが、人間が考える上での基本となる可能性がある。時間感覚にせよ、距離感覚にせよ、人間が当初から所有していたものとは言えない。しかし、人類がこれまで五メートルを超えるほどの身体を持たないように、遺伝的な要素あるいは身体の限界性を超えることのないように作用する働きをいかに確保するかが組み込まれている可能性がある。

身体の透明性については、どの程度になるかは別に身体組織の中に透明性を確保できる物質が存在させる形かあるいはマーキングさせることのどの方法にせよ道筋を明らかにすることが可能となる道をいかに明示できるかが課題である。（2013.12.6）

時のゆらぎ　～熱に浮かされた時と夢～

久しぶりに高熱を発した。自分の身体が自分のものとは言えない状況に陥ることは何が自分をコントロールしているかを厳しい眼差しで問い返すこととなる。自分とは何か。自分を自分たらしめているものが脆弱なものでしかないことを実感する。

高熱によって引き起こされるものは単に身体のみならず、思考そのものが弱まり、現実の時間から過去の一点に収斂する動きとして現れてくる。時間は大きな渦の中で中心に引き寄せられるように過去の安住の地、すなわち、出生の瞬間に近いところに引き寄せられる。そこのあるのは、自らが感じ取る以前の、それこそ、福永武彦が『忘却の河』で描いた三途の川に喩えられるものと極めて近似のエリアに接近する。そこにあるのは「時のたゆたい」とも言うべきものであり、揺らぎの中から生まれるものに近い。人間が存在的に持っている安心感の根底に存在するものが厳しいなかであればあるほど顕在化する。

高熱によって発せられた作用として認識の過誤や認識の混濁も生じる。しかし、今回の38度超程度の身体熱によるものとは別に身体が蒙る多くの障害の中で認識の原点、あるいは、人間としての根源に関わるものは母性に近い。母なるものとの訣別と母なるものへの回帰は惑星や彗星のように大きな軌道をゆったりとかつ運命的な広がりを持って動いていくもののように思われる。

時間が持つ身体性、病的な身体の機能低下が認識のヴェールを剥いでいく。（2014.1.29）

細胞再生と永遠の生　～生きることと宇宙観～

大陸移動の実態、宇宙そのものの展開、生命の誕生と死滅、ミクロとマクロの相似形。我々が存在しなければ世界は存在しないという考え方、我々が一切存在しなくてもあらゆるものは存在していたという事実。

細胞の再生が可能となるという視点で物事を見るとき、我々が存在することの意味はどのリングとつながっていくのだろう。新たなものを生み出す力、新たなものを創り上げる力、そうした力を持つことによって生み出されるものは何かを想定すること自体が新たな存在を前提とする。

この世界で起こっていることがいかに不可思議であり、いかに条理を超えたものに基づいているかという思念から出発して、しかし、我々はある一定の理路を整備してきた。文明という名の発展により一定の姿を描くことができたように思われる。しかし、それも「全体」という像を描くにはあまりに微小な世界にしか過ぎない。世界を見る視点に立つものは存在するのか、かつて、ある映画において世界をどこまでも広げていった末に辿り着いたのが日常の庭に遊ぶ遊具の一つであったというもの、あるいは、惑星や恒星を無限に収めた視点の末に辿り着いたのが少女の瞳そのものであるという映像、これらが示唆するのは、世界は相似形でありすべてが包含されるものが無限に重なり合っているという世界観である。

巨大と微細、無限大と無限小、誕生と死滅、それらは裏表のない一種のリングによって永遠に辿り続けられる存在なのかもしれない。（2014.1.30）

皮膚　～閉じられた世界～

人体には裂け目がない。ファスナーに当たる存在がない。

全身が皮膚に覆われて切れ目となるものがないということは、丸ごと存在が自己完結していることの証左である。人工物はどんなに精巧に見えても切れ目があり、均等ではない圧力により簡単に崩壊してしまう危険性を孕む。

時間感覚も同様な世界を持つ。閉じられてそれ自身で完結する様相を持つ時間世界が存在するかどうか。一様ではなく、切れ目の存在する時間世界を我々は生きている。（2014.2.5）

雪の世界　～閉鎖と時間～

記録的な大雪により蓬萊から出ることができなくなった。

かつての映画に擬せられる小世界がそこに現出する。

時間は他の世界とは異なる形で推移し、そこにある閉鎖空間においてのみ刻まれる。

放送は別世界を中心に形づくられ、すでに雪は自分たちの目の前にはないものに対する想像力は欠如している。雪の中に閉じ込められている時間感覚はなく、他者への想像も一切存在しない。

車の中で時間を過ごして行かざるを得ないこともまた、他にはその恐怖や時間感覚が共有されることはない。（2014.2.28）

再任という選択　～四年間の指標～

二年間というスパンが通例になっている慣行から離れて四年間が決定する。その意味としては、可変性と抑圧とが明確に差別化されることがあり得る。

実際の視点としては、二年が一つの時間区切りであり、四年がその倍ではなく、超越的な感覚をもたらすという点が課題である。どのような感覚にせよ、二が四になったということは、困難を予想させるものである。（2014.3.11）

震災時間論１　～止まる時間と流れる時間～

震災後の時間は二つに分かれる。一つは淡々と我々とは無関係に過ぎ去る時間であり、もう一つは、我々の内部に滞る心的な時間である。時は止まり、記憶にとどめておくだけに過ぎないが、確かに震災が存在したという確固たる記憶が薄れることなく存在し、身体や精神をむしばみ続ける。

震災における時間は幼少期におけるトラウマと共に、老年期における未来を破壊する圧倒的な力を持っている。大規模災害に襲われた多くの人々にとって、時間が止まることは理解することが困難なほど日常化されていることこそが問題である。時に対する我々の意識が震災による絶対的な圧力に抗することができないままそこに存在することの意味を喪失させる。（2014.4.10）

震災時間論２　～「エトヴァス・ノイエス」という考え方～

何か新たなものが生じることにより塗り替えられていくことが世界を特徴付けるものである。新たなものがなく、日常が繰り返される時には傷はそのままの形で残ることとなる。

東日本大震災がもたらしたものは、時間感覚の異常と時間が停止したことの意味を各人が背負うこととなったことに対する恐怖そのものである。時間は各人の認識の中にしか存在し得ない。しかし、外部的には「エトヴァス・ノイエス」の繰り返しの中に、常時生み出されていくものがある。「何か新たなるもの」という強迫観念と情報化の進展により一つも止まるものがないという現実社会には、止まることのできない停止の思考は機能していない。常に現実を超えるところに時間が存在し、塗り替えられ、アップデートされる時間感覚の中で我々が生きている。

生きること自体に深く関わることがむしろ異常であり、ネットの中で自在に動き回るかのようにしながらむしろ自己を韜晦し自己を無にすることが日常化を支える強力な力となる。

東日本大震災がもたらしたもう一つの時間感覚は、過去に時間を押しやる力である。距離感覚がそうであるように、時間もまた一種の感覚的な視野を持つ。ランドスケープに倣っていうならば、タイムスケープが我々には感じられる。時間を超越的な彼方から見ることにより心理的な抑圧や罪悪感等を無化することの生理的なあるいは本能的な欲求によって形成される力である。

タイムスケープの考え方は、幼児期や少年期と壮年期及び老年期では大きく異なるものと言える。幼少期における時間感覚の特徴はその一瞬性にあるが、壮老年期の特徴はその反復性や既視感によって特徴付けられる。達観することにより目の前の事象に対して構えることが可能となるとともに、自らの感覚を麻痺させることによる防衛本能が機能するということとも連動する動きを無意識のうちに行うこととなる。（2014.4.26）

震災時間論３　～「時間教育」という考え方～

東日本大震災から三年の時間を経て、経過措置あるいは今後の時間感覚を研ぎ澄ますための「時間教育」についても言及しておきたい。

日本における教育については、時間は自己管理するという観点から言及されることが多い。しかし、今回の甚大な震災という現象と真っ正面から向き合うときに、自分自身が時間といかに付き合っていくかについて考えることが大切になる。「時間教育」とは人生の誕生から死に向かう大きな潮流の中で、節目をもって形成されるものと、大きな中断等を経ながらも生命全体に波及する流れとしての存在としても捉えられる。時間をいかにとらえ、時間といかに向き合うかは今後の教育において大きな意味を持つものと考えられる。

具体的には、時間の果たす役割や時間そのものの持つ意義をいかに深く認識し、具体的な日常の行動に結びつけるかが問われる必要がある。

一日の始まりや就寝時刻、余暇の過ごし方などの一般的な時間に関する在り方は当然のこととして、むしろ生き方に関わるものとしての「時間教育」の在り方を提言したい。

テキストとして考えられるのは文学作品だけでなく、心理学、宇宙論を始め、様々な教材が考察の対象となる。とりわけ、時間についての直接的な考察を含んだ文学作品、例えばプルーストの『失われた時を求めて』やG・アポリネールの『ミラボー橋』などの作品も好対象である。

その分析や鑑賞によって得られる時間感覚と時間への展望は今後の在り方生き方に直結することとなる。「時間教育」は単に時間への哲学的なアプローチだけでなく、自己を取り巻く多くの事象といかに自己認識をすりあわせていくかに関わるものである。したがって、自己の内面の変化と外界の事象との差異や違和感等は極めて重要な要素として存在することとなる。

時間を自らのものとしつつも、その時間感覚を大規模災害等は大きく損ねるものとした存在する。時間をいかに自らのものとするかは今後、気候変動や大規模災害等で心理的に追い込まれた場合の治療としても大きな意味を有するものと考えられる。

実際、現場では生きることの意味を問いかけ、生きることがいかに困難な状況下にあっても希望を持ち続けてきた多くの人々の言葉や行動が人を勇気づけている。希望や夢は時間を新たなものとするためにも、また、実際に時間を自らのものとする上でも大きな意味を持つ。

これまで究極の体験と言われるものの一つとして、フランクルの『夜と霧』での一節が挙げられるが、希望の有無とともに、明日という時間への確かな希望や無意識の信頼感は元々あるものと言うより、むしろ築き上げられなければならないものである。絶望から希望への道筋は、遅々として進まない復興への苛立ちや過酷な運命をただ単に呪詛することにつながらない時間感覚を持つことから始まるものと考えられる。（2014.4.26）

震災時間論 4 ～永遠からの回帰～

永遠とは何か。詩人アルチュール・ランボーの有名な「また見つかった。何が。永遠が。それは、海にとける夕陽」という詩句が思い起こされる。

震災前、私たちの日常には永遠が息づいていると感性は麻痺していた。日常の底に横たわる危機や地球規模の動きを忘れ、人間時間からしかものを考えなくなっていた。時の持つ永遠性に胡座をかき時の中でものを見ず、ものに触発されることなく日々の営みを繰り返していた。そこに震災が起きた。

震災後、日常感覚は失われ、日常の持つ力がいかに脆弱なものでしかなかったかを思い知らされる。人間がものを考えるには時の器が大きすぎた結果、私たちは永遠から大きく離れた地点に長く止まりすぎた。永遠を感じうる感性や想像力を私たちはいつからか日常の中で失ってしまった。時間が持つ永遠性から遠く離れてしまっている。

津波の映像が繰り返し私たちに知らせてくれるのは、忘れてはならない。「メメント・モリ（死を忘れるな）」という言葉に関連づけるならば、「カルペ・ディエム（その日を摘め）」と言い換えてもいいかもしれない。忘れない精神と今日を生きる精神こそが震災後を生きる私たちに必要なことであり、かつての知恵であった石碑の持つ意味であろう。

魚沼に生まれた自分にとって幼少期から辻に立っていた「二十三夜塔」の観音めいた立ち姿は道路がなにほど変化し舗装されても子どもながらに見守るものとしてのフィギュールをそこに体現していた。そこから発せられるのは、忘れないことこそ、親から子へ、子から孫へと連綿と続く「記憶のループ」に他ならない。（2014.11.18）

震災時間論5　～ポスト震災を生きるために～

東日本大震災によって時は新たなフェーズを迎えた。東北に住む私たちにとって三月十一日という〈刻まれた塔〉は、それ以前とそれ以後とを大きく分水嶺のように分けることになった。牧歌的な時間の中で日常が流れていた「かつて」と危機の過ぎ去ることのない、しかも数万年という人類そのものの存否すら判然としない時間軸の中に埋もれていく時間との相互に引き裂かれた存在としての時間によって私たちは閉じ込められている。

震災以後、パスカルの一節が脳裏を幾度となく呼び覚まされてしまう。有限性と無限との間にある存在たる人間、その中間人としての宙づりされた人間の在り方がリアルな実感を伴ってよぎる。人間がいかにささやかな存在であり、宇宙に比してあまりに微小な存在であることが震えと共に思い起こされる。自然の脅威というが自然は何も考えていない。意思を持って人間に対峙することは一切ない。人間のみが自然や宇宙を自らとの関係においてあるいは敵対視し、あるいは利用し、あるいは畏れ、歴史を刻んできた。鳥瞰する視点を持ち宇宙の一端を垣間見た人類にとっても宇宙やそれらを統べるであろう存在の全貌には迫るべくもないのが現状であろう。ましてや宇宙の始原である年月は想像を大きく超えてしまう。

震災時に起こった津波の映像が今でも脳裏をかすめる。実際にいわきの海において住宅の跡地がそのままになっている姿をまざまざと思い浮かべる。時はすでに経過しており、その瞬間の波は行き過ぎてしまっている。しかし、なお津波は押し寄せる。時間の経過がその姿を失わせているのではなく、私たち自信が波の中に漂っているというのが実際ではないか。

一つの羽ばたきが宇宙にまで影響を及ぼすという話がある。小さな蝶の羽ばたきが世界を変えることがあるかもしれないというバタフライ効果が私たちの日常にも当てはまる可能性がある。震災

後の日常、震災によって失われたものもまた次の世界を構成するものとなる可能性が秘められている。（2014.11.18）

震災時間論６　～包まれた時間と開放された時間～

包まれた時間と開放された時間との相互作用があり得る。外部と内部との相互性が極めて有為に働くことによって存在は必ずしも一方の方向に向かうことができるとは言えない。

包もうとする意識と包まれる感覚との相互作用が向かい合う存在そのものを浮き彫りにする。実際にあること、実際にあろうとすること、実際にあったこと、そうした相互性が時間を介在として屹立する。

内部にいることと外部にいることとの超越的な差異に注意を払う必要がある。実際に我々が存在している世界が内部なのか外部なのかが判別できる術はない。（2014.11.21）

震災時間論７　～小津安二郎映画から見る時間～

小津安二郎の映画を観る。『晩春』や『東京物語』は学生時代以後初めてとなり、学生時代の印象が薄れ、新たな視点で、かつ、時間の流れにより映画の中にある時間だけでなく、自分自身の経てきた時間も加わっていく。

東日本大震災により身内の方が亡くなった人にとって、死者は死者としてではなく、まだ生き続ける者として傍らにある。原節子演じる「紀子」という記号がそのまま死者と共にあることの象徴として機能している。そういう意味で、小津安二郎の映画は「死者あるいは不在者の映画」と言ってもいいかもしれない。死者が生者を見守る構造、あるいは、死者によって支配される時間がそこにはひっそりと、しかも、重い重なりを持って続べている時間がある。

「紀子」の持つ永遠の処女性もまた、死者に近い時間を感じさせる。父と娘とが同じ部屋で眠るという現在では信じられないような設定も、東日本大震災の折に多くの人たちと共に、同じ体育館で過ごした被災者の眠りに直結するものだと言えよう。

時は人それぞれに流れ、その速さも価値をすべて異なる。しかし、その中で、一瞬共有するものがあるとしたら、それは家族の中に流れる時間である。（2014.12.3）

『東京暮色』は一貫して出生にまつわる疑念から発している作品である。不在の者の存在が生に関与する構造から、生そのものが危うい存在であることが生以前のものとして提示されている。ここでは原節子も母親役としての立場で、むしろ自分を取り巻く多くの人々から自分自身を韜晦することで生に繋がっているとも言える。ここでも不在が顕在化している。原が向かっているのは、そして、隠そうとしているのは過去の出生の秘密だけでなく、今後の生き様そのものとも言える。（2014.12.4）

小津安二郎を見続ける。日常が一つの形になる。時間はコマ送りのように過ぎ去る。それぞれの時間がそれぞれの形で動いている。原節子の実際の時間と映画の中での時間とが重なり合う。（2014.12.10）

『秋日和』における母娘の関係は相似形として繰り返される。母親への愛情や父親への愛情は子どもが独り立ちをする上で必要な遮断であり新たな関係を築く上で必須の出来事である。一度外の社会に入り込むことにより初めて家族での生活が意味あるものとして炙り出される。結婚そのものよりもこれまで培ってきた時間をいかに共に共有するか、あるいは共有したかけがえのない時間を取り戻すために必要な時間の経過を知ることとそのものが映画の中で問われることとなる。ここでもまた、死者あるいは不在の者が生者を呼び止め、生を形づくるという小津の形式美が継承されている。時間とともに薄れていく記憶、新たな時間が過去を書き換えていく過程そのものがここに描かれている時間である。パソコン上で過去の記録が新しいものに「上書き」される度に、過去との相互作用は薄れ、新たな雪がかつての記憶を覆っていく。（2014.12.11）

小津安二郎が願ったものは、人が老いることを従容として受け止め、時を時としてそこに永遠ならしめる作業に他ならない。時が時としての機能を果たすことなくあり続けることこそ、小津安二郎が望んだことである。（2014.12.11）

小津安二郎から黒澤明監督に。『生きる』のドラマ性とダイナミックさは今から考えても衝撃的である。主人公の死と「帽子」の存在が深い意味を醸し出している。帽子は永遠の生と死とのはざまで見せる人間の根源に関わるものと位置づけられている。そして、「生命短し 恋せよ乙女」と歌われる失われた青春への晩夏、あるいは死から逆説的に生まれた生の価値、そうしたものが一瞬にして生気を失ったがん患者から行政の縦割りをなくして一気に走り抜けた主人公の生き方につながっていく。（2014.12.19）

同じ昭和二十二年当時の作品にせよ、黒澤明監督の『素晴らしき日曜日』には閉口する。時間感覚が一日を描くと言うことではあれ、無意味なショットの多用と人物の無駄な演技とが相俟って最悪の時間感覚映画に陥ってしまっている。一日がどのように流れているかがつぎはぎだらけで決定していないことも一因かと思われる。いずれにせよ、同時代を描くにせよ、時間による査定を受けることにより映画の価値があまりにも歴然としていることに愕然たる思いを抱かざるを得ない現実がある。

（2015.1.15）

震災時間論 8―1 ～津波から ふくしま震災時間論～

ふくしま創生の物語が、今、始まる。

学ぶことこそが、未来を創造する。

学ぶことによって私たちは未来とつながることができる。

震災にも負けず学ぶ瞳があった。避難所となった多くの体育館で肩を寄せ合いながら一冊の書物をくいいるように見つめていた小学生がいた。被災後の厳しい環境の中で、寒さに凍えながらも、大切にしていた教科書を心の糧として学び続ける子どもたちがいた。ふくしまに学ぶ子どもたちにとって、学ぶことは、生きることであった。航行の安全を願う塩屋崎灯台の灯のように、学びが未来を照らし、未来を切り拓いていく。

学びが紡ぐ《ふくしま創生の物語》は今、始まったばかりだが、しかし、学び続ける子どもたちがいる限り、未来は、確かに、ここ《ふくしま》に萌すと信じてやまない。

震災時間論 8―2 ～灯台から ふくしま震災時間論～

震災後四年の年月が経過する。1,460日、35,040時間、2,102,400分そして、126,144,000秒という時が一人一人の人を通過し、年月そのものが今も駆け巡っている。始まりの時は希望の一歩であり、光に向かう歩みである。《震災時間》が教えてくれるのは、今の時を愛おしむ心が、今という時を未来に向かって放つ《灯台》に変貌させるということである。海はここにあり、人もまたここにある。私たちを育んだ海は太古から変わらぬ姿を見せてそこにある。

日本という国が経てきた復興の歴史の中で、東日本大震災もまた、希有な規模と量的・質的な意味で《世界史》に刻まれるものとなり、遭遇した私たち自身がまさに《世界史の時間》を生きている。これまで歴史に名をとどめることのない無名の存在が、しかし、今、ふくしまの地において未来に向かって、粛々と、そして、強い意志を持って歩み続けている。その事実の重さが、何より私たちの未来を照らす《魂の灯台》となる。

人が人として生きることの意味をかみしめながら、避難所であるいは居室で水を共にし寝食を共にし、生を共にする時間。こうした営みを私たちはこの災禍によって経験することとなった。経験は語り継ぐことによりかろうじてその命脈を保つことができる。命脈はまた、時とともに失われ、新たなものによって浸食される。時の持つ決定的な力は私たちを津波以上の勢いで彼方へと押し返していくかに見える。こうした人間としての営みが、人を自然の中で生きるという新たな《創生の物語》を生む。私たちは、今、《ふくしま》という《創生の物語》を生きている。

東日本大震災は、それ以後の世界を一変させた。時が止まり、うねり、荒々しく私たちを《異境》に連れ去ってしまったかに見える。四年の時を経て変わったものがあり、変わらないものがある。しかし、二〇一一年三月十一日という《刻まれた時》そのものは、宇宙の開始のように、広がっている。太平洋沖から発して地球全体にまで。宇宙の誕生につながるこの《震災時間》は、今こうして生きているという僥倖の中に包まれているいのちに連なる。

時は流れる。

新地の駅に、相馬の港に、南相馬の水平線に、浪江の浜に、双葉の公園に、大熊の広場に、富岡の桜並木に、楢葉の道に、広野の樹々に、いわきの海に、飯舘のやまなみ山脈に、阿武隈の流れに、川内の蛙鳴く青田に、そして、西秀麗の那須の峰を望む白河の地に。

ふくしまに新《あら》たしき《春》の来たらんことを切に願う。

解説　文学を読み解き子どもたちの創造的な思考力を養うために

髙橋正人評論集『文学はいかに思考力と表現力を深化させるか

——福島からの国語科教育モデルと震災時間論』に寄せて

鈴木　比佐雄

子どもたちは生まれながらにしなやかな感受性を持ち、いつしかその感受性が思考力という考える力につながり、そこには豊かな想像力も湧き立ち、ついには子どもたちの独特な表現力となって、生きる力を宿す未知の作品が生まれてくることを夢見ているのだろう。髙橋正人氏はそんな子どもたちの思考力をいかに育むかという文学教育の原理論を長年にわたって考察してきた。その試みは、感受性と論理的な思考力を二項対立のように抱いている先入観を打ち砕いてしまう。そんな福島大学特任教授の髙橋氏は、長年にわたり文学教育について日本の学校現場の様々な問題を踏まえながらも、世界的な視野で考察し、論文を数多く発表してきた。それらをまとめたものが本書に結実された。

本書はⅢ章に分かれていて、Ⅰ章の冒頭の「思考図から思考儀へ～参照体系を通した思考力の育成の試み～」では、髙橋氏の文学教育論の代表的な論考から始まっている。冒頭を引用してみる。

二十一世紀の知識基盤社会化の進展や今後さらに加速するであろうグローバル化への対応を含め、ＯＥＣＤのＰＩＳＡ調査などの調査からも現行学習指導要領においても謳われている思考力・判断力・表現力の育成が急務である。国語教育の場において、思考力の育成を図ることは、高校教育のみならず大学等における学びを含め、生涯にわたる学びとも連動する重要な課題であることから、本稿では豊かな発想を育む土壌としての思考力の深化を目指すための一つとして、「参照体系」を通した思考力の育成について考察したい。

髙橋氏の文学教育論はＯＥＣＤのＰＩＳＡ（Programme for International Student Assessment）調査

の中心的な教育テーマである「キー・コンピテンシー／重要な能力」を踏まえていることが理解できる。そのことは文科省の現行指導要領もその世界的な傾向をふまえていることを指摘している。本書の注でも紹介されている「キー・コンピテンシー」とはこれからは異質な集団と交流し、自分を見失わずに、多様な言語や方法でコミュニケーションし、様々な問題を考える力やその中で生きていく力を子どもたちに育成することだと言われている。その意味で髙橋氏は「グローバル化への対応を含め、OECDのPISA調査などの調査からも現行学習指導要領においても謳われている思考力・判断力・表現力の育成が急務であることは論を俟たない」と言い、今日の教育の重要課題を提示している。

これから到来するであろう様々な地球規模の困難な問題に直面した時に、その思考力・判断力・想像力・生きる力などを養っていくために、文学教育を含めた国語教育がいかに重要な役割を果たすべきかを髙橋氏はその原理的な理論の仮説を構想し、読者にもその仮説を応用して欲しいとも提案している。さらに自らの仮説に基づき実際の教材テキストを使って分析しその教材の構造を明らかにしていく。髙橋氏は、まず思考力を次のように考えている。

思考力は「言語」を手掛かりにしつつ、「物事」を筋道を明らかにするものであり、さらに単なる筋道の理解だけでなく、「問題」を発見し、「解決」していくという極めて「創造的かつ論理的」な営みであるととらえられている。ここで重要なことは、表現活動がその基底にある認識力、思考力、感受性などのかかわりの上に営まれるという考え方であり、実際の言語活動によって育成され、創造につながっていくということである。（略）／

思考することが、喜びに満ちた営みとして多様性や深まりの中で知の可能性を拓く探求の過程そのものであり、他者との対話や意見交換などによって深化させることができる無限の可能性を秘めた豊かな土壌であることを実感させることが大切である。

このように髙橋氏は感受性や認識力の深まりによって「思考することが喜びに満ちた営み」であることを子どもたちに気づいてもらい、それが「無限の可能性を秘めた豊かな土壌であることを実感させる」ことが最大の成果と考えているようだ。その先に表現力が生まれてきて創造的なものが誕生してくると告げている。その思考力を養うために「思考図〜参照体系の試み〜」を構想していく。そのことを次のようにし記している。

一人一人が具体的に思考を進める上で重要なことは、対象意識と方法意識を持つことである。／何が思考の課題として措定されるのかという根本的な問いかけから始まり、どのような方法を辿れば対象に迫ることが可能になるのかという二つは不即不離の関係にあり、思考する上で欠かすことはできない。／対象の分析を行い、価値を発見し、その価値を自らの問題意識と照らし合わせ、さらに深化させるという過程を段階的・重層的に行うことが重要である。

髙橋氏は自らが対象から汲み取ったテーマを明確にして、さらにどのような視座でその観点が生まれたのかを分析することを勧めている。文章を読み「対象意識と方法意識」によってその価値に迫ることで、文章の意味を重層的に理解できると告げている。「価値の発見」とは自らが感動した箇所こそが自らにとって最も重要な対象の本質であり、作者の視座が理解できることは、作者という他者の位置に立つことで、複眼的に物を見ることが可能となる。文章を通して対象であるテーマを認識すると同時に、アプローチの視座を相対化することで作者をより広い地点で理解することも可能となる。その意味では髙橋氏の「思考図〜参照体系の試み〜」は、子どもたちが感じて考える人になるための思考プロセスを具体的に開示してくれている。的確に問題点を発見しそれを多面的に検討し、ついにはその課題を解決するプロセスを見出す創造的な思考力を引き出そうと考えているのだろう。

参照体系として示してあるように、「生／死」「オリジナル／コピー」などの「対比」の視座は基本的な思考の枠組みを形成し、対象理解のための有効な手段となる。／さらに、「可視化」「顕在化」などの「変化」という視座を取り入れることにより、対象への迫り方が静的なものから動的なものへと高められる。「構造」については、対象同士を関連づけ構造化している要素を抽出することにより全体性を見る上で有効な視座となる。また、「関係」の視座を取り入れることにより対象自体からスタートして相互の持つ影響等を明確にすることが可能となる。こうした視座を設定することにより、教材において筆者が思い描いた思考に光を当て、教材内部に存在する中心的な骨格を確認するとともに、それらを抽出する作業を通して自らの思考の枠組みを深化・発展させることが可能となる。／とりわけ、環境などの課題については、「生／死」「創造／破壊」「有限／無限」「顕在化」「世代間不均衡」などの複数の視座を設定して教材内部の相互関連を探るとともに、筆者の考える論理展開を大局的かつ総合的に把握し、思考の跡を辿ることにより、思考力を鍛える契機となる。

このように「対比」、「変化」、「構造」、「関係」などの視座を持つことによって対象を構築する作者の視線がより理解できて、さらに「自らの思考の枠組みを深化・発展させることが可能となる。」という指摘は、生徒だけでなく教材をテキストにして教える教員にとっても重要な観点であり教材の深い理解にもつながる。さらに髙橋氏は〈「思考図から思考儀へ」と言い、「思考図」を深化し、そこに「定義」という新たな軸を設定することによって、対象を取り巻く全体の課題を俯瞰する思考、すなわち「思考儀」を手に入れることである〉として「思考儀」という作者の問いかけを評価する読者の視点を導入しようとする。

顕在的に言語化された「問い」だけでなく、教材内部に存在する潜在的な「問い」、とりわけ根元に遡る「定義」に関わる軸を設定して新たな目で見るときに、筆者の思考の足跡を辿り、教材の持つ価値が掘り起こされ、再評価される可能性が広がる。こうした作業プロセスは、いわば、自身の思考を深めるための「メタ思考」として機能する問いかけそのものである。／近代、文化・芸術、社会、言語、政治・経済、科学・技術、環境、生命・身体、情報など多岐にわたるテーマにまたがる教材において、参照体系をもとにしながらも、「定義」に遡及することなどの新たな軸をもとに論の主題や論の展開過程を追うことが、自己の知見をまとめ発表するという表現活動にも有効に反映されるものと考える。

このような〈顕在的に言語化された「問い」だけでなく、教材内部に存在する潜在的な「問い」、とりわけ根元に遡る「定義」に関わる軸を設定して新たな目で見る〉という問いかけは教材というテキストを絶えず新たな視線で読み返すことにつながり、作者の定義が時代の中でどのような価値や意味を持っているかを問うと同時に、読む側も今の時代がどんな時代なのかを相対化されて自らの定義を逆に問われてくるだろう。

髙橋氏は、以上のような文学を教材とする際に、いかに創造的な思考力が育まれるかをこの論によって明らかにしている。この論に続く、中島敦『山月記』、夏目漱石『それから』『夢十夜』『こゝろ』、Ⅱの新美南吉『ごんぎつね』、川上弘美の『神様２０１１』などの実際の論考は、教材の指南書であり、また独自の文芸評論でもある。Ⅲの「東日本大震災後の福島における国語科教育モデルの構築に向けて」二編と「震災時間論」は、髙橋氏が福島の教育現場の視点を原点にしている誠実さを感じさせてくれる。また「震災時間論」は世界中の文学・思想・哲学と対話して思索していることに感銘を受ける。この書が文学を教育に生かす多くの場所で活用されることを願っている。

あとがき

本書は、一九九二年から断続的に書き記してきた考察をとりまとめたものであり、それぞれの初出については各論考の末尾に記したとおりである。本来であれば、それぞれの内容について精査を加えるべきであるが、その折々の思考の軌跡を残すという観点から誤記等の訂正のみを行い、結果として拙い文章の羅列となっていることをおことわりしておきたい。また、「Ⅲ　震災時間論～時をめぐる断章～」については、二〇一一年の東日本大震災に際しての思いを綴った文章であり、その時点における所感を記したものであることも併せておことわりしておきたい。

このような拙い文章をまとめることになったのは、コールサック社の代表であり、詩人・評論家でもある鈴木比佐雄氏との出会いによるものであるが、この邂逅に人生の不思議な縁を感ずるとともに、心からの感謝を申し上げたい。

文学と深く結びつく契機となったのは、高校時代に詩人ランボー、ボードレールと出会ったことである。濫読の時期を経て、ラシーヌからネルヴァルへ、そして、プルーストに惹かれる一方、映画作品にも大きな影響を受けてきた。故郷・六日町での『ジョニーは戦場へ行った』『ひまわり』、仙台での『スケアクロウ』『フィツカラルド』『東京物語』、パリでの『第七の封印』『野いちご』『処女の泉』、福島での『トゥルーマンショー』『ロゼッタ』など、これまで千を超える作品を観たことも文学と映像との関連を考えると感慨深いものがある。

文学は問いとともにあった。幼年時代から現在に至るまで変わらず傍らにあった問い、たとえば、空の青さ、川の流れ、親しいものの死、時の移ろい、家族のすがた、社会の在り方、生きるということ、読むということ、そうしたすべてのことを問うことが、そのまま世界とは何かという問いにつながっていった。これらの問いに答えはない。しかし、問い続けることそのものが生きることにつながるのではないかということを教えてくれたものこそ、文学であり、文学の持つ力である。

文学は、また、記憶とともにあった。世界の意味や生きることの意味を探るためには、深い海を潜航することにも通じる静謐さとともに、目には見えない大きな力が求められる。人が生涯にわたって経験することの多くは、実は、人類の長きにわたる記憶という眼差しによって初めてその姿を現すのではないかとの思いが、文学の世界への接近と往還とによって育まれてきた。

本書が文学をめぐる思考と文学教育との架橋の一端となれば幸いである。

本書所収の研究論文作成に際して、福島大学の諸先生並びに各学会の研究者の先生方、大学院生及びゼミ学生の皆様から懇切丁寧な助言をいただいたことに対して心から感謝の意を表するとともに、日本学術振興会科学研究費助成事業（基盤研究C）「『深い学び』を目指した高等学校国語科における教材モデルの開発と授業メソッドの提案」（研究課題番号:19K02698 研究代表者:髙橋正人）から助成を頂いたことを附記したい。

最後に、コールサック社の鈴木比佐雄氏及び鈴木光影氏を始め、恩師である伊地智均先生及び吉田彌先生に心からの謝意を表するとともに、長きにわたり支えてくれた妻・由理子を始めとする家族全員に感謝の言葉を綴りたい。

二〇二〇年三月

髙　橋　正　人

髙橋正人（たかはし　まさと）略歴

1955年、新潟県南魚沼郡六日町（現南魚沼市）生まれ。
東北大学文学部卒、同大学院フランス語・フランス文学研究科博士後期課程中退。文学修士。公立高等学校教諭、県教育委員会事務局勤務、公立高等学校校長を経て、現在、福島大学大学院人間発達文化研究科教職実践専攻（教職大学院）特任教授。
専門分野：国語科教育論、国語科授業論、近代文学。
所属学会：全国大学国語教育学会、日本国語教育学会、解釈学会、東北大学フランス語フランス文学会。
主な論文：「戦略としての知・罪としての知〜『こゝろ』における「不可知性」について〜」（『解釈』第459集、1993）「『夢十夜』における時間構造について－時制と相（アスペクト）をめぐって」（『解釈』第691集、2016）、「深い学びの実現を目指した高等学校国語科授業の改善－「ボタニカル・アクティブラーニング」の試み－」（福島大学総合教育研究センター編『福島大学総合教育研究センター紀要』第24号2018）、「『論理国語』における深い学びを実現するために－『読むこと』の学習における問いとパラダイムシフトをめぐって」（『福島大学総合教育研究センター紀要』第26号2019）、「「文学国語」におけるアンソロジー教材の開発〜是枝裕和「ヌガー」における〈世界の発見〉をめぐって〜」（『言文』第67号、2020）

現住所：〒960-8157　福島県福島市蓬莱町8－12－22

文学はいかに思考力と表現力を深化させるか
――福島からの国語科教育モデルと震災時間論

2020年5月18日初版発行
著者　　　　　髙橋　正人
編集・発行者　鈴木比佐雄
発行所　株式会社 コールサック社
〒173-0004
東京都板橋区板橋2-63-4-209号室
電話03-5944-3258　FAX03-5944-3238
suzuki@coal-sack.com　http://www.coal-sack.com
郵便振替　00180-4-741802

印刷管理　株式会社 コールサック社　製作部
装丁　奥川はるみ　　装画　戸田勝久

ISBN978-4-86435-437-0　C1095　￥2000E
落丁本・乱丁本はお取り替えいたします。